남들처럼
살지 않을 용기

도서출판 지·민

발 행 2021년 6월 10일 초판 발행
지은이 주영철
발행인 이병렬
편 집 편집팀
디자인 이상희
전자책 편집팀
발행처 도서출판 지·민
등 록 2021-000056

주 소 서울시 마포구 양화로 56, 504호(서교동)
전 화 02-322-8317
팩 스 02-323-8311
이메일 jmbooks@jmbooks.kr
정 가 17,000원
ISBN 979-11-973902-1-0
Copyright© 주영철, 2021

◎ 이 책은 저작권법에 따라 보호받는 저작물이므로 무단전재와 무단복제를 금지하며, 이 책의 내용을 전부 또는 일부를 이용하려면 저작권자와 『도서출판 지·민』의 서면동의를 받아야 합니다.

◎ 잘못된 책은 구입하신 곳에서 바꾸어 드립니다.

『도서출판 지·민』은 독자 여러분의 아이디어와 원고 투고를 기다립니다. 책으로 만들기를 원하는 콘텐트가 있으신 분은 이메일을 통해 기획서와 기획의도 그리고 연락처 등을 보내 주시면 됩니다.
『도서출판 지·민』의 문은 독자와 필자의 말씀에 언제나 열려 있습니다.

후반전, 코치적 삶의 길목에서 길어올린

남들처럼 살지 않을 용기

주영철 지음

지금은 코칭시대! **코칭하라!**

들어가는 글

"후반전 시작 휘슬이 울렸습니다. 와아~, 전반과는 전혀 다른 경기가 펼쳐지고 있습니다."

중계 아나운서도 잔뜩 상기된 목소리다. 경기장 안에서 뛰고 있는 선수는 새로운 전략·전술을 빠르게 소화해내며 경기를 즐기듯 주도해가고 있다.

예상치 못하게 맞게 된 하프타임은 짧고도 긴 소중한 통섭 通涉; 사물에 널리 통함의 시간이었다. 놀란 가슴을 진정시킨 다음 한 곳만을 바라보고 앞으로만 달렸던 전반전을 되돌아볼 수 있었고, 닥쳐온 운명 그대로를 받아들였다.

잠시 걷어차이고 밀쳐 내진 기분에 분노와 원망의 시간도 경험했다. 그러나 그것마저도 축복이었다. 큰 조직에서의 경험지식을 토대로 새롭게 후반전 삶의 베틀을 돌릴 수 있도록 내려받은 선물이었다.

후반전은 진영이 완전히 바뀌었다. 선수는 필드에 일찌감치 나서 워밍업 하며 새로운 포메이션을 힘차게 전개할 태세를 갖추었다. 심판의 입술에서 후반전 휘슬이 울자마자 하프라인을 넘어 대담하게 치고 나갔다. 선수는 포지션 체인지를 자유자재로 소화하며 관중과 자신을 열광시키며 자기만의 플레이를 펼치고 있다.

삶의 경기장에서 전반전은 기업이라는 상자 안에서 격렬하게 뛰었다. 길 줄 알았던 전반전의 시간은 남들보다 조기 종료되었고, 준비되지 않은 상태에서 하프타임을 맞았다. 끓고 데이며 식힌 고뇌의 시간 속에서 첫 졸고『가슴 뛰는 삶으로 나아가라』를 낳았다. 필자의 첫 책은 가보지 않은 길로 들어서기까지의 가슴앓이를 풀어낸 책이다.

고백건대 지나온 하프타임은 쉽지 않았다. 전반과 연결된 연장 선로를 계속 달리려는 안팎의 기업 관성력은 끈질기고 강력했다. 두려웠지만 하차를 결단하고 중간역에 내려섰다.

이후 스스로 선택한 전혀 다른 경기장에서 후반전 시작 휘슬이 울렸다. 변혁적 선택지로 '코치적 삶'을 필자의 존재 방식으로 세우고 거침없이 유쾌하게 나아가고 있다. 그럼에도 삶은, 하고 싶은 일로 밥벌이를 하며 살아가는 소위 '라이프 워크 Life Work'를 선택한 것에 대한 비싼 차비를 요구한다. 그래서 삶의 매 순간 필자는 '용기'라는 승차요금을 지불하고 있다.

후반전 삶의 종착역에서는 횃불로 활활 타오른 뒤 완전히 소진되어 멈춰지기를 소망한다. 세상에 무언가 남기고 가는 삶으로 배터리가 완전 방전되도록 필자의 심장과 허파를 구동시킨 후 원천의 에너지로 흩어지고 싶다.

하프타임을 보내면서 후반전 삶의 부뚜막에 세 발 달린 무쇠솥을 걸었다. 솥을 놓는 것을 '정립 鼎立'이라고 한다. 필자의 '삶의 목적 Purpose in Life'이 담긴 솥을 지탱하는 세 개의 솥발은 '코치'·'작가'·'강연가'이다.

세 가지 이름으로 명명된 페르소나는 따로이지만 하나다. 첫째 솥발, '코치'는 코치적 삶의 중심축이다. 둘째 솥발, '작가'는 읽고 쓰고 또 쓰고 읽는 삶이다. 셋째 솥발, '강연가'는 타자들과 공명하는 삶이다. 이중 어느 솥발 하나라도 책과 떨어져서는 성립할 수 없다. "책은 얼어붙은 바다를 깨뜨리는 도끼여야 한다." 체코의 유대계 실존주의 문학의 선구자 프란츠 카프카가 오스카 폴락에게 보낸 편지에 나오는 말이다. 굵은 통나무를 찍어 넘어뜨리는 도끼 정도와는 비교할 수 없는 힘을 가진 이 도끼를 폐부 깊숙이 받아들인다. 후반전 삶의 궤적에 따라 두 번째 졸고를 세상에 내미는 이유이자 목적이다.

삶은 역설적이다. "그랬으니까 당연히 그래야지!"라는 당위법칙은 안타깝게도 삶에서 썩 잘 작동하지는 않는다. 이러한 역설을 흔히 원어 그대로 '패러독스 Paradox'라는 말로 여기저기에 많이 갖다 붙인다. 역설, 즉 패러독스의 사전적 정의는 다음과 같다. 「일반적으로는 모순을 일으키지 아니하나 특정한 경우에 논리적 모순을 일으키는 논증. 모순을 일으키기는 하지만 그 속에 중요한 진리가 함축되어 있는 것.」

지금 이 시대는 '웃프다!'라는 말을 탄생시켰다. '웃기면서 슬프다!'는 뜻으로 표면적으로는 웃기지만 실제 처한 상황은 반대로 슬프다는 말이다. 그렇다면 '울쁘다!'라는 말은 어떨까? 같은 맥락에서 풀어보면 겉으론 울고 있지만, 속으론 기쁘다는 뜻으로 쓸 수 있지 않을까. 둘 다 역설적이라 할 수 있다. 이처럼 매 순간 웃프거나 울쁠 수 있는 상황을 껴안고 가야 하는 것이 삶이지 않을까….

양면성이라는 말도 유사한 부분이 있다. 사전적 의미는 「인간의 마음속에서 반대되는 두 가지 감정이 맞서는 성질」이다. 언뜻 보기에 모순되는 역설이 서로 등을 기대 서있는 것처럼 느껴진다. 동전은 양면이 있지만 하나다. 세상에는 아무리 얇게 썰어도 양면이 존재하지만, 결국 결국 하나라는 점에서 역설적이다.

이러한 역설을 의학에 적용한 사람이 빅터 프랭클이다. 그는 오스트리아 출신의 유대계 정신과 의사이자 심리학자로서 실존주의 치료의 하나인 의미치료 Logotheraphy를 창시하였다.

그가 '역설 의도 기법'으로 자신의 환자들을 치료한 사례를 살펴보자. 그는 손에 다한증이 있는 사람에게는 '지금 손에서 땀을 내어 보라'고 다독였고, 말을 더듬는 사람에게는 말을 더 심하게 더듬어 보라고 지시했고, 긴장해 글씨를 삐뚤삐뚤 적는 사람에게는 최대한 글씨를 삐딱하게 써보라고 지시했으며, 불면증이 있는 사람에겐 아예 밤을 새우라고 숙제를 내줬다. 환자들은 빅터 프랭클이 내준 숙제를 완수하려고 연신 노력했고, 열심히 숙제를 하면 할수록 그들의 의도대로 되지 않고, 오히려 증상이 호전됐다고 한다.

그렇다면 엉뚱하게 보이는 이 치료법이 성공한 비결은 무엇일까? 우리는 삶이 고통스러워야지 주변 문제를 인식하기 시작하고 환경도 고치려고 노력을 한다는 것이다. 환자들이 그 증상을 오히려 더 바라고, 증상이 악화하기를 원했기에 비록 진심이 아니었다 하더라도 그것은 더 이상이 고통이 되지 않았다. 내가 저항하지 않으면

이 세상의 모든 걱정, 죽음조차도 나를 전혀 괴롭히지 않는다는 역설적 의도가 제대로 검증된 사례이다.

결과적으로, 삶에서 어떤 것도 피하지 않으면 두려움도 사라지고, 더욱더 자유로움을 얻는다는 측면에서 삶의 역설적 증거로 보기에 충분하지 않을까.

작가들의 세계에서는 가장 좋은 글이란 사실을 최대한 사실적으로 쓴 글이라고 한다. '사실'이란 말 그대로 실제 있었던 일 자체 즉, 팩트 Fact를 말한다. '사실적'이란 실제로 있었던 일을 실제로 있었던 것처럼 실감 나게 쓴 글이다. 이 말은 글이라는 것 자체가 사실을 인식한 사실로써, '사실'보다는 '사실적'에 가깝다는 것이다. "사람은 사실에 입각한다고 하지만, 실제는 사실에 대한 인식에 기초해서 살아간다." 코칭 교과서에 나오는 말이다. 따라서 '역설'도 '그 자체'이고 '역설적'이란 '입혀진 역설'일 수 있다. 삶은 '역설'보다 충분히 '역설적'이다.

"도덕적 권위에는 역설이 숨어 있다." 『성공하는 사람들의 7가지 습관』의 저자 스티븐 코비의 말이다. 이 말의 속뜻은 명령, 통제, 영향력과 같은 권위는 그에 반대되는 정중함, 봉사, 공헌 등의 도덕이 강력하게 받쳐주어야 한다는 의미다. 그래서 도덕적 권위의 우월성은 봉사자로서의 겸손한 태도로부터 나온다. 이것이 역설적 공감을 불러일으키는 힘이다.

위대한 발명가 에디슨의 말을 또 잠깐 소환해보자. "나는 999번의 실패를 한 것이 아니라 전구가 켜지지 않은 999가지의 이유를 밝혀낸 것이다." 100% 최선을 다한 실패가 어영부영한 성공보다 낫다는 이야기로, 실패가 곧 성공학습의 근원임을 역설하고 있다.

우리는 일상에서 드러내놓고 능력을 과시하는 사람을 볼 때면 비록 사실이 맞더라도 '자신이 없으니 잘난 척하려 드는구나'하는 느낌을 받을 때가 있다. 이런 현상을 '자기과시의 역설'이라고 한다. 자신이 아무리 잘났더라도 유능함을 너무 직접적으로 드러내면 오히려 신뢰를 갉아먹고 의심을 불러일으키게 된다는 뜻이다.

결국 우리의 삶은 역설적 평형 저울에서 무게중심 추를 옮겨가며 상황에 적절한 균형점을 찾을 줄 알아야만 된다.

지금은 복잡성의 시대다. 상황이 변동적이고 불확실하며 복잡한 사회 환경이다. 그러다 보니 '하마터면 열심히 살 뻔했다.'라는 말이 회자될 정도로 웃프지 않을 수 없는 강퍅한 세상이다. 다람쥐나 토끼는 그냥 뛰어다니지 열심히 뛰어다니지 않는다는 자연의 이치를 듣고 깨달으면서도, 열심히 안 살 한 줌의 용기를 움켜쥐고 있기가 버겁다. 그래서 삶은 역설적이다.

겸손이 지혜의 어머니라면 용기는 지혜의 아버지라고 했다. 비겁하지만 비겁하다는 것을 아는 것만 해도 용기다. 이제는 삶에게 보편적 '열심히'를 선물하지 말자. 삶에게 묻기보다 삶이 내게 무엇을 원하는지 알아차리고 용기 내보자. 현실의 힘이 센 건 어쩔 수 없으니, 인간 존재로서 속성과 실존을 병렬처리 해 나가보자.

인생 후반전, 코치적 삶의 길목에서 역설적 우물에서 길어 올린 스물아홉 용기 덩이를 담았다. 누구나 자기 Self로서의 삶을 살기를 원하지만 만만치 않음을 조금은 알겠기에 한 움큼 용기를 손에 쥐어 내밀어 본다. 지금 우리에게 필요한 것은 더 이상 열심히 살려는 노력이 아니라 남들처럼 살지 않을 용기일 테니까…

이 책을 만나는 모든 이에게 용기 내기를 진심으로 응원한다!

2021년 6월

매 순간 속성과 실존의 병렬처리로 남들처럼 살지 않을 용기 내기를

주영철

차례

들어가는 글　　4

Chapter 1　　**인정할 줄 아는 용기**

　　　　틀림과 다름　13 / 스프링노트와 사색 볼펜　21 / 사람과 돼지　30 /
　　　　엄지와 검지　38 / 참나무와 삼나무　46 / 올빼미와 종달새　55

Chapter 2　　**흘러갈 줄 아는 용기**

　　　　미래와 미래현재　67 / 외로움과 고독　76 / 황당과 침착　85 /
　　　　중립과 관성　94 / 비교와 연결　102 / 아코디언과 엿가락　111

Chapter 3　　**다질 줄 아는 용기**

　　　　효율과 효과　121 / 한계와 전제　130 /
　　　　인사이드-아웃과 아웃사이드-인　139 / 조건과 긍정　148 /
　　　　공감과 동감　158 / 목적과 목표　166

Chapter 4 **내려놓을 줄 아는 용기**

수직과 수평 177 / 보스와 리더 186 / 말과 대화 195 /
본질과 수단 204 / 거울과 유리 212 / 존경과 존중 221

Chapter 5 **남들처럼 살지 않을 용기**

우연과 적절 233 / 가속페달과 브레이크 243 /
자극과 반응 252 / 두려움과 용기 261 / 속성과 실존 270

마치는 글 279

인정할 줄 아는 용기

一장 인정할 줄 아는 용기

틀림과 다름

"어, 당신 허리 어디 갔지… 놀러 갔다 아직 안 돌아왔나?"
"칫~, 당신 허리는 삼십 년 동안 집 나갔다 돌아올 생각도 안 하면서 뭐라고…?"
"아니 난 그냥…."
"이 분위기 좋은 때에 그 말밖에 할 말이 없어?"
"그래…, 미안해!"
"이미 긁어 놓고 미안하다고 하면 뭘 해…."

부모님 모시고 두 아이와 함께 신년 가족여행을 마치고 집에 도착한 밤이었다. 아이들은 현관 앞에서 가벼운 짐만 들려 먼저 올려보내고 주차 공간을 찾아 헤매다 아파트단지 제일 뒤쪽 지상 주차장에 차를 댔다. '삐빅' 차 문을 잠근 뒤 아내의 허리춤에 팔을 둘러 기분 좋게 걸어오던 참이었다. 도톰하게 오른 마나님의 허릿살 감촉을 느끼며 웃자고 한마디 던졌다가 본전을 잃고 말았다. 차가운 밤하늘 별은 총총했다.

이틀 전, 원래는 아들의 입대를 앞두고 네 식구 오붓하게 다녀올 계획으로 집을 나섰다. 출발한 지 얼마 안 되어 아내가 툭 던진 "할머니·할아버지랑 같이 갈까?"라는 말에 아이들이 흔쾌히 수락하여 부모님 댁으로 방향을 틀었다.

"새해가 돼도 아무도 안 와서 너희가 안 왔으면 섭섭할 뻔했네…." 웃으시며 그냥 하신 모친 말씀에 다행이다 싶었다. 지리산 온천욕을 한 뒤 어둠이 내리기 전 이순신대교를 넘어갔다. 여수 밤바다를 품은 창틀이 있는 펜션에서 숯불 바비큐로 저녁을 즐겁게 요리하고는 밤늦게 잠자리에 들었다. 낮에 아들과 온천을 즐겼던 모습이 떠올라 입가에 미소가 흘렀다. 어쩐 일로 아들이 완전 무장 해제 상태로 아빠가 이끄는 대로 노천탕까지 따라다니며 같이 몸을 담가주었다. 초등생 이후 처음 허락하는 기프티콘을 받은 듯 기분 좋게 잠든 밤이었다.

남자와 여자는 다르다. 다름을 인식했다면, 그다음 단계는 다른 태도와 행동을 제대로 적용해야 하는데, 많은 남자들이 실패하는 경우가 많다. 남자는 단순히 웃자고 한 말을 여자는 완전히 다르게 감성적으로 받아들인다. 똑같은 홍채나 지문 또는 DNA를 가진 사람은 아무도 없듯이 사람들은 제각각 유니크 Unique한 존재다. 그중 남자와 여자는 특히 완전히 다른 종류의 필터를 장착하고 있는 존재임을 체득하며 살아간다.

이삼십 년을 함께 살고도 아직도 이 남자 필자는 여자를 모른다. 하기야 오죽하면 남녀관계를 '화성에서 온 남자, 금성에서 온 여자'라며 서로 다른 행성 출신의 만남이라고까지 비유했을까…. 변명이자 위안이다. 그래서 주로 받아들이는 입장인 여자가 시그널을 보내는데도 남자는 무덤덤한 건지 눈치가 없는 건지 공감을 잘 못 한다.

남자와 여자는 사랑은 마법과 같은 것이고, 그것이 지속될 수 있다고 믿는다. 단, 거기에는 '서로의 차이를 기억하기만 한다면…'이라는 전제가 붙는다. 겉으로 드러나 있지 않은 차이를 인정하고 존중하고 받아들여야 한다는 말이다. 결국 사랑하는 남녀가 사랑과 보살핌을 어떻게 주고받을 수 있을지는 그 차이를 온전히 이해하는 것에 달려 있지 않을까….

"코치님, 잘 지내시죠."
"아, 오랜만이네요. J님도 잘 지내시죠."
"네 코치님. 혹시 금요일 시간 되시면 저녁 식사에 초대하고 싶어 전화드렸어요. 제가 요즘 에너지가 많이 다운되어 조언을 구하고자 멘토님 몇 분을 모셨거든요. 코치님도 그중 한 분이신데 와 주실 거죠?"
"아! 그래요. 제가 도움이 될지 모르겠지만…, 일단 알겠습니다."

'묻지 마 디너 파티'에 초청된 듯한 기분으로 전화를 끊었다. J는 필자에게 코치과정 강의를 들었던 젊은 청년이다. 자기 적성을 찾아 공무원 직을 벗어던지고 영업 쪽 길을 가고 있다고 들었다. 목소리로 힘겨움이 넘어왔다. 새로운 길에 힘듦이 어찌 없을까? 삶인 것을….

며칠 뒤 금요일 저녁, 약속된 퓨전 레스토랑으로 시간 맞춰 나갔다. 차례차례 도착하시는 분들과 초면에 인사를 나눴다. 잠시 후 예측불허의 나를 포함한 6인의 소위 멘토단이 짜여 졌다. 순서대로 나오는 요리에 다른 분들과 리듬 맞춰 포크와 젓가락을 연주했다.

디저트로 차가 나올 무렵, 드디어 J는 그의 성공목표가 적힌 A4 크기의 종이를 한 장씩 나눠주며 고민 보따리를 풀었다. 멘토단은 J의 고민 토로가 끝나기 무섭게 좋은 말씀들을 시간차공격으로 쏟아부어 주었다. "내가 아는 너는 이런 사람이고, 그건 이것 때문일 것이고, 그럴 땐 이렇게 해 보고, 나도 그런 적이 있었는데 그때 난 어떻게 했으니 너도 그

인정할 줄 아는 용기

렇게 한번 해 보는 것이 어떻겠느냐?"는…. 탄창에 꽉꽉 쟁여 온 조언·충고 탄들이 타깃을 향해 연발되는 사격장에 와 있는 듯했다.

조언을 요청받은 값을 해야 하니 그 입장들은 이해되었다. 화자들의 말과 말하는 모습을 호기심 있게 경청하면서도 필자의 마음은 썩 편치만은 않았다. 대화 분위기가 마무리되어 가는데도 고개만 끄덕이며 미소만 짓고 있는 필자에게 J가 말했다.

"코치님, 저한테 도움 될 말씀 한마디 해 주시면 좋겠어요."
"네…허허. J님의 현 상황은 적절함이 일어난 게 아닐까요? 다만 에너지가 좀 떨어져 있을 뿐…."
"아! 네…, 코치님."
"J님, 지금 하시고 있는 일에서 성공목표를 보여주셨는데, 혹 '성공'의 의미가 무엇인지 생각해 보시고 톡으로 공유해 주실 수 있을까요?"
"성공의 의미요? 예…, 고민해 보고 코치님께 톡 드리겠습니다."

맛있게 저녁 시간을 함께한 분들과 인사를 나누고 돌아오는 차 안에서 좀 전 상황들이 재생되었다. 처음 뵌 분들 입장에서는 필자가 밥맛이었겠다 싶기도 했다. 나눠 준 A4 종이에 혼자만 백지 답안을 제출하며 잘난 체했으니 말이다. 조언 탄들이 빗발치는 것을 그냥 바라봐주고 분위기를 좀 더 맞춰주지 못했음을 반성했다. 옳고 그름의 문제가 아니라, 서로 다를 뿐인 것을…. 낯선 사람들과의 만남에서 다름을 공부한 연습장 한 페이지를 넘기며 또 밤이 깊어갔다.

봄비가 차창을 때리는 아침, 와이퍼는 빗물을 밀어내며 전방 시야를 확보하느라 분주했다. 그때 들려온 라디오 고정 채널 아나운서 목소리가 내 귀를 쫑긋 세웠다. '틀리다! 다르다!'에 대한 명쾌한 이야기 전달과 함께 배경음악까지 깔아주는 게 아닌가? 현 상징 세계 속 낡은 스테레오타입 Stereotype에 빌붙어 살아왔던 관념을 차창 밖으로 던져 빗물에 헹궈 버리게 했다.

방송 중 어느 노부부의 대화다. 할아버지가 '그 참 성격 이상하네!'라고 말하자, 할머니는 '성격이 안 맞아 못 살겠네!'라고 맞받아쳤다. 이때 두 분의 말씀 중에서 하나는 맞고 하나는 틀렸다. '성격이 이상하다'라는 말은 '나는 맞고 상대방은 틀리다'라는 의미이고, '성격이 안 맞다'라는 말은 '나와 상대방이 다르다'라는 의미로 이해할 수 있다.

자연의 이치에서도 마찬가지다. 봄엔 꽃이 피고 겨울엔 눈이 오는데, 봄은 맞고 겨울은 틀린다며 받아들이지 않을 수 있겠는가? 비가 오면 우산을 펴야 하고, 바람이 불면 문을 닫아야 하며, 거친 폭풍우가 몰아칠 때는 다른 방법을 찾아야만 한다.

이어지는 음악, 루이 암스트롱과 여가수의 재즈 듀엣곡이 지직거리는 LP판 음으로 빗물을 타고 내렸다. "나는 이렇고 너는 저래. 우린 달라도 너무 달라. 그런데 네가 없다면 내 심장은 부서지고 말 거야." 재즈연주가 그치자 밀짚모자에 빗물 스며든 양 '다름'이라는 빗방울이 볼을 타고 가슴골로 흘러내리는 듯했다. 파도가 쓸려나간 물 빠진 모래사장처럼 필자의 민 마음도 다름의 바닥을 드러내 보이려 노력 작업 중이었다.

모두가 똑같다면 우리가 남을 대하고 함께 살아가는 데 무슨 문제가 있으랴? 하나같이 나와 똑같이 생각하고 행동할 테니 말이다. 문제는 세상에는 단 한 사람도 같은 사람이 없다는 사실이다.

우리 중 누구는 컴퓨터 없인 못 사는 반면, 다른 누구는 컴맹으로 살아간다. 누구는 수업에 꼬박꼬박 들어오고, 다른 누구는 결석을 밥 먹듯이 한다. 누구는 열심히 해도 성적이 안 오르고, 다른 누구는 결석을 많이 해도 성적을 잘 받는다. 이처럼 사람은 능력도, 감정도, 성격도 모두 다르고 차이가 있다.

그렇다면, 우리를 다르게 만드는 것은 무엇일까? 개인 차이를 가져오는 중요한 요인 중 하나는 '성격 Personality'이다. 그래서 성격은 개인이 타인에 반응할 때 동원하는 대응 방식의 총체라고 했다.

고대 로마의 극장에서 배우들은 극 중 역할에 따라 가면을 쓰거나 화장·분장을 하고 연극을 했다. 이때 그들이 쓴 가면이나 화장한 얼굴을 '페르소나 Persona'라고 불렀고, 그것이 오늘날의 '성격 Personality'이란 말의 어원이 되었다고 한다.

이쯤 되면, 조직에서 왜 사람의 성격에 관심을 두는지 짐작이 간다. 이를 통해 개인 간의 차이를 알 수 있고, 그 차이를 수용하고 다름을 인정해 줄 때 더 효과적으로 조직성과를 올릴 수 있기 때문 아닐까….

미국에서는 유통기한이라는 말을 볼 수 없고 언제까지 팔라고만 쓰여 있다고 한다. 언제 먹을 것인가 하는 문제는 구매자가 알아서 판단한다. 그러므로 미국 사람들은 달걀도 고기도 직접 냄새를 맡아보고 '이건 괜찮아', '이건 안 되겠어'하고 결정하고 요리를 한다. 반면 일본이나 우리나라 사람들은 유통기한에 집착한다. 그래서 우리는 스스로 리스크 Risk를 판단하지 않게 되었다고도 한다.

마트에 장을 보러 갈 때면 필자는 카트를 밀고 아내는 앞에서 물건들을 골라 담는다. 장을 다 본 뒤, 차를 타고 함께 집으로 온 음식 물품들은 대부분 일단 냉장고로 직행이다. 당일 아내의 레시피에 따라 해 먹고 남은 음식 재료들은 또다시 냉장고 안으로 돌아간다. 우리 집은 그렇게 며칠이 지나 식구가 함께 있는 주말에 음식을 해 먹기 위해 냉장고 문을 열고 그들과 다시 만나게 되는 경우가 많다. 아내는 셰프가 되고 가끔 필자가 셰프의 오더를 처리할 때 그것들을 하나씩 꺼내 유통기한을 확인한 다음 말한다.

"이거 먹어도 돼?" 찍혀있는 날짜를 넘긴 식자재를 발견하고서 셰프에게 묻는다. "응, 괜찮아. 먹어도 돼!" 셰프의 대답은 보지 않고도 간단명쾌하다. 요리하면서 맛을 보고 냄새를 맡아 보기 때문이다. 나와 아내는 닮았지만 다르다. 루이 암스트롱과 여가수가 부른 「우린 달라도 너무 달라」 재즈 가사와 주파수 공명 대역에 있다고 할 수 있다.

인간 존재의 '틀림과 다름'은 세 가지 차원의 차이에서 볼 수 있다. 먼저 개인적 차원에서는 유전자 DNA와 연결된 성격 Personality적 차이의 다름이다. 두 번째, 사회적 차원에서는 밈 Meme이라는 사회적 유전자와 연결된 문화 Culture적 차이에서의 다름일 것이다. 세 번째, 국가적 차원에서는 종교나 이념에 따른 차이의 다름이 존재할 수밖에 없다.

인문학에서 '타자'란 우리로 하여금 해석과 이해를 강제하는 일종의 기호 sign라고 했다. 그런데 우리는 밖에서 마주치는 타자도 그렇지만, 내 안의 타자가 주는 기호를 이해하지 못하는 경우도 많은 것이 현실이다. '일체의 초월적 가치에 대해 비판적 거리를 유지하면서 삶에서 마주치는 다양한 타자와 관계하려는 정신' 바로 이 '인문학적 정신'이 삶의 매 순간 틀림과 다름을 구분하고 깨닫게 해주는 청정수가 아닐까?

사람은 자기 자신 외에는 어느 누구도 바꿀 수 없다고 한다. 왜냐하면 성격 Personality은 자연 Nature이기 때문이다. 그래서 좀처럼 바꾸기 쉽지 않다. 디스크 DISC, MBTI, 에니어그램 등 여러 가지 성격유형을 진단하는 도구들이 개발되어 상담, 코칭을 비롯한 다양한 분야에서 활용되고 있다. 이러한 도구들의 목적은 상대방의 성격을 바꾸고자 하는 것이 아니다. 타고난 기질·성품이나 성격을 알고, '상대방-중심적' 상호작용을 통해 스스로 전환 Shift을 일으키도록 돕기 위한 것이다.

지금까지 우리는 '틀림의 랩소디'에 심취하여 '틀리다.'는 말을 너무 많이 남용해왔다. 이제는 '다름의 교향곡'을 통해 '다를 수 있구나!'라는 관계적 행동으로 나아가야 하지 않을까? 다른 것은 틀린 것이 아니라, 다른 것이 모인 것이 커다란 하나의 무엇인 것이다.

삶은 다름이 자연스러운 것임을 알아가는 여정이다. 그렇지 않다면 심장이 쪼그라들거나 산산조각이나 허공에 흩어질 수밖에 없다. 이제 그만 '옳다! 틀리다!'라는 이분법적 낡고 무거운 갑주를 벗어 던지자! 차이에서 오는 '다름'이라는 가볍고 다채로운 스마트한 옷을 입자. 선물처럼 와 있는 21세기 감성·지혜의 시대를 호모사피엔스 슬기로운 사람, 그 자체로 슬기롭게 살아가야 하니까….

스프링노트와 사색 볼펜

"음, 색깔마다 주인이 다 있지!"

기업에서 주니어시절, 팀미팅시간에 옆에 앉은 K의 알록달록한 업무노트를 보고 물었을 때 돌아온 말이다. 회사는 중후장대 기업으로 탈바꿈하기 위한 비전을 선포했고, 글로벌 컨설팅사가 들어와 태스크포스 팀을 꾸렸다. 당시 필자는 갓 과장을 달고 생산 공장과 사이트 site를 종횡무진 누비고 다니던 때였다. 그러던 어느 날 외국인 컨설턴트와의 낯선 면접을 거쳐 기획조정실로 책상을 옮겼다. 컨설턴트들과 매일 회의의 연장선에 파김치가 된 몸을 빨랫줄에 널어놓는 나날의 연속이었다. 동기 K와는 한 팀이 되어 빡센 낮밤을 걸머쥐고 '으샤으샤' 땀을 쏟았다.

터프한 겉모습과는 달리 똘망똘망하고 샤프했던 K는 프로젝트 전체 기획업무를 맡았다. 회의 시간이면 항상 큰 수첩과 작은 수첩을 펼쳐놓고 번갈아 가며 색 볼펜으로 채색하듯 꼼꼼하게 기록하는 게 신기할 정도였다. 한 날은 K에게 그냥 한 마디 툭 던졌다.

"야, 너는 덩치랑 안 맞게 필기를 너무 예쁘게 하는 거 아냐?" 그랬더니

K 왈, "음, 색깔마다 주인이 다 있지! 빨간색은 실장님, 파란색은 팀장님, 초록색은 쟤들이 한 말, 검정색은 기타…."

K가 색깔별 주인들을 알려주며 그의 시크릿을 툭 던져준 것이 필자에겐 '아하!'의 순간이었다.

다음 회의 시간, 필자의 손엔 처음으로 사색 볼펜이 들려져 있었다. 그날 이후 그 어떤 필기구도 괄호 밖이었다. 심지어 영문 이니셜까지 새겨진 선물 받은 수제만년필도 책장 장식품용 외에는 용도 소멸이었다. 양복과 회사 잠바 안주머니엔 상시 장착 필수! 가방 안에 하나 더! 책상 서랍에는 한 다스가 쟁여져 있어야 마음이 편할 만큼, 그렇게 필자의 삶 속으로 사색 볼펜이 들어왔다.

이후 시간이 흘러 외부 컨설턴트들이 떠났고, 그 자리는 우리들로 채워졌다. 현장에서 몸값 비싼 그들과 함께 구른 경험은 내부 컨설턴트라는 이름을 나름대로 손색없게 만들어 주었다. 당시 컨설턴트에게 스프링 노트와 필기구는 개인화기였다. 포커스그룹인터뷰 FGI나 워크숍 및 현장 미팅 등을 통해 임직원들의 진짜 목소리 real voice를 기록하고, 핵심 발견사항 Key Findings을 놓치지 않기 위한 필수품이었다.

지금은 노트북이나 패드 및 스마트폰이라는 첨단무기가 손에 들려져 있지만 그땐 그게 최신식 무기였다. 당시 K에게 벤치마킹하여 만든 필자의 개인화기 '사색 볼펜' 사용 수칙이다.

「빨간색은 톱매니지먼트, 파란색은 직속상관(임원·팀장), 검은색은 일반사항, 그리고 초록색은 나의 것 즉, '내 생각' 적기」

필자의 필기 법칙에는 소위 나의 인사이트 Insight나 직관을 적는 '내 색깔'을 룰을 추가했다. 톱 팀 Top Team의 지시사항이나 보텀 Bottom에 있는 직원들의 의견을 듣다 보면 아이디어가 떠오르게 마련이다. 그 순간을 놓칠세라 '딸깍'하고 초록색 심으로 바꿔 떠오른 생각을 기록하지 않으면 날아가 버리기에 십상이다. 나중에 노트를 정리하며 보고서를 꾸밀 때 매 페이지마다 왼쪽 여백에 휘갈기듯 적힌 초록색 글자의 소중한 아이디어를 수확하는 것은 빼놓을 수 없는 일이었다. 그때 이후 직장생활 내내 사색 볼펜 심으로 노트 고랑을 파는 쟁기질이 중요한 농사였다. 순간순간마다 머리와 가슴속 트리거 Trigger가 격발되면 사색 볼펜이 즉시 빈 밭에 색깔별 이랑을 돋우곤 했다.

요즘에는 필기 방법도 돈을 주고 배우는 시대이고 좋은 툴도 많다. 예전엔 그런 게 없기도 했거니와 필자에겐 사색 볼펜과 스프링노트 사랑에 콩깍지가 씌어 있었다. 해마다 새해가 시작되면 회사 로고가 멋지게 다림질된 비닐 옷 입은 다이어리가 지급되던 시절이었지만, 필자는 한 번도 사용하지 않았다. 책상 서랍 안에서 일 년을 그 상태로 묵히거나 친구나 지인들에게 회사 달력과 세트로 주거나였다. 일반 부서들처럼 업무 다이어리를 쓸 만큼 일이 헐겁지 않았고 다르기도 했다. 그렇게 늘 스프링노트에 사색 볼펜을 꽂고 회사 전역을 누볐다.

컨설팅 농사를 위해 밭고랑을 사색 볼펜으로 갈다 보면, 매년 두꺼운 스프링노트 1권 이상은 거뜬히 나온다. 100세 인생 절반에 해당하는 삶의 전반전을 기업에서 보냈다. 스프링노트와 사색 볼펜 콤비로 매년 풍작을 기원하며 무지 적었다. 지금 필자의 서가에는 대충 스무 권의 스프링노트가 경주 최부자댁 광 안의 쌀가마니처럼 책장 맨 아래 칸에 모셔져 있다. 이 또한 언젠가 책으로 탈곡해 낼 비축미다….

기업이라는 무리를 떠난 이후, 삶의 목적대로 사는 삶으로 길머리를 잡은 지금도 사색 볼펜은 없어선 안 될 최고의 툴이자 절친이다. 단색 볼펜이나 이색 또는 삼색 볼펜이 제아무리 시기와 질투를 해도 내 사랑은 일편단심 사색 볼펜이다. 이런저런 행사에 참석하면 단색·이색·삼색의 기념 볼펜을 얻는 경우가 많다. 단가가 비싸서 그런지, 사색 볼펜을 주는 데는 잘 없는 것 같다. 그래서 받기는 하지만 다른 볼펜들은 쓸 일이 거의 없다. 그것들에는 내가 없기 때문이다. 내 생각을 칠할 초록 볼 Green Ball이 없는 볼펜은 그래서 내 것이 아닌 것이다. 현관에 어지러이 놓인 신발 중 내 발이 신었던 온기와 냄새를 품고 나를 기다리는 내 신발처럼, 누구나 자기 색깔 심을 가졌으면 싶다. 오늘도 삼색으로 그냥은 칠해지지 않으려 초록으로 무언가를 휘갈기며 삶 속으로 들어가고 있는 나를 관 觀한다.

"뽕이 만나러 갔다 올께."

현관에서 산에 오를 간단 채비 후 아내에게 신고하고는 주말 산행으로 아침을 열었다. 집 뒤에는 내 데이트 신청이라면 언제라도 받아주는 뽕이 필자가 집 뒷산에 붙인 애칭가 기다리고 있다. 산행길 초입에 들어서자 황홀한 자연의 소리들이 내 귓바퀴를 일찌감치 일으켜 세운다.

이름 모를 풀벌레와 귀뚜라미의 중저음, 매미의 높은음, 직박구리의 플루트 공연까지…. 멀리서는 사람들의 '타닥타닥' 발소리와 '깔깔깔' 웃음소리는 베이스음으로 깔린다. 산 아래에서는 까마귀가 먹이사슬 최고봉인 듯 까치와는 격이 다르게 고층아파트 지붕 위를 훨훨 날아오른다. 어쨌거나 까치와 까마귀 간 까씨 집안의 앙상블이 울려 퍼진다.

산길 경사가 시작되면서 몸이 지면과 예각 직각보다 작은 각도를 만들기 시작할 무렵, 가벼운 발걸음은 막을 내린다. 그때, 키 작은 나뭇가지 사이 검회색 박새 한 마리…. 필자랑 눈이 마주치자 '내 구역에 발을 들이지 말라'는 듯 '짹짹'거리며 경계수위를 높인다. 내 심장 엔진도 피스톤 운동이 빨라지며 숨이 '쌕쌕' 거린다. "짹짹 쌕쌕 짹짹 쌕쌕" 박새의 '짹짹' 지저귐과 필자의 '쌕쌕' 숨소리는 한통속이 되어 그 순간 안과 밖이 하나가 된다. 1차 고바우 길을 오른 뒤 나무 벤치에 털썩 주저앉아 불스 원샷 같은 생수로 가슴 엔진을 식힌다. 다시 일어서 산 중턱의 완만한 경사 길을 이번에는 나무 사이를 노닐 듯 다소 헐겁게 오른다.

하늘 높이 뻗어 살아 숨 쉬는 나무, 죽어서도 마름질 되어 각 잡고 누워 수많은 등산화를 받쳐주고 있는 각진 나무, 전기톱으로 허리 잘린 채 둥그런 나이테로 인간들의 엉덩이 받침대가 되어주는 고목 나무, 등산객 손에 들려 땅을 찍고 다니는 얇은 지팡이 나무, 비바람 천둥 번개 맞고 큰대자로 뻗어 이끼 올라탄 오래전에 죽은 나무, 풀숲에 묻힌 갈색 솔가리, 그리고 오르내리는 사람들 손때에 괴롭힘당하며 낭창낭창 서 있는 길가 젊은 나무들….

문득 '나무들의 세계는 삶과 죽음이 공존하고 있구나!'라는 생각이 훑고 지나갔다. 산 중턱에는 길섶 이름 모를 무덤 위에 낙엽이 내리고 있었다. 인간이 돋운 흙무덤을 원래의 평평한 모양으로 되돌리려는 듯 나무는 쉼 없이 깃털 옷을 눈처럼 내려주고 있었다. 가을의 강한 입김에도 채색되지 않고 온전히 녹색으로 버티고 있던 마지막 잎 새도 결국 '툭' 하고 무덤 위로 떨어져 홑이불 솜으로 엉켜 들어갔다.

'아…, 모두 한 몸뚱이구나!' 팔 부 능선쯤에서 잠시 산 아래를 굽어본 뒤 호흡을 가다듬고 정상을 향해 돌아 올라갈 오른쪽 오솔길로 접어들었다. 꼬불 길을 오르다 정면으로 마주친 우뚝 선 소나무 한그루! 어른

품으로도 안지 못할 밑둥치가 우렁차게 올라가다 어린아이 키 높이에서 세 가지로 갈라졌다. 산비탈 쪽 열 시 방향으로 뻗어가다 유턴하여 구불구불 위로 뻗어 올라간 범상치 않은 자태가 에너지를 뿜어내고 있었다. 나무에 손바닥을 댄 채 눈을 감고 한참을 교감했다. 여태껏 살아낸 노송의 고뇌가 느껴졌다.

삼 년 전, 첫 졸고를 세상에 내어놓았을 때 수행 스승께서 법명을 내리셨다. '지혜로 자신을 비추고 만인을 비추라!'는 뜻으로 '혜광 慧光'이라는 과분한 이름을 엎드려 받았다. '법명은 씨앗이자 보호자인 만큼 후퇴하지 않는다.'는 말씀과 함께! 필자의 후반전 삶의 여정에 심겨진 씨앗이 노송과 교차하며 흐르는 강렬한 에너지를 느꼈다.

거대한 바다에서 방향을 결정짓는 것은 바람의 방향이 아니라 돛이다. 배에 달린 돛은 강점이자 지혜로서 진짜 나로 살도록 방향을 안내한다. 산 정상아래 이르러 부는 바람에 내 안의 돛을 펼친 채 세 번째 약수터를 만났다. 쫄쫄쫄 흐르는 산물을 한 쪽자 들이키고는 두 손을 합일시켰다.

이윽고 산들바람 부는 산꼭대기에 올랐다. 삶의 바다 위 돛을 팽팽하게 부풀게 해 줄 글자 한 줄 새겨 넣고 싶었다. 이미 만트라 한 문장이 길어 올려져 있었다. '만트라 Mantra'라는 말은 산스크리트어로 특별한 영적인 힘이 있다고 느껴지는 단어나 소리를 의미한다. "매 순간 알아차리므로 마주치는 모든 세상-속-존재들을 인연과 고마움으로 받아들이리라!" 두 팔을 앞으로 뻗고 양 손바닥으로 단전을 보듬고 만트라를 외며 안과 밖을 연결시켰다.

요즘은 '정체성'이란 말보다 '페르소나'라는 단어가 더 흔한 느낌이 있다. 앞에서도 언급했듯이 '페르소나'는 고대 그리스에서 연극배우들이 썼던 가면에서 유래된 말이다. 이를 심리학자 칼 융이 체계화했는데, 오늘날 지구촌에서 가장 핫 hot한 우리나라 아이돌 스타 방탄소년단 BTS이 이를 더욱더 힙 hip한 말로 만들었다.

점점 복잡해져 가는 세상이다 보니 신용카드 돌려막기도 아닌 것이, 사람들은 상황마다 다른 가면을 바꿔 써야 하는 '멀티 페르소나'의 시대가 도래했다. 그래서 김난도 교수는 『트렌드 코리아 2020』에서 '나 자신은 단수 Myself가 아니라 복수 Myselves가 되어야 맞다.'라고 했다.

여기에 덧붙인다면, 나 자신의 복수 Myselves는 단방향이 아니라 양방향으로 작동한다고 생각한다. 이 말을 하고 나니 화살표가 위·아래 방향으로 휙휙 날아다니는 듯하다.

첫 번째 아래 방향 화살표는 나누기(÷)에 가깝다. "아마존은 0.1명 규모로 세그먼트를 한다."는 말처럼 더 이상 현대인은 한 명이 아니다. 기업은 한 사람의 소비자를 넘어 '내 안의 보이지 않는 수많은 나'를 찾아내 고객맞춤을 디자인하고자 혈안이다. 이제는 '제품에 이니셜을 새겨주는 개인화는 잊어라!'라고 말한다. 기업 시절 한때 유행했던 이니셜 박힌 와이셔츠가 떠오른다. 당시엔 주로 임원들의 와이셔츠 소매에 박혔던 이탤릭체 영문 이니셜들의 있어 보임은 많은 일반 사람들의 소매에도 수를 놓고 싶도록 만들었다. 지금은 개인화의 스케일과 차원이 다르다. 취향과 니즈로 개인화된 한 명 단위에서, 그 한 명을 여러 인간으로 쪼개어 맞춤식 서비스를 제공하는 초개인화 큐레이션으로 가고 있다. 그래서 내 속에 내가 너무도 많은 우리 모두는 태생적으로 나 자신이 복수일 수밖에 없는 것인지도 모른다.

인정할 줄 아는 용기

두 번째 위쪽 방향 화살표는 더하기(+)이다. "인간 人間의 최소 단위는 두 명이다." (주)인코칭에서 전문 코치로서 함께 활동하고 계신 윤형식 코치가 쓴 ICF 국제코칭연맹 코리아 코칭 칼럼에서 빌어 온 말이다. 이 말은 사람은 서로가 영향을 주고받을 수밖에 없는 불가분의 관계에 있다는 것이다. 전문 코치들은 이 말을 강력히 믿고 받아들인다. 연구에 의하면 인간의 뇌는 타인의 행동을 자신의 결정에 별 주저함 없이 반영해 버리는 경향이 강하다고 한다. 즉 다른 사람들과 함께 있거나, 단지 그 사람을 생각만 해도 마음속에서 하나 이상의 자아가 자리 잡는다는 것이다.

우리의 삶은 상호작용 속에서 심장이 뛰고 호흡이 들고 날고 있기에, 당연한 말 같지만 사람 간에 관계성이 끼치는 힘은 대단하다. 그래서 인간 人間이란 말 자체가 '사람과 사람 사이'라는 '사이-존재'이자, '누구 Who'가 아니라 '누구와 함께 with Whom'인 것이다. 감정조차도 내 것이 아니라 서로 주고받는 것이다. 우리는 '누구랑 같이?'에 따라 옹달샘이 큰 웅덩이로도 바뀔 수 있는 존재라고 했다. 만일 서로에게 흐르는 에너지 덩어리 Chunk 기준으로 본다면 인간 최소 단위가 세 명 또는 네 명 이상도 되지 않을까….

'삶'은 사람이다. 이 '살아있음'의 공식에는 내가 들어있어야 한다. 칼 융은 인간의 삶은 개성의 실현 Individuation; 개성화이며, 보편적 진실이라도 그것이 개성에서 성취되지 않는다면 공허한 유령 같은 것이라고 밀했다. 그런데 날이 실현이지 그것을 체험하는 일은 고통 없이는 안 된다고도 말했다. 우리의 가능성이 오히려 자신에게 문제 Issue로 다가오는 경우가 대부분이기 때문이다. 우리는 누구나 자기가 건너는 강이 제일 깊고, 자기 自己라는 짐이 가장 무거울 수밖에 없다.

조지오웰이 소설 『1984』에서 '빅 브라더' 세상을 예견했듯이, 기술이 나보다 나를 더 잘 알기 시작하는 시대로 가고 있다. 그럴수록 매 순간 삶의 중심점에 나를 세워놓아야 한다. 주기적인 나 자신과의 대화도 필요하다. 매 순간 최선의 나를 발견하는 것은 물론이요, 집·학교·직장 등에서 최선의 나를 끌어낼 수 있어야 한다. 그렇기 위해서는 제일 먼저 할 일은 내 삶의 주인공으로 나를 등극시키는 일이다. 현대를 사는 우리는 관계성 속에서 마이크로 Micro와 함께 매크로 Macro한 복수의 나를 가질 수밖에 없다. 이 또한 역설적이다. 그럼에도 우리는 더불어 살아가야 할 가능성 존재로서 나를 지속 충전시킬 '진짜 나'라는 에너지원을 찾아 USB 케이블을 꽂아야 한다.

사람과 돼지

"와아~, 할아버지 병아리 참 예쁘네요!"

내 옆에 서 계신 처음 뵌 할아버지께 웃으며 말을 건넸다. 천안에 있는 기업에 코칭이 잡혀 옮거니 하고 천안에 있던 딸아이와 데이트 약속을 잡았다. 일정을 하루 당긴 일요일 오후, 천안고속버스터미널에 내렸다. 저녁 약속 시간이 1시간이나 남아 있었다. 백화점 아이 쇼핑을 하다가 조용한 휴게실 벤치에 앉았다. 차에서 읽다 만 책을 꺼내자마자 이내 책 속 옹달샘에 풍당 빠져들었다.

얼마나 지났을까 눈앞의 유아 휴게실 입구에서 유모차 한 대가 쏙 튀어 나오는 것이 눈에 뜨였다. 머리가 하얗게 서리 내린 할아버지 한 분이 손주를 태우고 쇼핑을 나오신 듯…. 내 옆으로 다가와 유모차를 대더니 할아버지는 손주를 번쩍 들어 올려 벽 따라 기역 자로 설치된 프라 모델 동전 머신 앞에 세웠다. 노란 옷에 털모자를 쓴 꼬물거림이 한 마리 병아리였다. 잠시 후 병아리는 두 손을 동전 머신에 짚고는 안에 든 프라 모델을 집으려는 포즈로 옆으로 뒤뚱뒤뚱 걸어갔다. 앙증맞은 병아리 인형극 관람에 잠시 정신줄을 놓고 있었다. 세상을 만지작거리듯 손바닥으로 벽을 짚으며 아장아장 게걸음을 걸었다. 한쪽 벽에 진열된 동전 머신이 끝나는 지점에 이르자 뒤를 돌아보며 "응에~"하고 할아버지에게 구원을 청했다. 할아버지는 모르는 체하며 두어 발짝 떨어져서 지켜만 보고 있었다. 그러자 놀랍게도 병아리는 벽을 짚고 있던 손을 떼고 두 발로 뒤뚱뒤뚱 직각 벽을 향해 걷기 시작했다. 1미터 정도 공간을 두고 90도로 비치된 게임기 화면을 향해 칭얼거리며 나아갔다. 넘어질 듯 넘어지지 않고 1미터 원정길 횡단에 성공하고는 다시 할아버지를 돌아보며 "응에~" 거렸다. 그제야 할아버지는 슬쩍 다가서서 자신의 바짓가랑이를 병아리 손에 잡혀 주었다. '햐아, 이 병아리 엄마 아빠는 그 어떤 어린이집 교사보다 훌륭한 보모를 두셨구나!' 그 순간 절로 드는 생각이었다. 동시에 이 짧은 컷 Cut은 필자에게 두 개의 기억을 소환했다. 내 딸아이의 병아리 시절 필름 사진 한 장과 니체의 한마디 말이었다. 니체는 『차라투스트라는 이렇게 말했다』에서 인간 정신의 세 가지 변화에 대해 일갈하지 않았던가? '낙타-사자-어린아이'의 세 가지 성숙단계에서 어린아이의 정신을 그는 다음과 같이 긍정했다.

"어린아이는 순진무구함이요 망각이며, 새로운 출발, 놀이, 스스로 도는 수레바퀴, 최초의 운동이며, 성스러운 긍정이 아닌가?"

니체에 따르면 어린아이는 천진난만하게 놀고 자신이 바라는 대로 구르는 바퀴다. 우리는 어른이 되면서 과도한 욕망 때문에 그 정신을 잃는 것이다. 니체는 내 안에 있는 어린아이가 보고 싶으면 직접 낳아야 한다고 했다.

고병권은 『니체의 위험한 책, 차라투스트라는 이렇게 말했다』에서 니체의 말을 더 먹기 좋게 해부해 주었다. "어린아이들은 자기 욕망에 대해 잘 알고 있는데 우리는 자기 욕망에 대해 아무것도 모르고 있다. 다른 사람의 욕망을 욕망하는 사람들이 세계의 주인일 수 없는 이유를 아는가? 스스로 자기 욕망의 주인인 자만이 세계를 갖는 것이다."

인정할 줄 아는 용기

딸아이를 기다리다, 어릴 적 딸아이의 사진이 투영된 장면에서 우연히 챙긴 깨우침 한 조각! 공짜로 뭘 얻어 먹은듯한데 메뉴는 잘 모르겠는…. 할아버지의 숙성된 지혜와 그의 순진무구 병아리의 콤비네이션! 자연스레 자문이 올라왔다. "이대로 익어가면 나도 지혜로 숙성된 할아버지가 되긴 되려나? 내 안의 어린아이를 낳는 건 또 어떻고…."

"돼지의 본질은 먹는 것이 맞구나."

우연히 극한직업이라는 TV 프로그램을 보다 필자의 입에서 새 나온 말이다. 평소 텔레비전을 거의 안 보지만 가족과의 식사 시간에는 같이 보게 된다. 그날 저녁밥 먹으면서 본 TV 화면에는 돼지족발이 한 그득이었다. 족발 공장을 찾아가 만드는 과정을 촬영한 방송이었다. 한 광주리에 족발 100개씩, 양념 된 누런 국물이 펄펄 끓고 있는 솥 안으로 허연 족발 100개를 크레인으로 들어 올려 풍덩 빠뜨렸다. 화면에 보이는 광주리 수만 해도 족히 수십 개는 넘어 보였다. 족발을 삶아내고 나니 다음 공정으로 머리에 비닐 두건을 쓴 아주머니들이 달라붙어 능숙한 칼질로 뼈와 살을 분리했다. 공정이 지날수록 돼지라는 느낌은 온데간데없고 먹음직스럽게 칼질한 살코기가 포장 용기에 올려졌다. 자연스레 군침이 돌며 소주 한잔이 생각나게 하니 인간에게 돼지의 본질은 '먹는 것'이 확실하다고 인정할 수밖에 없었다.

그 며칠 전 『지·대·넓·얕』의 저자 채사장이 학교에서 기획한 이문 렉처 시리즈에 초빙되어 필자도 청강을 갔었다. 실존주의자 알베르 까뮈의 『이방인』에 나오는 주인공 뫼르소를 통해 세계와 인간을 해부한 시간이었다. 강연 후반부 '인간은 무엇인가?'라는 질문을 빔 화면에 띄워 놓고 질의응답 시간을 가졌다. 한 여학생이 마이크를 들고 말했다. "돼지의 본질이 먹는 거라니 좀 거북해요. 표현을 달리하면 좋겠어요." 평범한 여학생으로서 가질 수 있는 생각이다 싶었다. 그의 책에 나오는 본질과 실존에 대한 내용을 가져와 보자.

> 세상에 존재하는 모든 것은 두 가지 방식으로 존재한다. 하나는 본질로서 존재하는 것이고, 다른 하나는 실존하는 것이다. 예를 들어서 의자, 돼지, 인간의 세 가지 존재자를 생각해 보자. 의자는 본질로서 존재한다. 의자의 본질은 단적으로 '앉는 것'으로, 의자의 본질은 개별적 의자보다 중요하다. 마찬가지로 돼지도 본질로 존재한다. 돼지의 본질은 '먹는 것'이다. 물론 돼지는 동의하지 않겠지만 반대 의사를 개진하지 않으니 우리가 규정하자. 만약 병에 걸려서 못 먹게 되었다면, 돼지는 본질을 상실했으므로 살처분되고 말 것이다. 마지막으로 인간 존재도 생각해 보자. 인간의 본질은 무엇인가? 인간은 돼지처럼 단일한 본질을 갖지 않는다. 이렇게 고정된 본질을 갖지 않고 그 자체로 존재하는 존재자에 대한 이름이 '실존'이다. 인간은 실존의 방식으로 존재한다. 나에게 뒤집어 씌워진 본질을 벗어내면 나에게는 단지 세 가지만 남게 된다. 그것은 '내가' '지금' '여기' 있다는 사실이다. 인간은 규정되지 않고 절대적으로 자유로우며 실존하는 존재다. 사르트르는 이에 대해 "인간은 자유롭도록 저주받은 존재다."라고 말했다. 여기서 저주는 부정적인 의미라기보다는 인간의 숙명에 대한 강조적 표현이라고 하겠다.
>
> △ 채사장, 『지적 대화를 위한 넓고 얕은 지식』 중에서

인간은 하나의 고정된 본질로 존재하지 않고, 반대로 인간을 제외한 나머지 것들은 모두 규정된 본질로만 존재한다는 말이다. 그럼, 바다의 본

질은 무엇일까? 이기주가 『말의 품격』에서 던진 다음의 말이 힌트라면 힌트일 수 있겠다. "바다가 바다일 수 있는 이유는, 단순히 넓고 깊어서가 아니다. 가장 낮은 곳에서 모든 물을 끌어당겨 제 품속에 담기 때문이다." 그렇다면 바다의 본질은 '세상 가장 큰물 담는 그 무엇'이라 정의 내리면 어떨까….

그렇다면 인간과 비인간 동물·사물의 보편적 차원에서의 차이는 무엇일까? 내가 내게 물음을 묻고 세 명의 프랑스 철학자들의 주장에서 길어 올린 답은 '생각'이다.

첫 번째, 근대 철학의 아버지 데카르트가 남긴 말이다. "나는 생각한다. 고로 나는 존재한다." 생각함은 형상으로 일어난다. 형상을 갖는 것은 형상을 갖기 위해서 이미 존재를 가지고 있어야만 한다. 그래서 이 말은 옳다고 한다. 그럼 사자는 아무 생각이 없단 말인가? 여하튼 인간의 생각은 다른 존재와는 달리 기록되는 언어적 사고라는 차별점이 있다. 이러한 관점에서 볼 때는 사람은 생각하는 동물이라는 진실 값에 가까울 수 있지 않을까 싶다….

두 번째, 파스칼이 쓴 『팡세』에 나오는 말이다. "인간은 생각하는 갈대다." 이 말은 인간은 자연 앞에서는 흔들리는 가냘픈 존재지만, 생각을 통해 우주를 품을 수 있는 위대성을 품고 있다고 한다. 갈대는 인간 존재의 미약함과 위대함의 역설적 양극단을 상징한다.

세 번째, 소설가 폴 부르제가 한 말이다. "생각하는 대로 살지 않으면, 사는 대로 생각하게 된다." 이 말은 제법 많은 이들의 가슴에 꽂혀 삶을 조타하고 있는 듯하다. 인간은 "뭐, 되는대로 살지!"가 절대 용납되지 않는다. 갈대 그 자체가 되어서는 안 된다는 말이다.

또 다른 한 측면은 스티븐 코비의 『원칙중심의 리더십』에서도 가져와 볼 수 있다. "나는 이미 마음속에 나의 미래를 창조해 놓고 있다. 나는 그것을 볼 수 있고 그것이 어떻게 발전할지도 예견할 수 있다." 인간은 누구나 희망과 목적의식이 안으로 자리하고 있다는 말로 받아들일 수 있다.

동물들에게는 이런 것이 가능하지 않다. 겨울을 지내기 위해 본능적으로 열매를 주워 모을 수는 있지만, 결코 열매 제조 기계를 만들어 내지는 못한다. 당연히 동물들에게는 질문도 가능하지 않다. "내가 왜 직접 열매를 모아야 되는가? 혹시 남들에게 대신 그 일을 시킬 수는 없을까?" 이런 질문을 던질 수 있는 존재는 오직 인간밖에 없다. 오직 인간만이 상상력을 동원하여 새로운 방향을 설정하여 행동으로 옮길 수 있다. 이처럼 인간의 '생각'에는 추출할 위대성의 씨앗이 들어있다.

기업·기관들과 학교행사를 주최한 날이었다. 내빈들과 호텔 뷔페에서 저녁 식사까지 일정이 마무리되었다. 나날이 이어지는 송년 행사와 모임들 때문에 안 그래도 동그란데, 갈수록 더 몸이 동그래져 간다고 아내의 타박을 듣고 있던 터였다. 퇴근하자마자 운동복으로 갈아입고 저녁 걷기운동을 나섰다. 동장군의 콧김이 셌지만, 집에서 약 한 시간 거리에 있는 바닷가 트래킹코스까지를 목적지로 정하고 양팔을 크게 흔들며 걷기 시작했다. 인간이 생각하는 갈대임을 증명이라도 하듯, 걷는 동안 오만 생각이 피어올랐다. 생각은 하는 게 아니라 일어나는 것임은 이렇듯 삶은 매 순간 리포팅해주고 있다.

생각은 당시 필자가 대학에서 교수라는 직책을 못 버리고 있던 고민의 끈을 연결시켰다. 작은 말뚝에 묶인 덩치 큰 코끼리처럼 붙들려 있었다. 광야로 뛰쳐나와 자유인이 되고픈 욕구의 촛불은 심지만 타들어 가고 있었다. 다만 『존재와 시간』에서 하이데거가 한 말로 조금씩 용기를 충전해 가고 있던 시기였다. "타인의 지배 아래 놓여있는 일상 세계로부터 떨어져 나온 고독과 불안으로 가득 찬 세계, 그곳이야말로 우리의 본래적 세계이며, 그곳에서 비로소 우리는 존재의 의미를 밝힐 수 있다." 본래적 세계와 비 본래적 세계를 왔다 갔다 하며 중심 잃지 않으려 무던히 애를 썼다. 급하게는 서두르지 않고 '움직이면서 생각하라!'를 착실히 실천했던 방증이기도 했다.

이윽고 눈앞에 바닷가 누각이 보이며 바다로 흘러드는 하천 위로 난 우드데크 길을 들어섰다. 한 시간을 속보로 걷다 보니 소화도 되고 속사정이 편해졌다. 잠시 후 바닷물이 민물과 만나는 지점 한복판에서 야간작업 중인 하얀 왜가리 한 마리를 만났다. 이 추운 날 밤 저녁 식사를 준비 중인 듯…. 꼼짝도 않은 채 긴 두 다리로 꼿꼿이 서 있었다. 밤잠 없이 돌아다니는 물고기를 찾느라 눈이 빠지도록 물속을 노리고 있었다. 몇 걸음 더 걸어가니 이번에는 물오리 한 쌍이 나란히 야간물질 중이었다. 걸음을 멈춘 채 이 본질적 존재들의 생계형 잔업 현장을 묵묵히 지켜보았다. 잠시 후 이들이 동그란 인간에게 말을 걸어와 침묵 대화를 나누었다.

"야 인간아! 작작 좀 처먹지!"
"배고픈 너희들한테 미안하다! 근데 나도 먹고 싶어서 먹는 것만은 아냐…."

인간은 본래적 세상이자 상징세계인 현실에서 불안하고 고독하기도 하다. 계획하고 좌절하며 '스트레스받는다!'라는 말을 입에 달고 산다. 왜가리나 오리는 저녁 메뉴를 미리 고민하지 않는다. 물고기를 잡지 못할까 봐 걱정도 없다. 그래서 오히려 인생은 영화를 보여주는 것처럼 즐겁게 기다릴 것이 못 된다고 하지 않았을까…. 인간의 삶은 죽음에 대한 공포라는 원초적 두려움과 미래에 대한 두려움, 그리고 현재의 근심 걱정까지 두려움의 연속이다.

우리는 이 세상에 툭 내던져진 이후 죽음을 맞이할 때까지, 존재의 두 면이 쓰러지지 않게 받쳐놓은 두 개의 북엔드 Book End와 같다고 했다. 즉 우리는 시작도 그랬고 마지막도 선택할 수 없다. 그러나 양 사이드 북엔드 안에서는 자유권과 선택권이 손에 쥐어져 있기에 지금, 이 순간을 의미 있게 살아야 한다. "실존은 본질에 앞선다."라고 사르트르는 말했다. 말똥 속 행복한 말똥구리처럼 그 순간의 삶을 체험하며, 인생은 극장 무대가 아니라 예방주사실이란 것을 깨우쳐가는 것이 실존이 아닐까….

엄지와 검지

"엄지야 미안해!"

양 엄지에게 시원한 약숫물을 흘려주며 용서를 구했다. 산을 오르는 내내 엄지손가락 관절이 아렸다. 부쩍 스마트폰 액정 위에서 탭댄스를 많이 추게 한 탓이다. 그 전날 밤에도 규슈 여행에서 사 온 마지막 남은 동전 파스를 엄지에게 붙여주고 잤다. 산은 청소기면서 창조력의 샘이다. 비움과 채움을 동시적으로 작동시키는 수행도량이다 보니 산행 중 만든 여백을 또 다른 아이디어들이 마구 채운다.

이것들 또한 주워 담으려다 보니 스마트폰 메모장을 열고 엄지에게 휴일 근무를 시키지 않을 수 없다. 평일 날에는 아침 출근길 엄지의 노동 강도가 제일 세다. 집을 나서고부터 운전 중일 때까지 중앙처리장치 CPU가 쌩쌩 돌며 생각·감정·느낌들이 정리·정돈되는 골든타임이다. 그럴 때면 얼른 내 눈은 차를 댈 도로 가장자리를 찾는다. 이동 중 길어 올려진 생각들은 휘발성이 강하다. 그 즉시 기록해 두지 않으면 날아가 버린다. 그렇게 어쩔 수 없이 스마트폰을 열면 엄지의 하루일과가 시작된다. '적는 자만이 살아남는다!'라는 일명 '적자생존'의 법칙을 성실 이행하는 주인 잘 못 만나 엄지가 고생이 이만저만 아니다.

'엄지'하면 떠오르는 두 가지 이야기가 있다. 첫 번째는 초등학교 때 만났던 한 소녀에 대한 가슴 벌렁벌렁한 기억이다. 사실 X세대인 필자가 학교 다닐 땐 '초등학교'라는 말은 없었고 '국민학교'가 있었다. 대부분 알다시피 어느 순간 지금의 초등학교로 이름이 바뀌었는데, 이유는 정확히 알고 넘어 가보자.

일제강점기였던 1941년, 일왕의 칙령에 따라 '황국신민학교'라는 의미로 '국민학교'라는 용어가 최초 도입되었다. 이후 광복이 된 뒤에도 계속 사용해 오다 1996년에 민족정기회복 차원에서 '초등학교'로 개명시켰다고 한다.

아무튼 그 국민학교 시절의 '설까치'를 아시는가? 아마 70~80년대 '초등학교'를 졸업하신 분들은 잘 아시리라! 방과 후 학교 앞 만화방에서 20원인가 50원인가만 내면 눈 빠지도록 볼 수 있었던 만화책! 당시 가장 유명했던 만화 캐릭터였던 까치머리 설까치! 여기까지 기억한다면, 혹시 그의 여친 이름은 아시겠는가? 그녀의 이름이 '엄지'다. 지금은 아련하지만 맑고 순수한 소녀의 향기가 소년의 향수병에 들어있었다. '엄지'라는 이름을 떠올리니 지금도 가슴이 몽글몽글해지는 듯하다.

두 번째는 인간에게만 장착된 위대한 엄지의 존재감이다. 영장류가 가진 다른 동물들과의 가장 큰 차이점은 무엇일까? 그것은 엄지와 나머지 손가락이 서로 닿을 수 있는 것이라고 한다. 모든 손가락은 몸을 숙여야 엄지를 만날 수 있다. 엄지와 검지는 마주 보며 링을 함께 만들 수 있는 사이다. 옆에 슬쩍 기대있는 정도 가지고는 비교가 안 된다.

만약 호모사피엔스의 손이 발가락처럼 엄지와 다른 손가락이 나란히 붙어있어 서로 손끝끼리 닿지 않는다면 어떻게 되었을까? 아마도 손으로 도구를 만들고, 글을 쓰고, 그림을 그리는 등의 기록된 역사는 없지 않았을까…. 같은 영장류에 속하지만, 원숭이나 침팬지들은 사람만큼 닿음이 정교하지 못하다. 결국 호모사피엔스가 지구별의 주인으로 등극하는데 엄지가 크게 공헌했다고 볼 수 있다. 그렇다고 다른 동물과 생명체들이 열등하단 말은 아니다. 어쨌거나 나를 포함한 작금 사피엔스들의 디지털 문방사우 文房四友 중 붓 역할을 하는 양손에 탑재된 엄지의 노고에 "엄지 척!"을 날리며 정상에 발을 디뎠다.

4차산업 '혁명'의 시대로 치달릴수록 엄지는 더 아프다. 초연결 세상의 돛이자 밈 Meme의 전파자 역할을 담당하다 보니 그럴 수밖에 없다. 어쩌다 지금 다섯 손가락 중 엄지가 제일 피곤한 삶이 되어 버렸을까?

밈 Meme이란 문화 유전자 Culturgen를 말한다. 영국 생물학자 리처드 도킨스가 『이기적 유전자 The Selfish Gene』에서 처음 사용한 학술용어가 기원이다. 자기 스스로를 복제하여 세대를 이어 보존하는 생물학적 존재가 DNA라면, 하나의 완성된 정보 지식 또는 문화가 마치 살아있는 것처럼 말과 문자를 매개체로 세대를 넘어 번식하는 것이 밈 Meme이다.

밈은 초기형태가 생겨나면 빠르게 모방·복제·가공 후 재창조되어 문화공간에 퍼져나가는데, 지금은 인터넷이나 SNS를 통해 전 지구촌으로 동시적으로 확산되는 세상이다. 그 퍼뜨리는 일의 핵심 소총수 역할을 엄지가 담당하고 있다 해도 과언이 아니지 않을까?

그런 엄지의 역할 또한 이미 밈 Meme의 일부로써 진화하는 세대 속에 점철되어왔다. 부다페스트 출신의 독일 사회학자 카를 만하임은 『세대

문제』에서 "청년세대는 진보적이며 구세대는 보수적이라는 가정만큼 허구적인 것은 없다."라고 했다. 필자의 가슴에도 확 와닿는 말이다. 세대 개념이 단순히 연령대를 가리키는 것이 아니라 역사적 체험을 공유하는 동시대인임을 말하는 것이다. 그의 이러한 단언에도 불구하고 많은 연구자들이 나이 기준만 한 대안을 못 찾은 듯한 느낌도 사실이다.

나라마다, 학자들마다 다소 차이는 있지만, 현재 한국에서의 세대 구분도 나이 기준으로 '베이비부머 세대', 'X 세대', '밀레니얼 세대'로 통용되고 있다. 출생연도별로 보면, 베이비부머 세대는 2차 세계대전 종전 이후 1946년에서 1965년 사이 태어난 사람. X 세대는 베이비붐이 꺼진 뒤 태어난 세대로 대략 1965년에서 1980년 사이에 태어난 사람. 밀레니얼 세대는 X 세대를 잇는 'Y 세대'라고도 불리는 1980년대부터 2000년대 초반 사이 태어난 사람들로서 소위 베이비부머와 X 세대의 자식 세대다. 한 단계 더 세분하여 인구통계학자들은 1990년대 중반에서 2000년대 중반까지 출생한 세대를 Z 세대로 분류하기도 하지만 통일된 의견은 없는 상태다.

이들 세대별 특징이나 성향은 수많은 책들에 잘 소개되어 있다. 그렇다면 여기서 필자는 각 세대별 황금기에 밈 Meme 확산의 주역이었던 손가락의 진화과정을 재미있게 살펴보고자 한다.

먼저, 베이비부머 세대가 자라났던 시대에는 종이나 트레이싱지 위에 펜을 쥐고 쓰고 그리는 것이 손가락의 주된 임무였다. 뭐든 수기로 작성해야 하니 손에 연필이나 볼펜, 만년필을 쥐었을 때 단단히 받히느라 '중지'가 혹사당한 시대였다. 그래서 학생 때부터 성인이 되어서도 중지의 끝마디 측면 살집은 눌려져서 나올 줄을 몰랐다. 힘겨웠지만 중지가 묵직하게 중심 잡던 시대였다고 할 수 있지 않을까?

두 번째, X 세대가 성장한 시대에는 3차 산업혁명의 산물인 컴퓨터가 학창 시절 이후 생활 속으로 들어오기 시작했다. 데스크톱으로 시작해서 나중에는 노트북 컴퓨터가 일과 놀이에 없어서는 안 될 생활 도구가 되면서부터 마우스 클릭이 만능해결사였다. 그때부터 '검지'가 주도권을 쥐고 한동안 주인공 자리를 내놓지 않았다.

세 번째, 밀레니얼 세대가 자란 시대는 유아 때부터 디지털기기와 함께 성장했고 스마트폰이 나타나서는 기기가 아예 그들 몸의 일부처럼 되어버렸다. 모닥불가에 모여 앉아 춤을 추는 게 아니라 패드나 폰 액정 위에서 댄싱을 하는 디지털 원주민 Digital Native이 탄생한 것이다. 그로 인해 현재는 '엄지'가 최종 우승 트로피를 거머쥐고 있다. 물론 지금도 키보드를 타고 마우스 클릭은 하지만 그럼에도 당연 '엄지'가 으뜸이다.

기업·기관·군·경찰·학교 등과 같은 이 시대 조직들 안에는 3세대가 공존하고 있다. "내 이래 봬도 빠르다."라며 독수리타법을 고수하는 '검지' 세대와 윗사람이 말하는 도중에도 엄지 탭댄스로 치는 글이 더 빠른 그야말로 '엄지' 세대, 그리고 양쪽 다 어느 정도는 할 줄 아는 낀 세대까지! 각자의 대리석으로 '조직'이라는 피라미드를 받쳐 내고 있다. 그렇다 보니 세대 간 갭 Gap으로 힘겨움의 역할이 존재할 수밖에 없다.

'엄지 대세' 이데올로기는 이 시대 글로벌 시장 트렌드를 변혁시키며 기업의 생살여탈권에까지 영향력을 발휘하고 있다. 소위 대마불사라 불리는 대기업주도 성장에서 스타트업 중심의 세상으로 대전환을 일으키고 있는 장본인들이다. 앞으로도 계속될 '엄지 사피엔스'의 미래모습을 상상하니 한 개체의 형상이 문득 그려진다. 외계에서 온 ET처럼 아주 긴 엄지손가락을 가진 개체….

삶이란 시간적 공간적인 마디마디에서의 갭-클로징 Gap Closing의 여정이다. 삶의 질곡에서는 언제나 간극이나 틈이라 불리는 갭 Gap이 생기게 마련이고, 이를 메꾸거나 좁혀가는 것이 삶의 여정이다. 이를 통상 문제라고 말한다.

문제란 되고자 하는 To Be것과 현재 As Is와의 갭 Gap이다. 따라서 문제를 해결한다는 것은 그 차이를 좁히는 과정, 즉 갭-클로징 Gap-closing을 말한다. 우리가 맞닥뜨린 현실은 안팎으로 갭 Gap 투성이다. 도덕과 감정의 갭, 목표와 실력 사이 갭, 개와 고양이 간 인식 갭 그리고 요즘 이슈인 부동산 갭 투자까지….

무엇보다 지금 사회적 도마 위에 올려있는 것 중 하나는 소위 꼰대 세대와 밀레니얼 세대 간 서로 힘들어하는 갭이지 않을까. "요즘 젊은것들은 요…."란 말로 며느리가 전화를 잘 안 받는다고 투덜대기 시작한 시어머니의 즉문에, "요즘 젊은 사람들은 연애할 때도 문자 보내지, 전화 안 해요."라고 즉설한 법륜스님의 혜안이 웃음을 자아냈지만, 갭 Gap 시대를 대변하는 말이다.

스마트폰 없이 생활 불가한 세대라는 의미로 떠올랐던 '포노 사피엔스'라는 말도 있다. 영국 경제주간지 「이코노미스트」가 '지혜로운 인간'이라는 의미의 호모사피엔스에 빗대 '지혜가 있는 전화기'라는 의미로 포노 사피엔스라고 부른 데서 유래됐다.

그 옛날 5~6만 년 걸렸던 진화가 불과 5년 만에 이뤄지는 초연결 사회를 맞아 새로 등장한 인류를 우리는 통칭하여 '스마트 신인류'라 부른다. 그들이 손에 든 지능형 소비로 글로벌 기업의 시가총액순위를 바꾸고, 문명의 교체를 일궈내는 주체이다.

그 스마트 신인류가 제일 우선시하는 숫자는 무엇일까? 아마도 스마트폰 번호가 아닐는지…. 요즘은 한번 부여받고 나면 거의 평생 개인의 아이디 ID로 삼기 때문이다. 각종 인증이나 결제도 스마트폰으로 다 할 수 있는 세상이니 주민등록번호보다도 우선한다고 볼 수 있다. 핸드폰기기를 교체해야 할 때면 모든 데이터 정보를 새 폰으로 그대로 옮긴다. 웨인 다이어는 『인생의 태도』에서 우리는 영혼을 가진 육체가 아니라 육체를 가진 영혼이라 말했다. 이렇듯 영혼이 몸을 갈듯 폰번은 살아남아 새 기계의 몸으로 갈아탄다. 폰번은 가족 간의 연대도 강화시켰다. 마치 디지털 족보처럼 가족이 같이 쓰는 뒷번호 네 자리는 일종의 성 姓이 되고, 가운데 번호 네 자리는 각자의 이름처럼 고유번호가 되는 식이다. 디지털이란 말 자체가 '숫자', '손가락'이란 의미를 갖고 있기 때문인지, 디지털시대를 사는 우리는 점점 이름보다 숫자가 되어간다. 역사 속에서 이름이 아니라 번호로만 취급되었던 대표적인 사람들이 있다. 바로 나치의 아우슈비츠 강제수용소에서 발가벗겨진 채 이름을 박탈당한 유대인들이다. 그러한 인간이 아닌 번호로 취급받는 상황 속에서도 통찰을 얻고 살아난 사람이 있다. 바로 로고테라피 Logotherapy의 창시자 빅터 프랭클이다.

그는 생사의 엇갈림 속에서도 '삶의 의미'를 잃지 않고 인간 존엄의 승리를 보여주었다. 인간 존재가 아닌 번호의 삶에서 '의미'를 길어 낸 그의 생명력에 스마트시대의 '숫자'적 정체성 Identity을 투영시켜 보자.

"수용소에서 다 죽어가는 병자의 몸은 바퀴 두 개 달린 수레에 던져진다. 만약 병자 중 한 명이 수레가 떠나기 전에 죽는다고 해도 그 역시 마찬가지로 수레에 던져진다. 리스트에 올린 번호와 맞아야 하기 때문이다. 중요한 것은 오로지 번호뿐이다. 오로지 죄수 번호를 가지고 있을 때만 그 사람이 의미가 있는 것이다. 사람은 글자 그대로 번호가 되었다. 그 사람이 죽었는지 살았는지는 그렇게 중요한 문제가 아니다. 그 '번호'의 생명은 철저하게 무시된다. 그 번호의 이면에 있는 것, 즉 그의 삶은 그렇게 중요한 것이 못 된다. 그의 운명과 그가 살아온 내력 그리고 그의 이름은 중요하지 않다."

우리나라 사람들에게 지도를 그려보라 하면 대부분 북한까지 다 그린다고 한다. 처음 들었을 때는 당연한 것 같았는데 '으응?' 하는 의문이 일었다. 이 말을 들은 여러분은 어떠신가? X 세대인 우리 세대까지는 "남북은 하나! 우리의 소원은 통일!"이라는 스테레오타입으로 교육받고 살아왔다. 과연 밀레니얼 세대에게도 그럴까?

2019년 2월 28일, 2차 북미 비핵화 회담이 베트남 하노이에서 열리고 있을 때였다. 한 언론에서 당시 분위기를 고조시키려 낸 뉴스 기사다.

"내일은 3.1운동 100주년의 아침 해가 떠오를 것이다. 1919년과 2019년의 연속성과 동일성에 주목하게 된다면 두 시점에 내재한 동시대성을 발견하게 되어 그 엄중함에 숙연해질 수밖에 없다."

정말 엄중함에 숙연해질 대목이었을까…. 누가? 얼마나? 동시대를 살아도 각 세대들에게 다가가는 시사점은 다를 수밖에 없지 않겠는가? 태어날 때부터 디지털이었고, 일과 삶에서 자유분방한 디지털 유목민 Digital Nomad을 꿈꾸는 세대와는 갭이 있을 수밖에 없다. 그럼에도 여전히 답은 사람에게 있다. '검지'는 '엄지'를 인정하고, 스마트 신인류가 만들어 낸 신세계를 받아들일 때, 세상은 언제나 선물을 준비하고 있다는 것을 알게 될 것이라 믿는다.

참나무와 삼나무

"어디 한 달만 가서 완전히 내려놓고 쉬다 오고 싶다."
"그래, 그럼 나랑 같이 가자!"
"당신이랑 가면 또 당신 기분 맞추고 챙겨주다 오라고…."
"아니, 난 좋은 마음으로 말했는데 꼭 그렇게 반응이 나오냐?"
"내 상황이 당신 입장 받아줄 에너지가 없어서 나온 말인데, 그냥 그렇구나! 어떻게 좀 해 줄까? 이렇게 받아 줄 수는 없어?"

어느 휴일 날 아침, 아내와 기분 좋게 티 타임을 시작했다가 멜랑꼴리 모드로 대화가 가버렸다. 회사를 퇴임하고 얼마 안 됐을 시점이었다. 아내와 전에 없던 이런 식의 대화가 진행 될라치면 사실 속으로 어색하고 당혹스러웠다. 갑작스런 생활 패턴 변화로 함께 지내는 시간이 많아진 탓도 한몫했다.

지금은 웃지만, 좌충우돌을 겪어 낸 필요한 시간이었다. 그날 저녁도 산봉우리를 넘어간 해가 바다 위로 붉은 노을을 내보내고 있었다. 베란다를 마주 보고 노트북을 끌어안고 글과 씨름 중이었다. 비둘기 한 쌍이 날아와 베란다 밖 하얀 난간대 위로 살포시 앉았다. 창문을 노크하려는 듯 두리번거리는 작은 얼굴과 눈이 마주쳤다. 왼쪽 친구가 덩치가 조금 더 크고 깃털이 고운 걸로 봐서 수컷이고, 유난히 고개를 이리저리 많이 돌리는 작고 검회색을 띤 오른쪽 친구가 암컷인 듯…. 눈치가 아무래도 암컷은 그만 가자고 하는데, 수컷은 뭔가 미련이 남은 듯 머뭇머뭇했다. 그러자 암컷은 삐졌는지 먼저 간다며 밑으로 휙 몸을 던졌다. 수컷은 머리를 계속 둘레둘레 하더니 하얀 난간 위에 배설물 한 방울을 내어놓았다. 볼일을 다 본 수컷은 엉덩이를 가뿐하게 털더니 암컷을 따라 허공으로 휙 몸을 날렸다. 그들이 떠난 난간 위에는 팥알 크기만 한 까만 새똥 한 덩이만 덩그러니 남았다.

아하! 그제야 비둘기 커플이 나눈 대화의 스토리가 연결되어 졌다. 둘이 하늘을 날며 데이트를 즐기다 주변에서 높고 아늑한 장소를 찾다 우리 집 베란다를 선택했다. 그런데 갑자기 남친이 "배 아파!"하며 분위기를 깼다. 그 순간 여친은 기분이 상해 "그럼, 혼자 일 보고 와!"하고는 먼저 가버렸다. 전전긍긍 볼일을 마친 남친은 엉덩이를 털고 여친을 찾아 부리나케 쫓아갔다. 문득 마주친 비둘기 한 쌍에게서 소설을 쓰며 아내와의 대화를 떠올리며 동일시하고 있는 나를 관조했다. 저녁노을은 더욱 검게 타들어 갔다.

'대한민국은 카페 공화국이다.'라고 할 만치 어느 도시를 막론하고 시내나 외곽지대를 가리지 않고 카페가 즐비한 나라가 돼버렸다. 어쨌거나 일상적 보폭 안에 들어온 카페는 사람들에게 선물 같은 공간이 되어 준다. 또한 필자와 같은 프리랜서들에게는 세컨드 오피스 역할까지 덤으로 제공해 준다.

그날도 읽고 쓰기 위해 초록 여인 세이렌이 미소로 반겨주는 집 앞 참새방앗간 같은 카페를 찾았다. 어딜 가나 옆 테이블에서 들려오는 삼삼오오 여성들의 수다는 피할 수 없다. 여성들은 자기 문제를 누군가에게 이야기하고 서로 마음을 나누어야 하는 존재이기에…. 그런 '아수다 아

'줌마들의 수다' 속 고정출연자는 누굴까? 직접 들어 보시라…. 해답은 바로 '신랑님'이시다. "우리 신랑이 말이야…." 강의안을 만들다가도, 글쓰기에 빠져있다가도 어디서 이 말만 들리면 확 깬다. 같은 신랑된 입장에서 센서가 자동적으로 작동되니 어쩔 수 있는 부분이 아니다.

수많은 말들의 합이 관계이고, 관계의 합이 삶이라 했다. 그만큼 말의 힘은 대단하다. 하지만 같은 말도 누구에게는 다가오는 강도나 중요도가 다르다. 시끄러운 회식 자리에서 누군가 내 이름을 살짝 언급했는데도 귀가 쫑긋해진 경험을 한 일이 있는가? 아마 있을 것이다. 누구나 자신이 제일 중요하기 때문이다. 내 이름뿐만 아니라 내가 하는 일이나 좋아하는 사람, 또 나와 관련되는 말만 들어도 우리 귀는 즉시 작동한다.

옆 테이블의 전혀 모르는 여성들의 '아수다'에서 흘러나오는 '신랑'이라는 말에 귀가 쫑긋해지는 것도 마찬가지다. 이 같은 현상을 '칵테일파티 효과'라고 한다. 칵테일파티처럼 시끄러운 곳에서도 사람은 자신을 지칭하면 자동적으로 주의가 집중된다는 의미다. 한 여자의 남자인 사람들은 '아수다'의 콘텐츠 Contents로 연결된 콘텍스트 Context에서 결코 자유로울 수 없다. 그녀들의 대화 속 주요 메뉴는 커피와 조각 케이크가 아니라 "우리 신랑"이기에….

아내는 2박 3일 일정으로 산골에 세컨드 하우스가 있는 친한 언니와 그곳으로 비 여행을 떠난다 했다. 일기예보에서 비가 온다고 하니 전깃불도 들이지 않는 산속 집 창문을 두드릴 비를 맞이하러 일부러 떠난 거였다. 가기 전 버섯과 콩나물무침에 고기를 볶는 등, 신랑이 먹고살 수 있게 해 놓은 다음 아내는 현관문을 나섰다. 엘리베이터 버튼을 눌러주고 배웅한 뒤 돌아와 노트북 앞에 앉았다. 그동안은 아내를 집에 두고 필자가 수없는 날들을 밖으로 돌았는데, 지금은 가끔 반대 상황이 연출된다. 이 또한 경험해보지 못했던 메뉴다. 이기적이게도 아내가 나가고 필자가 지키는 집은 쓸쓸했다. 필자가 나가고 아내가 지켜주었던 여태까지의 우리 집은 늘 필자를 기다려주는 따뜻한 곳인 줄로만 알았다. 몰랐다. 그동안은 정말로 모르고 살아왔다. 다음 날 아침, 빗방울이 굵어져 아내에게 전화를 했다.

"잘 잤어? 비 많이 오는 데 거긴 괜찮나?"
"응. 어제 해 놓은 건 잘 먹었어?"
"어, 반 먹고 아침에 반은 다시 데워 놓고 나왔어."
"아이구, 우리 신랑 바지런하네. 잘했네."

아내의 이 한마디 말에 신랑의 가슴은 그 즉시 '노골노골' 해졌다. 대부분 신랑들은 각시 말 한마디면 된다. 남자는 쉽다. 물론 아내들의 생각은 당연히 다를 수 있다…. 그럼에도 필자는 '쉬운 남자'를 지향한다.

존 그레이는 『화성에서 온 남자 금성에서 온 여자』에서 남녀의 차이에 대해 아주 적확하게 깨닫게 해 주었다. 여자들은 남자가 얼마나 상처받기 쉬운 존재이며 얼마나 사랑이 필요한 존재인지를 잘 깨닫지 못한다고…. 반면, 여자는 자기가 필요로 하는 관심을 얻지 못할 때 남자로부터 거부당했다는 느낌 때문에 마음이 상하기 쉬운 존재라고…. 결국 남녀가 서로의 차이를 인정하고 존중할 때 비로소 사랑은 꽃 피울 기회를 얻게 된다는 너무나 당연한 이치인데도 우리는 자주 망각한다.

우리 집 아이들이 어렸을 적 어느 겨울날, 아이들을 태우고 차를 달리다 겨울 들판이 시리도록 아름다워 도로변에 차를 댄 적이 있다. 아침 서리 내린 풀밭에 내려서서 을씨년스레 황량한 들판을 아내와 같이 바라보고 섰다. 바짓가랑이를 헤집고 들어오는 칼바람에 코끝이 찡할 때 아내가 했던 말이다. "봄에는 물오른 나뭇가지 색깔이 제일 예뻐! 왠지 알아? 싹트기 전 나무 색깔이 먼저 변하기 때문이야. 근데 겨울에는 들판의 마른 억새풀 색깔이 제일 예뻐! 그건 우리 마음 색깔과 닮아있기 때문이야!" 당시는 잘 몰랐던 그 말이 지금은 이해의 차원을 넘어 겨울 들판을 굴러 선 짚동처럼 내 안에 가을걷이 되어 갈무리되어 지금도 서 있다.

부부는 '일심동체'라는 말이 있지만, 오히려 '이심이체'여야 한다고 생각한다. 각자의 길을 닦으며 자기 주름을 만들어가는 동반자적 삶이 아름답다 믿기 때문이다. 적절한 간극을 가진 두 개의 인생 여정은 '따로'와 '같이'가 공존하는 건강한 기둥이리라. 그래서 부부는 한 지붕 아래 두 개의 기둥처럼 살라고 했다. 양 기둥 사이로 시원한 하늬바람이 드나들 수 있는 공간이 열려있게 살라는 것이다. 부부뿐만 아니라 친숙한 관계일수록 양 사이가 밀폐되지 않도록 바람길을 터주어야 한다. 그래야 관계가 썩지 않는다. 말처럼 쉽지만은 않다. 매 순간 인정하고 받아들이고 내려놓는 수행자의 자세로 노력해야 하기 때문이다. 레바논 시인 칼릴 지브란이 『함께 있되 거리를 두라』는 시에서 던진 100년 전의 지혜로움을 느껴보자.

    함께 있되 거리를 두라.
    그래서 하늘 바람이 너희 사이에서 춤추게 하라.
    서로 사랑하라. 그러나 사랑으로 구속하지는 말라.
    그보다 너희 혼과 혼의 두 언덕 사이에

출렁이는 바다를 놓아두라.
함께 서 있으라. 그러나 너무 가까이 서 있지는 말라.
사원의 기둥들도 서로 떨어져 있고
참나무와 삼나무는 서로의 그늘 속에서 자랄 수 없다.

가족이나 연인은 '애 愛'와 '증 憎'이 섞여 있어 '애증 관계'라고 부른다. 그 이유는 나도 모르게 상대방에게 많은 기대를 갖기 때문이다. 그래서 특히 부부끼리는 서로 '덕 본다'가 아니라 '덕 보도록'이라는 관계가 성립되도록 해야 한다고 말한다.

어느 날, 미용실에서 커트를 받고 있었다. 뒤에서 들려온 아주머니들의 대화에 확 깼다. "남자는 밖에 나가서 이기고, 집에 와서는 져야지…. 안 그러면 나이 들어 강아지 없으면 서로 할 말이 없어!" 들려온 말이 바로 얼마 전 학교 의무교육과정에서 동료 교수들과 같이 들었던 내용과 같이 꿰매졌다. "50대는 남성들이 가장 힘든 시깁니다. 아내와 아이들 사이에 낀데다 남녀 호르몬 분비 차이로 여자는 남성성이 커지고 남자는 여성성이 커지기 때문이죠!" 굳이 칼 융의 '아니마·아니무스' 개념을 논하지 않더라도 몸으로 공감한다.

융이 고안한 심상 용어를 잠깐 나눠보면, 인간의 무의식에서 '아니마 anima'는 남성의 여성성이고 '아니무스 animus'는 여성의 남성성이다. 융은 한 개인이 개별화 Individuation의 과정을 거쳐 완전한 인간이 되기 위해서는 자신 내면의 '아니마' 혹은 '아니무스'를 포용해야 하며, 개별화는 곧 자기 이해라고 말했다. 또 다른 예는, 남자는 교통사고로 좌뇌가 손상되면 말을 못 하는 데 여자는 할 수도 있다고 한다. 여자는 하루에 2만 5천 단어를 말하고 남자는 1만 단어를 말한다고도 한다. 그만큼 여자가 섬세하고 언어영역의 좌뇌가 발달해 뜨개질하면서 TV를 보고, 운전하면서 과일도 깎는다고 했다. 필자는 실제로 어떤 모임에서 "아니 이걸 운전하고 오시면서 깎으신 거라구요?"라고 놀라 말하며 한 여성에게서 사과를 얻어먹어 본 적이 있다.

이순신 리더십을 공부하면서 거제 칠천도 답사를 다녀온 적이 있다. 임진왜란 해전사에서 유일한 패전사인 칠천량해전을 몸으로 느껴보기 위함이었다.

1597년 정유재란 발발 시, 이순신 장군은 백의종군 중이었다. 고니시의 간계에 넘어간 임금 선조의 명으로 투옥되어 사형 직전까지 갔다가 31일 만인 음력 4월 1일에 옥문을 나섰다. 그 당시 조선 수군은 이순신에게서 삼도수군통제사의 직책을 이어받은 원균이 이끌고 있었다.

△ 칠천량해전 기념관 답사 중

그런데 그해 7월 16일, 한 번도 져본 적이 없던 막강 조선 수군은 왜군의 기습을 받고 거북선을 포함한 140여 척의 전선을 거제 칠천도 앞바다 속으로 수장시키고 말았다. 위대한 조선 수군으로서 이순신과 함께 판옥선과 거북선을 타고 우리 바다를 당당히 누비며 나라를 지켜냈던 장졸들. 장수, 사부, 포수, 또는 격군, 누구였건 간에 모든 사내는 아내와 자식이 기다리는 집으로 돌아가지 못하고 조선의 고귀한 주검이 되고 말았다.

칠천량해전 기념관을 찬찬히 돌며 가슴으로 호흡하고 나오다 입구에서 절규하고 있는 한 수군 상을 만났다. 왜군이 쏜 조총을 가슴으로 받아내며 '반드시 돌아오겠노라.' 약속했던 아내의 얼굴을 떠올리며 울부짖고 있는 듯했다. 당시 죽음보다 더한 피눈물을 흘렸을 수군 아내의 마음은 또 어떠했을까….

"극단적으로 소외된 상황에서 자기 자신을 적극적으로 표현할 수 없을 때, 주어진 고통을 올바르게 명예롭게 견디는 것만이 자기가 할 수 있는 일의 전부일 때, 사람은 그가 간직하고 있던 사랑하는 사람의 모습을 생각하는 것으로 충족감을 느낄 수 있다."라는 빅터 프랭클의 말이 투영되었다.

"당신 멋져!" 이기주 작가는 『말의 품격』에서 이 건배사의 이중적 의미를 풀어헤쳤다. "당신이 멋있다"는 겉뜻을 벗겨내면 "당당하게, 신나게 살고, 멋지게 져주자."는 속뜻이 드러난다고 말이다. 유쾌한 해석이다. 이 속뜻을 세상의 모든 신랑들에게 선물하고 싶다.

살면서 아내가 필자를 인정해준 말, '보배', '유일한 내 편', '언제나 내 손 꼭 잡아주는 사람' 등의 말들은 가슴속 보석상자 속에 담겨져 있다.

인정할 줄 아는 용기

물론 이런 보석들은 연식이 들수록 얻기 어려워져 간다. 인생의 순리인 것을 어찌하겠나…. 얼마 전 아내가 낚시를 가고 싶다기에 주말을 택해 오랜만에 집 가까운 바닷가를 찾았다. 바다 위로 놓여진 데크로드 끝에 위치한 정자 앞에 자리를 폈다. 낚싯대 채비를 차려 아내부터 미끼를 끼워주었다. 몇 시간 동안 아내의 낚싯대 미끼를 갈아주고 버너에 라면도 끓여 주었다. 집에 돌아와서는 크지 않지만 잡은 물고기를 비늘 쳐 손질해주니 아내가 프라이팬에 맛있게 구워주었다.

작은 스프링노트에 옮겨 둔 부부 철학에 대한 성찰 문장들이다.

◎ 처음 사랑하고 부부가 되었을 때를 잊지만 않으면 된다.
◎ 30년 마누라를 못 버리는 이유는 하나임을 경험했기 때문이다.
◎ 사랑이란 화가 났을 때도 서로를 돌보는 것이다.
◎ 세상 그 무엇과도 바꿀 수 없는 것, 그것은 젊을 때 결혼하여 함께 살아온 늙은 마누라다.　　　- 탈무드

삶이 잘 죽기 위한 공부라면, 부부란 죽기까지 잘 져주기 위한 연습이 아닐까….

올빼미와 종달새

"돈과 지위는 왔다 갔다 하는 것! 물질을 버리라는 게 아니라 집착하는 마음을 버리면 된다!"

수행 스승 종진 스님께서 던지신 말씀이다. 해운대 통합명상 학교에서 종강 수업이 있던 날, 선방에 도착하여 지하 2층에서 빈 곳을 찾아 파킹을 하고 내려섰다. '삑삑' 차 문을 잠그며 돌아서는데 옆에 대져 있던 포터 트럭의 활짝 내려진 창문에 시선이 갔다. 시동도 끄지 않은 채 얼룩무늬 점퍼를 입은 사람이 양팔로 핸들을 감싼 채 머리를 파묻고 있었다. 눈과 마음을 잠시 두다 엘리베이터가 있는 쪽으로 몸을 돌렸다. 걸어오는 동안 그 남자의 머리를 삼켜버린 얼룩무늬 점프 팔뚝의 중압감이 감정 사다리를 타고 건너왔다.

그 순간 왜 갑자기 오바마의 그림이 떠오른 것일까? 영국 작가 조지 프레드릭 왓츠가 그린 '희망(1886)'이란 그림이다. 작은 지구본 위에 앉은 한 여인이 비파를 연주하고 있다. 자세히 보면 줄이 다 끊어지고 한 줄만 남아 있다. 거기에다 두 눈은 천을 두르고 있어 앞을 보지 못한다. 이런 가혹한 조건에서도 여인은 연주를 계속하고 있다. 그 마지막 남은 한 줄이 희망의 끈이다. 오바마는 이 그림을 보고 끝까지 연주해내려는 그녀에게서 담대한 희망의 메시지를 받았다고 했다. 2004년, 그는 민

주당 전당대회에서 대통령의 희망을 연설하면서 이 그림을 언급했고, 2009년 제44대 미국 대통령으로 취임했다.

△ 조지 프레데릭 와츠, 『희망 Hope』(1886)

다른 모든 줄이 끊어져도 희망의 끈을 놓지 않으면 삶은 진행형이다. 지하 주차장에서 우연히 마주쳤던 한 남자, 불안으로 가득 찬 현실의 파고에 짓눌려 있는 듯 보였다. 알지도 보지도 못했던 그에게 에너지가 빨려 들어감을 느꼈다. 그래서 아마도 빠져나간 에너지 충전을 위해 내 무의식이 '희망'의 그림을 마음 바다에 띄운 게 아닐까….

학기 마지막 명상 수련 후 종강 파티로 마무리하고, 스님을 옆자리에 모시고 고속버스터미널로 향했다. 차로 이동 중 나누는 카톡 Car Talk에서 수행 스승께서는 필자의 설익은 즉문에 강렬한 즉설로 에너지장을 만드신다. 매번 스승의 에너지를 뺏는 부족한 제자다. 서울행 심야 버스로 스님을 배웅해 드린 뒤, 새벽 네온사인 불빛 아래 혹 또 다른 얼룩무늬 점퍼는 안 보이는지 흘끗거리며 돌아왔다.

벚꽃엔딩의 끝자락을 깔끔하게 씻기려는지 굵은 빗방울이 벚나무를 훑어 내리는 아침이었다. 물리적 날씨가 내면 날씨와 화학적 결합을 일으켜 블루 모닝을 선사했다. 학교 출근길에 만나게 되는 첫 번째 터널 앞 사거리에서 횡단보도 신호 앞에 멈췄다. 우연히 3시 방향 버스정류장 쪽으로 눈길이 갔다. 정류장 벽에 짝다리를 짚고 기대서 바지 주머니에 양손을 찌르고 있는 고수머리의 한 흑인 청년이 서 있었다. 아무도 없는데 혼자서 버스가 올 방향을 응시하고 있었다. 무릎 터진 청바지에 외국인노동자인 듯 보였다. 새까만 외국인 청년의 눈동자가 초점 없이 우울해 보였던 건 왜일까….

두 번째 터널을 통과했을 때 빗방울에 엠보싱 된 빨간 불통들이 앞차 엉덩이에 달라붙은 채 길게 늘어서 있었다. 내면의 백성들이 아우성치는 감정선 골짜기의 메아리에 짓눌려 브레이크를 뗐다 밟았다 했다. 얼마 후 학교 방향으로 좌회전 신호를 받으려 서 있는데, 오른쪽 옆으로 오토바이 한 대가 붙어 섰다. 헬멧에 우의를 대충 걸친 두 사람이 앞뒤로 타고 있었다. 차창 너머로 구부정한 폼이 할아버지와 할머니 부부 같았다. 덩치가 아담하신 할머니가 뒤에 앉아 운전석의 할아버지 허리춤을 잡고 계셨다. 이 비 오는 날에 오토바이를 몰고 나오셨나보다…. 잠시 넋을 놓고 바라보다 할머니와 눈빛이 교차되었다. 그 순간 폐부로

비가 새 들어갔는지 저릿함과 함께 옛날 베트남 출장길에서 자주 만났던 하이퐁 시내 오토바이의 기억이 소환됐다.

베트남의 도로는 예나 지금이나 그야말로 오토바이 물결이다. 자동차는 오토바이 물결 사이사이에 떠 있는 조각배다. 외국인은 대부분 자동차를 이용할 수밖에 없다. 이동 중 차 안에서 지나는 오토바이 군상 하나하나를 호기심 어린 눈으로 보곤 했었다. 특히 비 오는 날, 일가족 다섯 명이 탄 채 비옷 하나를 앞뒤로 걸치고 달리는 모습은 보지 않으면 이해 안 된다. 맨발에 슬리퍼를 신고 운전자가 입은 베트남식 판초 우의는 뒷좌석에 앉은 사람까지도 다 커버할 수 있게 만들어져 있다.

그날 출근길 아침은 무슨 연유에서인지 모르게 감정 에너지가 내외면적 날씨와 결합되어 폭우에 구멍 난 싱크 홀처럼 푹 꺼져 들어갔다.

집으로 돌아온 저녁에 펼친 유발 하라리의 『호모데우스』에서 그나마 평정심을 길어 올릴 수 있었다. "지금껏 많은 것을 이루었음에도 우리는 언제나 더 많은 일을 하고, 더 많이 생산해야 한다는 압박에 시달린다. 우리는 우리 자신, 상사, 담보대출, 정부, 교육제도를 탓한다. 하지만 그들 탓이 아니다. 우리 모두가 태어난 날 서명한 근대 계약이 원인이다." 그래 내 탓이 아니라잖아! 원인은 살고 있는 이 세상의 '끝없는 경주' 시스템 때문이라잖아….

바다는 낮춤으로써 깊어진다. 세상의 가장 낮은 곳에 위치함으로써 땅위의 모든 물이 그곳으로 몰려들기 때문이다. 혹시 친구들 모임에 가서 가만히 듣기만 해 본 적이 있는가? 무거워지면 아래쪽을 향한다. 아래로 가면 갈수록 낮아지고 깊어진다. 세상 모든 물이 낮은 데로 흘러들었기에 바다가 깊듯, 자연에너지의 흐름도 마찬가지다. 그래서 "세상 공짜 없다."라는 말이 생기지 않았을까. 세상 공짜로 되는 게 어디 있겠는가? 먼저 흐르게 해야 흘러 들어오는 것이니…. 결국 전 우주가 '공짜는 없다!'로 작동하기에 이 말은 내 삶의 준거 틀이 되어 곳곳에 이정표로 세워져 있다.

물리학 하면 머리 아프다고 여기는데, 그나마 우리에게 친숙한 '에너지 보존의 법칙'에 '공짜 없다!' 법칙을 연결시켜를 쉽게 접근해보자.

이것은 어떤 고립된 계 System의 에너지는 그 형태가 달라지더라도 총량은 항상 보존된다는 법칙이다. 쉽게 말해, 에너지는 새로 생기거나 없어지지도 않는다는 말이니 '세상 공짜 없다'란 말과 같다고 볼 수 있지 않을까.

사람에게는 각자의 에너지 레벨이 있다고 한다. 흔히 말하는 내공이나 힘의 차이, 또는 고등 이론물리학에서는 의식 수준 차이라고도 한다. 그렇다면, 에너지란 무엇인가? 에너지는 일을 할 수 있는 능력이다. 여기서 또 일 Work이란 어떤 물체에 힘을 줘서 움직이게 하는 것이다. 그래서 에너지란 힘을 써서 뭔가를 움직이게 하거나 변화시키는 능력을 말한다.

에너지에는 운동에너지, 위치에너지, 열에너지, 빛에너지, 전기에너지 등 여러 종류가 있다. 에너지는 그 총량이 보존되는 한 모든 가능한 형태로 바뀔 수 있다. 빗면 위에 놓인 구슬을 예로 들어 보자. 빗면 위에 구슬을 놓아두면 처음에는 이 구슬이 중력에 대한 위치에너지만 가진다. 정지해 있으므로 운동에너지는 없다. 이제 구슬이 빗면을 굴러 내려오면 위치에너지는 줄어들고 운동에너지는 그만큼 늘어난다. 만약 구슬이 빗면을 다 내려와 지면에 닿게 되면 구슬의 위치에너지는 없어진다. 대신 구슬은 그만큼의 운동에너지를 가지고 지면을 따라 굴러간다. 즉 구슬이 그냥 공짜로 굴러가는 것이 아니라 위치 차이로 힘이 생겨 굴러가는 것이다.

자연생태계의 주요 기능은 에너지 흐름과 물질 순환이다. 궁극적인 에너지원인 태양도 지구에 도달하여 먹이그물을 통한 에너지의 흐름 과정을 거친다. 모든 에너지는 전환과정에서 높은 손실이 일어나 생산성이 아주 낮다. 각 영양단계에서 물질로 전환될 때마다 약 90%의 열 손실과 함께 다음 단계로 전달되기 때문이다.

자연생태계 내 물질이 순환되는 것과는 대조적으로 에너지는 영양단계를 거치면서 지속적으로 열 손실을 통해 빠져나간다. 그래서 에너지는 순환되지 않고 흐른다고 표현한다. 이러한 자연적인 에너지 흐름의 방향성은 '엔트로피 법칙'을 따른다. 즉 '무질서도'라고 하는 엔트로피가 증가하는, 무질서한 방향으로 흐른다.

실제 우리 주변에서 평범한 예들을 쉽게 볼 수 있다. 같은 양의 온도가 다른 물을 섞으면 뜨거운 물은 식고 차가운 물은 데워지고, 물에 잉크를 떨어뜨리면 가만히 두어도 알아서 번져나가는 것들이다. 그런데 여기서 중요한 사실은, 에너지 총량은 보존되지만 변형된 에너지를 다시 유용한 에너지로 되돌리는 가역적인 과정은 불가능하다는 것이다. 나무가 타서 재가 되는 경우를 생각해 보면 쉽게 이해가 된다. 외출했다 돌아왔을 때 우리 집 고양이가 찢고 뜯고 거실을 난장판으로 만들어 놓은 상황도 마찬가지 경우가 아닐까.

양자역학 이전 물리학을 고전물리학이라고 부른다. 그럼 도대체 '양자역학'이라는 낯선 이론이 우리의 삶과 어떤 관계가 있을까? 이 또한 조금 쉽게 같이 살펴보자. 양자역학에서는 물질의 최소 단위가 미립자로서 입자이자 파동이라고 한다. 빛도 마찬가지로 입자이자 파동이다. 빛이 입자이자 동시에 파동이라 하니 여기에도 역설이 존재한다. 어쨌거나 양자역학의 궁극적 의미는 에너지, 즉 파동이 모여 밀도가 커지면 물질로 바뀐다는 것이다.

그 말의 핵심은 세상의 모든 것은 에너지 덩어리라는 말이다. 그리고 모든 에너지는 진동하는데 이것을 파동에너지라고 부른다. 물리학에서의 파동 波動의 개념은 에너지를 전달하는 진동 振動을 의미한다고 볼 수 있다. 물리학의 '모든 파동 진동은 에너지를 전달한다.'라는 것과 양자역학의 '모든 에너지는 파동이다.'라는 부분은 맞닿아 있다고 할 수 있다. 어쨌거나 진동하는 에너지, 즉 파동에는 정보가 실려 있다. 만물은 파동 波動이라는 이름의 '정보 에너지'를 통해 서로 통신을 주고받는다. 빛이나 소리도 파동이고 돌이나 흙도 파동이라 할 수 있다. 인간의 뇌도 감정 상태에 따라 다양한 파동을 나타낸다. 코칭에서 전문 코치들은 감정도 정보이지 병의 징후가 아니라고 믿는다.

파동 波動에너지의 진동하는 사인파 곡선은 호흡하는 생명 에너지라고도 할 수 있다. 큰 진폭이나 파장을 일으킬 수도 있고 낮고 좁게 흘러갈 수도 있지만, 모두 다 살아있음의 증거다. 병원 응급실이나 수술실을 떠올려보면 쉽게 알 수 있다. 환자에게 연결된 모니터 화면에 흐르던 사인파가 갑자기 '삐이'하며 직선으로 바뀐다면 어떻게 될까? '죽음'의 신호로써 그 순간 의사와 간호사는 다급해질 것이 뻔하다.

사인파는 양극의 정점인 '마루'와 음극의 정점인 '골'을 형성한다. 그 마루와 골은 정지해 있는 것이 아니라 연결되어 흐른다. 흐른다는 것은 살아있음의 신호다. 그 최저점의 골이 아래로 깊어질수록 올라갈 최정점 마루도 높아질 것이다. 그렇다면 살면서 겪은 수많은 질곡들은 도대체 얼마나 많은 에너지 파장으로 충전되어 왔단 말인가? 매 순간 겪는 고통과 실패의 파장은 누구나에게 선사할 성장·성공이라는 레시피를 만들고 있는 것이다. 지금 슬프고 불안한 감정 곡선은 기쁨과 충만함의 발레리나와 춤출 발레리노를 찾고 있는 중인 것이다.

뱀과 지렁이는 움직이는 방법이 다르다. 둘 다 발이 없기 때문에 몸통을 사용한다는 공통점은 있지만 나아가는 방법 자체가 다르다는 것은 익히 아는 사실이다. 뱀은 몸을 S자로 구부려서 가고, 지렁이는 몸을 늘였다 줄였다 하면서 앞으로 나아간다고 한다.

이와 마찬가지로 파동이 전달되는 형태에도 두 가지 종류가 있다. 뱀처럼 매질의 운동 방향과 파동의 진행 방향이 서로 수직인 것을 횡파라고 하고, 지렁이처럼 매질의 운동 방향과 파동의 진행 방향이 나란한 것을 종파라고 한다. 물결파, 전파, 빛 등은 횡파이고, 소리 등은 종파다. 이렇게 두 종류로 나뉘는 파동은 에너지다. 이렇듯 파동 波動은 공학적·물리적 차원을 넘어 만물에 걸쳐진 우주적 정보 에너지다. 우리는 누구나 자기만의 고유한 파동을 가진 존재다. 그래서 상호 연결되어 깊이 공감할 때 공명은 일어나고 변화를 촉진한다.

기업에서 주니어시절 필자는 엔지니어로서 진동 기술사였다. 전문 코치가 되어 '파동'이라는 단어와 재회하게 되면서 코치의 길이 숙명이었나 자문이 일기도 했다. 여기서 '공진'에 대해 공학적 측면으로 조금 들어가 보자. 모든 물체는 각각의 고유진동수 주파수를 갖는다. 어떤 물체에 그 고유진동수와 같은 주파수의 입력이 들어왔을 때 그 물체의 진동

폭은 무한대로 커지며 에너지가 증폭된다. 즉 사인파의 양 정점이 무한으로 최고치를 치게 된다. 이 같은 현상을 '공진' 또는 '공명'이라 한다. 먼저 발전소에서는 60Hz의 전기를 생산하기 위해 터빈/발전기 로터 Rotor라는 초대형 회전체가 분당 3,600 바퀴 3,600 RPM를 돌아야 한다. 그런데 만약 발전소에서 회전체 공진이 일어나면 지축이 흔들릴 정도로 위험하다. 따라서 재빨리 진동잡이 기술로 진동치를 허용치 내로 낮춰줘야 한다. 즉 발전소의 터빈은 분당 3,600회 회전을 진동 없이 정속도로 돌아가야 우리가 사용하는 전기를 안정적으로 생산하여 공급해 줄 수 있다. 1940년, 미국 워싱턴주 항구도시 타코마 시의 대형 현수교 '타코마교'가 강풍에 엿가락처럼 휘며 붕괴하였다. 이 사례는 바람과 현수교의 주파수가 일순간 공진이 되어 발생된 것으로, 공명의 위력을 실감케 해주는 대표적 사례라 할 수 있다.

마찬가지로 사회적 맥락에서 학자들의 말을 인용해서 살펴보자. 먼저 한자로 공명 共鳴은 「함께 공 共, 울 명 鳴」이라는 글자처럼, '깊이 동감하여 함께 하려는 생각을 갖는다.'는 뜻을 내포하고 있다. 영어로 공명 Resonance을 라틴어 어원으로 분석해보면 「re-sonore」 즉 '다시 소리를 내는 것'이란 뜻으로 상호 대화적 관계를 통해 만들어가는 가치의 공유가 공명의 의미라고 해석된다. 파편화되고 갈등이 극단적으로 심화되는 현대 사회에서 사람과 사람 사이의 '공명'은 각 공동체와 개인이 일으켜야 할 필수 덕목이라 할 것이다.

코칭에서는 뇌 과학 이론을 반영하여 공명을 다음과 같이 적용한다. 두 사람이 우뇌 간 정서의 상호교환을 통해 변연계에서 공명이 일어나면, 중추신경계와 자율신경계의 증폭과 통합이 일어난다고 한다. 이는 온 몸과 정신을 깨어있게 하며 정서, 동기 및 열정을 일으키는 변연계가 각성된다는 의미다. 각성의 증폭은 민감함, 깨어남, 온몸의 깊은 연결로 볼 수 있다. 이럴 때 코치의 질문과 반응은 고객 내면으로 더 깊은 울림을 일으키게 된다. 온몸이 반응하게 되고, 온몸의 울림은 코칭이 끝난 후에도 남아 있게 되는 것이다.

사람들은 주로 아침형은 '종달새형'으로 저녁형은 '올빼미형'으로 구분한다. 그런데 대부분 실행하기가 쉽지 않은 '종달새형' 목표로 유도하는 경우가 많다. '일찍 일어나는 새가 벌레를 잡는다.'는 말을 거창하게 내다 걸면서 말이다.

혹시 다음과 같은 역발상적 표현들을 듣고 웃어 본 적 없는가?

"일찍 일어나면 피곤하다."
"벌레도 일찍 일어났을 텐데…."
"일찍 일어나서는 낮에 자더라."

결국 우리의 에너지는 총량제로 규제되는 '에너지 보존의 법칙'에 따르는 게 아닐까! 종달새냐, 올빼미냐? 라는 이분법적 명제는 중요한 게 아닌 듯 싶다. 자기의 에너지 레벨을 인식하고 깨어있으면서, 상호 연결, 공감하며, 공명의 메아리를 만들어가는 것이 삶이 아닐까….

흘러갈 줄 아는 용기

2장 흘러갈 줄 아는 용기

미래와 미래현재

"고속도로에 진입하였습니다."

늦가을 고속도로에 일찌감치 대기해있던 새벽안개 속으로 네비 아가씨의 목소리가 젖어 들었다. 스마트폰이 이른 새벽을 흔들어 깨우는 바람에 욕실로 직행하여 샤워기 물을 머리에 쏟아부었다. 낭랑한 목소리로 아침 인사 건네는 네비 아가씨의 안내로 목적지를 찍고 충북지역으로 출장길에 올랐다.

시내를 날쌘하게 빠져나와 고속도로를 올렸다. 첫 번째 휴게소를 지나니 안개구름이 달리는 차를 에워쌌다. 반쯤 내린 차장 틈으로 빨려 들어온 새벽안개는 차고 비렸다. 수증기 입자들이 폐부로 스미어 내벽에 들러붙는 느낌이었다. 오른쪽으로 휙휙 지나가는 노랗게 고개 숙인 벼들을 새벽안개가 물방울 샤워를 시키는 중이었다. 전방 시계 10미터 속도의 백미러에 산봉우리를 눌러 쓴 구름모자도 지나갔다. 구름의 가장자리를 뚫고 불그스레 번지는 여명이 거울 속 아침 향연을 펼치기 시작했다.

구름과 안개는 위치만 다를 뿐 같은 동족이다. 아침 해는 먼 산부터 다시 소환하며 안개를 걷어내는 것이기에, 전방의 햇빛과 안개 간 힘겨루

인정할 줄 아는 용기

기는 치열함과 동시에 찬란했다. 차가 앞으로 달릴수록 안개는 물러서지 않으려는 듯 길 위로 짙은 장막을 쳤다. 백미러 속 여명은 점점 밝은 햇빛으로 소생하며 빠르게 뒤쫓아 왔다. 안개는 가을 산자락의 단풍잎과 들녘의 나락들을 꽉 움켜잡은 채 물러서지 않으려 필사적이었다. 백미러 위에서 멀어지는 황홀한 여명의 눈동자와 윙크하느라 전방주시를 놓칠 뻔하기도 하며 달리던 아침이었다.

△ 백미러에 미친 하늘 풍경

우리는 '인생'이라는 도로 道를 달리고 있다. 이 또한 마찬가지이지 않을까? 백미러는 아무리 아름다운 풍광인들 이미 지나간 것들, 즉 이미 과거가 되어 버린 것들을 비춰줄 뿐이다. 과거에 마음을 빼앗기다 보면 집착하게 되고, 마치 큰 사고 후유증을 겪듯이 힘겨워한다. 삶은 전방주시다. 매 순간 전방에 집중하며 백미러는 잠깐잠깐 쳐다보고 확인하면 충분하다. 후방은 오래 볼 수 없을뿐더러 살짝살짝 보아야 아름답다. 백미러를 보면서 앞으로 달릴 수는 없으니까 말이다.

"나 여기 있다. 친구야!"

유칼립투스를 닮은 눈앞의 큰 화분 뒤에서 친구 J의 목소리가 들렸다. 신호가 가던 중이던 폰을 닫고 오랜만에 친구와 맞잡은 손으로 체온을 나눴다. 좀 전에 시립도서관 입구를 들어서면서 현관 앞에 서 있던 하얗고 자그마한 중년 남자를 확인했었다. 백설기 같은 새하얀 머리칼을 바람결에 날리고 서 있던, 곱게 익어가는 친구다. 멀리 빈자리를 찾아 주차하고 오니 친구가 보이질 않았다. 도서관 현관을 들어서며 전번을 찾아 누르던 차였다. J는 필자를 기다리느라 사무실에서 미리 나와 있다가 로비 화분에 물을 주고 있었단다.

"요 앞 카페로 나갈까?" J가 물었다. "어, 좋지!"라고 대답한 다음, 높이 뻗은 플라타너스 가로수 아래를 걸어 유럽풍의 카페로 들어섰다. 가정집을 개조한 예쁜 1층 카페였다. J와 볕 드는 창가 자리를 찾아 앉았다. 필자는 따뜻한 아메리카노, 친구 J는 카페라테 한 잔씩을 주문했다. J는 최근 몸이 좋지 않다고 했다. 게다가 직장도 얼마 전에 발령이 나 새로운 곳에 적응하려다 보니 눈빛과 목소리에 힘겨움이 묻어났다.

'건강한 신체에 건강한 정신'이라던 옛 표어는 교정에 걸려있던 간판 속 글자가 아님을 세월은 우리에게 확인시켜준다. 친구 J는 몸 따라 마음도 다운되어 있었다. 우산을 접고 소나기를 함께 맞아주고픈 심정으로 친구의 아픔을 느끼며 가만히 들었다. 쓴 커피는 감정과 블랜딩 되어 겨우 목젖으로 넘어갔다. 대화를 마무리하며 친구의 에너지를 조금이나마 올려주고픈 마음에 던졌던 말이다.

"친구, 삶은 죽음을 향해 달려가는 생로병사의 과정이라잖아. 스님들은 가부좌를 틀고 앉아 있을 때는 치통이 오더라도 그 고통에서 벗어나려 하지 않고 아픔에 머무른다더군! 이제 지천명을 훌쩍 넘어선 우리도 병이 찾아오면 친구다 생각하고 같이 갈밖에…. 친구, 10년 뒤를 생각하면 어떤가? 사실, 나는 미소가 지어져! 왠지 아나? 미래는 뚝 떨어져 있는 어딘가가 아니라 지금 여기 와있기 때문이야! 원하는 모습을 마음 근육과 세포 속에 꽂고서 한 걸음씩 나가다가 보면 지금-여기가 현재이면서 미래인 거지! 우리가 직면하고 있는 지금, 이 순간은 미래와 동시적으로 존재하는 시간이라 믿어…. 친구, 나중에 우리에게도 죽음이 찾아왔을 때는 완전히 소진된 상태로 맞을 준비를 하세나! 아픔도 보듬고 우리 그리 이겨 나가세나…."

"한 시간 반 동안이나 비싼 시간을 썼는데 커피 한 잔 값으로 되겠나?" J가 밝은 표정으로 웃으며 말했다. "음, 시간당 백인데 그럼 이백만 줘!"라며 함께 크게 웃었다.

친구의 에너지가 조금이나마 오른 듯하여 기분 좋게 카페를 나왔다. 대화 중 친구에게 한 말은 사실 나 스스로에게 해 준 말이기도 했다. 친구에게 진정한 연민을 느끼고 에너지를 높여 주고 싶은 민 마음 또한 코치로서 깊어질 것을 명받은 것이리라. 결국 친구를 찾았던 것은 내 안의 소명을 재확인케 해 준 성찰과 격려의 발걸음인 알이차린 시간이었다.

"국어책에서 '일찍 핀 꽃은 열매를 맺지 못한다.'고 하던데요."

어느 날 부모님 댁 아침 식탁에서 이제 갓 중학생이 된 지니가 말했다.

지니는 손아래 처남 아들이다. 중학교 배치고사에서 전액 장학금을 받았다고 해서 함께 기뻐하며 칭찬해 주었더니 돌아온 걸작 대답이었다. "꽃의 종류는 여러 가지가 있지. 우리 지니는 아마도…." 라며 식탁에서의 대화는 끝을 맺었지, 싶다.

다음날, 아침밥을 먹은 뒤 모친께서 화단에 꽃이 많이 죽었다며 안타까워하셨다. 그 바람에 처남이 어머님·아버님을 모시고 처남댁과 아내까지 태우고 화훼시장엘 간다고 나갔다. 덕분에 지니와 둘이 집 돌이 신세가 되었다. 할아버지 방에서 손에 책을 놓지 않고 있던 지니한테 어제에 이은 질문을 던졌다.

"지니는 꿈이 뭐야?"

"전 아직 꿈이 없어요. 그래서 문제에요"

지니는 조금의 망설임도 없이 대답했다.

"아, 꿈이 없어서 문제라고 생각하는구나? 우리 지니가 무엇 때문에 꿈이 없으면 문제라고 생각할까?"

"…"

"아, 그럴 때 지니 기분은 어때?"

"…"

"이제는 지니가 어제 말한 '일찍 핀 꽃은 열매를 맺지 못한다'는 말을 다시 생각해 보니 어때?"

"…"

인정할 줄 아는 용기

"꿈은 할아버지가 돼서도 꿀 수 있는 거야. 어른들도 나이를 먹어도 하고 싶은 게 많아지거든. 지니도 학년이 높아질수록 어떨까?"

"..."

"그렇지! 시야가 넓어지겠지. 그러면 지금 보다 훨씬 많은 것들이 보이겠지. 그럼 꿈도 생기고 더 큰 꿈으로 커질 수도 있지 않을까?"

"..."

"그래! 꿈은 언제라도 꿀 수 있고 언제 가져도 상관없어. 앞으로 지니한텐 아주 큰 꿈을 꿀 시간이 많아. 지금처럼 열심히 책 읽고 공부하다 보면 어디선가 멋진 꿈이 기다리고 있지 않을까?"

"..."

누구든, 어디서든 대화를 나누다 코쳐블 Coachable한 상황이 되면 스르르 코치로서의 빗장이 열리고 만다. 코치 프레즌스 Presence는 자동으로 작동된다. 긍정과 지지모드로 상대에게 몰입하며 에너지가 흐르도록 물꼬를 튼다. 지니는 아주 영민한 남자아이였다. 지니와의 꿈을 찾기 위한 대화도 지금-여기에 최선을 다하는 것이 미래를 끌어당기는 것임을 학습한 시간이었다. 지금 고등학생이 되는 지니는 다독을 하며 꾸준히 꿈을 탐색하고 있다.

독일 작가 미하엘 엔데가 1970년에 쓴 동화소설『모모』에서 '호라'박사가 주인공 고수머리 소녀 '모모'에게 수수께끼를 낸다. 모모는 남의 말을 귀 기울여 듣는 능력을 지닌 말라깽이 소녀다. 마을 사람들은 일만 있으면 모모를 찾아가 자신의 고민을 털어놓았다. 모모는 사람들이 스스로를 돌아보며 용기를 얻고, 기쁨과 신념을 회복하도록 돕는 적극적 경청자였다. 그럼 여러분도 잠시 모모가 되어 호라 박사가 던진 다음의 수수께끼 풀이에 도전해 보겠는가?

"세 형제가 한집에 살고 있어. 그들은 정말 다르게 생겼어. 그런데도 구별해서 보려고 하면, 하나는 다른 둘과 똑같아 보이는 거야. 첫째는 없어. 이제 집으로 돌아오는 참이야. 둘째도 없어. 벌써 집을 나갔지. 셋 가운데 막내, 셋째만이 있어. 셋째가 없으면, 다른 두 형제도 있을 수 없으니까. 하지만 문제가 되는 셋째는 정작 첫째가 둘째로 변해야만 있을 수 있어. 셋째를 보려고 하면, 다른 두 형 중의 하나를 보게 되기 때문이지! 말해 보렴. 세 형제는 하나일까? 아니면 둘일까? 아니면 아무도 없는 것일까? 꼬마야, 그들의 이름을 알아맞힐 수 있으면, 넌 세 명의 막강한 지배자 이름을 알아맞히는 셈이야. 그들은 함께 커다란 왕국을 다스리며, 또 왕국 자체이기도 하지! 그 점에서 그들은 똑같아."

답을 찾았는가? 책 속에서 모모는 한숨 쉬며 고민한 끝에 큰 소리로 답을 맞혔다. 정답은 순서대로 '미래', '과거', '현재'였다. 모모는 셋째인 '현재'는 정작 첫째인 '미래'가 둘째인 '과거'로 변해야만 있을 수 있다는 것을 깨닫고는 놀라워했다. 그런 뒤, 눈이 반짝반짝 빛나며 이어진 두 개의 질문에서도 심원의 답을 길어 올렸다. 즉 '왕국'은 '시간'이었고, 세 형제가 사는 '집'은 '세상'이었다.

우리는 세상-속-존재로서 시간의 왕국에 살고 있다. 그렇다 보니 과거와 미래가 연결된 시간 선상을 왔다 갔다 하느라 '현재'라는 답을 잃어

버리고 살고 있지는 않은지 순간순간 스스로에게 물어볼 일이다. 모모가 풀어낸 '현재가 없다면 다른 둘은 있을 수 없다'는 말에 강렬하게 공감할 수밖에 없는 이유다.

> 미래현재 FutureNow는 함께 동시적으로 존재하는 시간이다. 미래의 내 모습은 현재에 뿌리를 두고 꽃피운 모습이므로 어차피 현재에 깃들어 있을 수밖에 없다. 그러므로 삶의 비결은 지금, 이 순간을 다루는 방식에 있다. 미래는 오늘을 걸어가는 한 걸음, 한 걸음에 있음에도, 오늘을 살아가는 우리는 끊임없이 미래에 대한 불안과 기대에 일희일비한다. 따라서 미래에 대한 이미지를 우리의 가슴속에, 그리고 근육과 세포 속에 저장해 놓고, 오늘을 살아가는 것이 매우 중요하다. 미래현재는 함께 동시적으로 존재하는 시간이다.
>
> △ 박창규, 『임파워링하라』 중에서

마스터코치 MCC 박창규 코치가 말한 '미래현재 FutureNow'의 의미를 좀 더 분해해보자.

미래 Future와 현재 Now가 동시적이라는 것은 우주 방정식이 아닐까? 미래 Future는 현재 Now에 깃들어 있는 미래현재 FutureNow 임에도 우리는 너무도 자주 기억상실에 포획되어 시간 선을 타며 감정 블랙홀의 나락으로 빨려 들어가곤 한다. 되어가는-존재 Being becoming로서 미래모습을 마음 근육 속에 새겨 넣고 지금-여기를 '뚜벅 저벅' 걸어가면 된다. 그런데도 늘 쉽지 않다. 사람의 뇌는 가상과 현실을 구별하지 못한다고 했다. 그래서 이루어졌다고 상상하면, 그것을 현실로 받아들인다. 기대한다면 이루어진 모습을 상상하고 As-if 현재에서 물어보면 된다. 코칭은 삶의 목적 Purpose In Life을 향해 나아가는 여정에서 나누는 내 안의 나와의 대화이다. 그래서 코칭은 '존재의 방식 Way of Being'이다. 코칭 질문을 통해 삶의 목적을 발견하고, 기대 목표를 세운 뒤 이루어진 모습을 상상하고 관찰하며 머문다. 그런 다음, 기대하는 모습을 현재로 가져와서 무엇을 할 것인지를 선택해서 한 걸음씩 나아가는 것이다.

"아니 왜 도착시간이 더 늘어났지?"
"고속도로 주행속도로 계산했다가 국도로 내려섰으니 그럴 수밖에요."

카풀로 장거리 출장 운전 중 동료 교수가 던진 질문에 답한 말이다. 그 순간 '네비도 목적지까지 가기 위해 미래현재를 사는구나!'라며 한 덩이 생각이 뭉쳐졌다. 고속도로와 국도를 번갈아 달리는 동안 네비는 찰나의 속도를 센싱하여 평균속도를 계산하고 도착시간을 업데이트시킨다. 도로 옆을 유유히 흐르던 강물도, 네비가 디스플레이하는 도착시간도 무상함으로 맞닿아 있었다. 이렇듯 미래현재 FutureNow는 매 순간 우리의 현재 Now를 업데이트시킨다.

인정할 줄 아는 용기

외로움과 고독

"딸! 아들은 갔어?"

"응 아빠, 갔어! 아까 방문 열어보고 아빠 자니까 그냥 나오던데…. 기분 좋게 올라갔어."

"아, 그래? 아빠가 태워 주려고 했는데 깨우지…."

일요일 정오가 가까운 시간, 딸아이 대답에 한마디 보태며 겨우 기분에 핏기가 돌았다. 전날 아이들 할머니 생일잔치를 다녀온 탓이었을까…. 아침 일찍 일어났었다. 거실로 나왔는데 외딴 섬에 큰 파도가 밀려왔다. 쑥 빠져나간 듯 알 수 없는 외로움과 헛헛함이 밀려왔다. 거실에 가득한 새벽 냉기를 쫓고자 전기히터를 켰더니 금방 벌게졌다. 너무 뜨겁지 않게 히터와 대각으로 반가부좌를 틀고 앉아 눈을 감았다. 의식과 무의식 사이 자맥질만 하다 그만 잠이 들어버렸다.

아내가 흔들어 깨우는 바람에 부스스 일어나 앉았다. 베란다에서 일광욕을 시작하는 식물들에게 모닝 톡을 거는 아내에게 산책 좀 하고 오겠노라며 엘리베이터를 잡았다. 1층으로 내려와 아파트단지를 어슬렁거렸다. 겨울나무와 풀, 우뚝 선 뒷산 꼭대기 바위 봉우리와 그 위를 떠가는 구름을 올려다보며 멍때리길 하다 얼마나 지났을까, 집으로 다시 올라왔다.

부엌에서 아침밥을 준비하는 아내의 뒷모습을 스쳐 지나 다시 침대에 벌러덩 나를 던졌다. 잠결에 "아빠, 밥 먹자!"라는 딸아이 소리가 들렸고, 대꾸가 없으니 이어서 아내가 또 불렀다. 귀차니즘에 대답을 하는 둥 마는 둥 하고는 계속 잤다. 베란다 밖으로 햇살이 물러가고도 남을 시간에야 눈꺼풀 장군이 슬며시 힘을 빼주었다.

그제서야 비비적거리며 나와 혼자 거실을 지키고 있던 딸아이에게 말을 붙인 거였다. 아빠를 뺀 셋이서 아점을 먹고는 아내는 외출, 아들은 학교를 가야 하니 서울로 올라가고 없었다. 그날따라 왜 그리도 마음이 바닥을 겼는지…. 가슴팍에 요오드팅크를 들이부어도 시원치 않을 지경이었다. 이런저런 상황에 가장이라는 페르소나를 잠시 벗을 곳을 찾아 헤맨듯하다.

서재에 틀어박혀 책 고랑을 갈아엎으며 기분을 다스리는데 딸아이에게서 SNS 문자가 왔다.

"아빠, 엄마가 저녁에 양구이 먹으러 가재. 아빠 같이 갈 건지 물어보라는데?"
"응 그래? 가자 그럼!" 하고 답을 보냈다.

두어 시간 뒤 귀가한 아내 차에 얹혀 아들만 빼고 셋이서 딸아이가 예약한 곳으로 갔다. 입구부터 안까지 실내가 온통 블랙 톤에다가 잘생긴 청년들이 서빙해주는 양고기 레스토랑이었다. 우리 가족에게 양고기구이는 특별하다. 두바이 근무 시절, 사막에서 양탄자를 깔고 먹었던 그 맛을 못 잊어 가족들은 자주 양구이 타령을 하곤 했다. 메인 디시가 나오기 전 딸아이는 칭따오, 아빠는 사께, 그리고 엄마는 사이다로 주종을

인정할 줄 아는 용기

정했다. 아빠 기분 풀라고 까불어주는 딸아이와 시간 내준 아내가 고마웠다. 집에 도착하자마자 딸아이가 한판 뜨자며 루미큐브 게임판을 펼치는 바람에 아내와 합세하여 자정을 넘기며 휴일 밤을 살랐다.

이 세상은 완전하다. 우리 가족도 마찬가지다. 아내와 딸, 아들 모두 온전하다. 아무 문제 없다. 나만 오롯이 서 있으면 다 괜찮다. '삶'이라는 제목의 영화 세트장에서 '내 마음이 문제다!'라는 씬 하나 찍은 것뿐이다. 메스꺼운 감정에 포획되어 마음 배가 둥둥 떠다녔던 때가 벌써 몇 해 전의 풍경화다. 예전에 회사를 나오고 나서 "나 나왔다!"라고 신고했더니 철학자 친구가 내게 돌려준 말이다.

"친구, 여태 들은 말 중 최고의 선택이네! 후반전엔 돈 안 되는 일을 해야 답이 나와! 이제 멀리 갈 수 있는 일, 하고 싶은 일을 할 때가 됐다는 거겠지!"

생각 서랍에서 툭 튀어나온 친구의 말로 마음 한켠의 외로움 덩이를 돌돌 말아서 툭 던졌다.

전문 코치로서 기업·기관의 리더들을 만나기 위해 전국 도시를 돌아다닌다. 서울에 포스트 오피스텔를 두고 지역을 오르내리고 있다. 그렇다 보니 이동 중 쭉 뻗은 길을 가능케 한 '터널'이라는 위대한 창조물을 많이 만나게 된다. 그런데 이 훌륭한 창조물이 필자에게 간간이 복병으로 돌변하는 때가 있다. 기업 시절, 매주 출퇴근했던 부산-김포 하늘길에는 난기류라는 복병은 만날 수 있어도 터널은 없다. 필자에게 터널이 복병인 이유는 단 한 가지, 갑작스러운 어둠을 내리기 때문이다.

지금은 프리랜서로서 코칭과 강의를 위해 기차나 버스가 주요 교통수단이다. 운전을 즐기지만, 장거리 운전은 되도록 피한다. 피곤함도 있지만, 대중교통 이용 시 얻는 큰 선물 때문이다. 필자가 스스로 부여하는 기프티콘으로써 내가 내게 주는 최고의 선물인데, 바로 책과의 데이트 시간이다. 출장을 나서기 전 데이트할 책을 고르고 백 팩에 두세 권 챙겨 넣는 것은 소소한 설렘이다. 시내에서의 이동은 자연스레 지하철이다. 어떤 제약이나 눈치 볼 필요 없이 고독을 짓도록 허락하는 시공간이다.

종이책을 펴든 채 전철 안을 스윽 스캔할라치면 손맛을 즐기고 있는 사람은 거의 필자밖에 없다. 나머지 99%의 사람들은 대개 다음의 세 부류 중 하나다. 스마트폰에 이어폰을 꽂고 동영상에 눈이 붙들려 있거나, 톡 방에서 엄지 탭댄스를 추고 있거나, 아니면 그냥 눈 감고 있거나! 사람들은 대체로 지하철이나 길에서 혼자라는 티를 내지 않으려 한다. 소위 외롭거나 뻘쭘하게 보일까 봐 틈을 안 주려 온갖 애를 쓴다.

그 즉시 외로움을 감추기 위해 의식적으로 스마트폰을 보거나 만지작거리게 된다. 물론 필요한 전화나 정보 검색을 할 때도 있지만, 대부분 연출에 가까운 게 사실이다. 왜 그럴까? "길을 걷다가 절대 뒤를 돌아보지 않는 이유는 시크하기 때문이 아니라, 나와 닮은 누군가의 초라한 등을 바라보는 게 두려워서다."라고 누군가 말한 것이 그 이유이지 않을까…. 밥 먹으러 혼자 못 가는 이유도 그래서 뻔하다. 외로움을 튕겨낼 거울이 필요하기 때문이다.

지하철 안에서 필자가 터득한 나름 책 읽기 좋은 위치는 출입문 바로 옆 손잡이와 기둥 사이이다. 물론 앉을 자리가 있다면 좋겠지만, 없을 경우가 대부분이기에…. 바깥 방향으로 최대한 몸을 좁게 서서 눈 가까이 책을 바짝 붙여 들면 웬만큼 복잡해도 해 볼 만하다. 그런 빼곡한 상황에서도 왼손엔 책을, 오른손엔 연필을 쥐고 글 고랑 파는 재미는 꽤 쏠쏠하다. 머리 위 동그란 손잡이는 당연히 잡을 수 없다. 관성력에 따라 왼쪽·오른쪽 다리로 중심을 이동해 가며 캐 먹는 글 밭 고구마는 꿀맛이다. 덜커덩거리는 철마는 가끔 소싯적 황소 등에 올라탄 사내아이가 살았던 고향마을로 데려가기도 한다. '철커덕 철커덕' 한강철교를 지날 때는 차창 너머 역사를 거슬러 도도히 흐르는 강물 위 윤슬 반짝이는 잔물결의 순 우리말의 전언을 담담히 받아들이는 시간을 선물해 준다.

기차나 버스에 몸을 싣게 되면 일단 두 권의 책을 앞 좌석 뒤 그물망에 꽂는다. 차가 출발하면 책 한 권을 빼 들고 고독한 향연을 시작한다. 한참을 심취해 있다 보면 갑자기 공습 사이렌 소리도 없이 어둠이 엄습한다. KTX는 실내가 상시조명이라 덜하긴 하지만, 고속버스는 더 잦은 터널 복병의 공격에 손에 든 글 밭이 시커멓게 뒤덮인다. 연이어 희거나 노란 터널 천장 조명 불빛에 따라 글 밭 명도가 바뀌며 눈을 피곤하게 만든다. 세어보진 않았지만, 터널이 어찌나 많은지….

국토 대부분이 산으로 이루어진 우리나라에 쭉쭉 뻗은 길을 내기 위해서는 터널이라는 인공동굴이 많이 뚫을 수밖에 없다. 곧은길을 허락받기 위해 얼마나 많은 피땀과 주검을 자연에 바쳐야 했을까…. 필자는 복병이라 칭했지만, 터널 입장에서는 편리함을 주고 불평 받는 격일 게다. 게다가 저 혼자만의 고독을 즐기려는 이기적인 한 인간의 욕심까지 어찌 다 헤아려주랴…. 이렇게 생각 정리를 한 다음부터는 손에 든 글 밭이 어두워질라치면 '터널이 멍 때릴 틈을 주는구나!'라며 긍정의 쉼표를 찍는다. 기차나 버스에서도 종이책을 보는 사람은 거의 없다. KTX 의자 뒤에 꽂혀있는 월간잡지도 때가 되니 바꿔 꽂는 장식용에 불과한 듯 보인다. 필자에겐 대중교통이 고독을 즐기기에 더없이 좋은 공간이다.

'외로움'과 '고독'의 간극은 얼마만큼 일까? 비슷해 보이지만 다른 느낌의 말 마차를 구별하여 정거장에 정차시켜 보았다. 김소연의 『마음 사전』에서 각각을 잘 대변해 주는 말들을 만났다.

먼저 '외로움'에 대한 해석을 들어 보자. "'외롭다'라는 말은 형용사가 아니다. 활달이 움직이고 있는 동작 동사다. 텅 비어버린 마음의 상태를 못 견디겠을 때에 사람들은 '외롭다'라는 낱말을 찾는다. 그리고 그것을 발화한다." 그야말로 '외로움'의 느낌은 헛헛하여 어찌할 바를 모르는 상황에서 나부대는 어떤 사람을 떠올리게 하지 않는가?

다음은 '고독'에 대한 비유를 옮겨 보았다. "밤은 열두 폭 병풍처럼 현실을 가리고 나를 호위한다. 유리창을 바라봐도 내 얼굴과 나를 둘러싼 나의 실내를 되비출 뿐 외부를 보여주지 않는다. 밤은 그래서 모든 것들에 대해 '괜찮다. 괜찮다.' 말해주는 착한 아버지 같다. 기억할 수도 없고 기억하기에는 맥락조차 없는 희미한 대화들을 오래도록 나눈 후에 전화를 끊으면, 나는 비로소 혼자가 된다."

외로움과 달리 어떻게 느꼈는가? 훨씬 주체적이고 홀가분하지 않은가? '고독'은 못 만나던 나의 심연이 깊은 밤을 날아서 나를 찾아오도록 밤의 고삐를 풀어 둔 채 오롯이 주인공으로서 자기를 만나는 것이라고 이야기할 수 있지 않을까…

우리는 왜 외로워지고 고독하고픈 걸까? 외로움이란 자신을 찾아오는 불안한 감정이고, 고독이란 내가 무언가를 얻기 위해 찾아가는 희망의 감정이라는 차이가 있다. 외로움과 고독은 똑같이 혼자 있지만 외로움은 나 외에 누군가가 있어야 하고, 고독은 혼자가 좋은 상태다. 그래서 혼자일 때, 불행하다 느끼면 외로운 것이고, 편안하다면 고독한 상태에서 즐기고 있는 것이다. 결국 감정 상황의 컨트롤러 조정자가 누구냐가 관건이지 않을까….

외로움은 외부에 의해 분리된 것이고, 고독은 자발적으로 만드는 것이라 했다. 그 결과, 외로움은 '관계가 단절'되었을 때 찾아오고, 고독은 '세상과 단절' 될 때 생기는 감정이다. 정리해 본다면, 고독은 내가 짓는 능동적 감정 농사요, 외로움은 남이 지어주는 수동적 감정 곡식이지 않을까? 그래서 사색가가 되기 위해서는 고독이란 감정에 익숙해져야 한다. 반대로 말하면 최대한 외로움을 느끼지 않아야 하고, 느끼지 않도록 도와주면 좋다. 그런데 지금은 초등학생도, 직장인도, 노인도 모두에게 외로움이 가득한 세상이다. 외로움을 느끼는 사람의 공통점은 남의 시선에 너무 많은 신경을 쓴다는 데 있다. 외로운 사람들의 공통점은 자신의 판단보다 자신에 대한 다른 사람의 평가에 눈치를 본다. 이처럼 외로움은 타인으로부터 인정받지 못하는, 스스로에게 자신이 없는 사람에게서 나타난다. 그러니 마음이 외로울수록 외관은 더욱더 화려해질 수밖에 없지 않겠나….

"고독이 맴돌아 날고, 적막이 나를 감싸면, 나는 외로워지네…."

80년대의 까마득한 학창 시절 자작곡 가사 한 소절이다. 당시 대학가요제에 나갈 거라며 친구들에게 선포하고는 한 두 달 만에 끄적거려 만든 곡을 기타 치며 연습했던 노래가 불현듯 흥얼거려졌다. 당시 '대학가요제'와 '강변가요제'는 그 이름만으로도 청춘들의 가슴을 폭발시키고도 남았던 꿈의 무대였다. 작곡책을 사서 무작정 자취방에 틀어박혀 '콩나물 대가리' 음표를 그리고 가사도 짓던 시절이 필자에게도 있었다.

당시엔 당연히 고독과 외로움의 차이를 알지 못했다. 지금 보니 두말을 한 문장에 일부러 걸쳐놓은 듯 절묘함이 느껴진다. 고독을 지었는데, 적막이라는 환경요인에 의해 어쩔 수 없이 외로움이 찾아들었다는…. 역시 꿈보다 해몽이다. 기억이 소환한 빛바랜 대학노트 속 끄적거림에서도 문득 존재의 공통기반을 엿볼 수 있었다.

그 이유가 우리는 고독하기도 하고 외롭기도 한 때문이 아닐까…. 다음 질문에 대해 여러분은 어떻게 생각하는가? TV프로 '나는 자연인이다'의 출연자는 고독한가, 외로운가? 작금의 밀레니얼 세대의 혼밥·혼술 삶은 어떤가? 다 스스로 짓는 것이니 고독한 상황이라고만 할 수 있을까? '고독하다'도 '외롭다'도 아닐 수도 있는데, 굳이 답을 써내야 한다면 '고독한 외로움' 쯤은 어떨런지….

'군중 속의 고독'이란 말이 있다. 대중사회 속에서 타인들에 둘러싸여 살아가면서도 내면의 고립감으로 번민하는 사람들의 사회적 성격을 이르는 말로, 미국 사회학자 리스먼이 제일 먼저 사용했다고 한다. 연극배우가 무대 위에서 연기할 때, 관중 속에 홀로 있는 느낌을 받는 것이라 할 수 있다. 필자는 이것을 역설적으로 해석해 본다. 지금의 시대에는 오히려 '군중 속의 고독'이 필요하며 스스로 만들어야 되는 것이라고! 타자들 속에서도 자기 자신으로 올곧게 서기 위해 꼭 필요한 것이라고 ….

자기와의 고독한 만남을 가꾸며 '나는 누구인가?'를 끊임없이 질문할 때 외로움에서 흔들리며 피어나지 않을까? 그렇기에 '아, 괴롭고 싶구나!'라는 말처럼 '외롭고 싶구나!'라는 말도 삶에 필수 과목일 수 있음을 받아들인다. 부부간에도 적당한 고독과 외로움이 배합되어야 하듯, 고독과 외로움은 삶의 최대공약수이자 최소공배수인 것이다.

우리는 태양의 세계를 동경하지만, 지금-여기의 상징 세계에 살고 있기에 외롭고도 고독한 상태, 즉 외독 필자가 붙인말할 수밖에 없지 않을까….

황당과 침착

"걱정하지 마세유! 바로 다음 차 잡아 드리께유…!"

고속도로 휴게소 차량 안내원께서 하신 말씀이다. 서울에서 고객사의 기업 코칭 오리엔테이션을 끝마치고 헐거운 마음으로 그날은 버스를 타고 내려오고 있었다. 고속버스는 중간지점의 휴게소에서 쉬었다 간다. "20분간 쉬어가겠습니다."라는 버스 기사님의 안내방송에 책갈피를 꽂고 읽던 책을 시트 위에 내려놓았다. 여유롭게 화장실을 들렀다 휴게소식당에서 튀김 우동 한 그릇 잘 먹고 버스가 있는 곳으로 걸어가고 있었다. 습관적으로 손목시계를 보니 아직 일 분 넘게 남아 있었다. 그때 내 눈앞에서 타고 온 버스가 서서히 출발하는 게 아닌가? 깜짝 놀라 뛰어가 버스 뒤꽁무니에서 손을 흔들고 소리쳤지만, 버스는 아랑곳없이 가버렸다.

백 팩에 든 전 재산과도 같은 노트북과 기타 등등을 생각하니 등에 식은땀이 흘렀다. 할 수 없이 게이트 쪽으로 되돌아오니 야광 엑스 밴드를 차고 경광봉을 손에 든 빨간 모자를 쓴 나이 지긋한 분이 서 계셨다. "아니, 버스가 가버렸어요."라며 황당한 마음을 던졌다. 그러자 인상도 좋으신 분이 구수한 충청도 억양으로 느릿느릿 침착하게 희망 섞인 말을 돌려주었다. 그 순간 흰 터럭이 얼굴에 듬성듬성한 빼빼 마른 몸의 안내원이 어찌 그리 멋있어 보이던지…. 즉시 떠난 버스 기사분과 통화

인정할 줄 아는 용기

를 시도하시고는 정말로 10분 뒤에 다음 버스를 잡아주셨다. "다음 휴게소가 황간인 디유, 그거서 버스가 기다리기로 했응께 갈아타시면 되세유. 걱정 마시구유." 몇 번이나 걱정 말라는 말씀이 큰 위안이 되었다. 악수를 청하며 "정말 고맙습니다."라며 허리 숙여 인사 올리고 버스에 올랐다. 고속버스 휴게소에 이런 좋은 시스템이 있는 줄 생각도 못 했다. 버스가 고속도로를 달리다 황간 휴게소로 미끄러져 들어가니 나를 버리고 간 버스 기사님이 차 문 앞에 나와 초초하게 기다리고 있었다.

"아니 제 자리에 읽던 책도 놓여있었고, 사람이 안 탔다는 걸 알 만한데…, 그리고 아까 출발할 때 뒤쫓아 오며 손 흔드는 거 못 보셨어요?"
"죄송합니다. 정말 몰랐습니다. (…)"
"예…, 됐습니다. 괜찮습니다."

몰랐다는데 무슨 더 할 말이 있으랴. 그냥 괜찮다며 버스에 오르니 승객들의 시선이 내게 집중됐다. 순간 "죄송합니다."라며 '꾸벅' 고개를 숙였다. 어쨌거나 다른 승객들은 필자 때문에 시간이 지체됐으니 미안함을 표하고는 자리에 앉았다.

난생처음 겪어 본 황당 사건에서 '침착'이라는 배움 하나 또 건져 올렸다. 코치로서의 길을 가면서부터는 매 순간 '코처블 Coachable한가?'를 스스로에게 질문하는 버릇이 생겼다. 그 질문 풀 Pool에는 '남은 생에서는 십 원짜리 욕 또는 유사 감정표현를 절대 쓰지 않는다.'라는 메뉴도 들어 있다.

사실 버스 기사님 얼굴을 본 순간 화가 쓰윽 올라왔다. 그럼에도 십 원짜리 수준의 감정 탄은 필자의 탄창에 장전되어 있지 않았기에 쏠래야 쏠 수가 없었다. 따질라치면 정차 시간 내에 돌아온 손님을 태우지 않고 조기 출발한 기사님 잘못이 100%다. 그럼에도 미안해하는 기사님께 괜찮다 하고 승객들께 미안함을 표하는 것으로 마무리 지었다. 코치로 산다는 것은 매 순간 복합적 감정 사인파에서 코처블한 정규 주파수를 걸러내는 삶의 연습장임을 폐부 깊숙이 호흡했다.

'프란치스코 교황이 버럭했다.'는 기사로 로마 교황님이 사람들의 가십거리가 된 적이 있다. 2020년, 새해전야 미사를 위해 신도들이 몰려든 로마 바티칸 성 베드로 광장에서 일어난 사건이다. 교황이 신도들과 인사를 나누던 중 한 여성이 교황의 팔을 세게 잡아당겼고, 교황은 여성의 손등을 두 번 내리쳤다.

그 이튿날 83세의 프란치스코 교황은 "우리는 자주 인내심을 잃으며 나조차 그렇다."라며 곧바로 사과했다. 사람들은 힘과 권위의 갑옷을 벗고 잘못을 시인한 교황의 모습에 오히려 존경을 표했다. '교황도 사람이구나!'를 이해할 수 있는 대목이긴 했지만…, 개인적인 견해는 일단 접어두고 코치로서 긍정적 전환사례로만 기억장치에 저장시켰다.

서울행 고속버스는 꼭 중간의 같은 휴게소를 들른다. 가끔 버스를 타야 하거나 타고 싶을 때가 있다. 지난번 황당 사건 이후부터는 버스가 정차하고 문이 열리면 습관적으로 한 사람을 서치하게 된다. 가죽 같은 손바닥 감촉과 필자보다 더 허리 굽혀 인사를 돌려준 인향 人香때문이리라…. 비가 퍼붓던 날, 파라솔 밑에서 야광 엑스 반도를 차고 빨간색 교통 라이트 봉을 들고 계신 그분을 또 만났다. 너무 반가워서 다가가 인사를 건넸다.

"안녕하세요. 지난번 저 차 놓쳤을 때 버스 잡아주셨잖아요."
"알쥬우, 그래 잘 가셨어유?"
"예 덕분에 집에 잘 갔습니다."

웃으며 또 한 번 가죽 같은 손바닥 감촉을 확인할 수 있었다. 용무를 본 뒤, 차로 돌아오면서 따뜻한 음료 한 병 사 들고 와 건넸다.

"고생 많으십니다. 이거라도 드시고 하세요. 댁은 어디세요?"
"예, 집은 안양인데유…, 마누라와 아이들은 두고 여그가 고향이라 혼자 와서 일해유."
"아이구, 그러시구나. 아무리 고향이시래두 집 떠나 고생이겠어요. 수고하시구요, 담에 또 뵐께요."

인사를 나누고 버스에 다시 올랐다. 비는 추적추적 계속 내렸다. 사람의 인연이란 누구라도 언제 어디서나 소중하다. 필자는 언제나 그곳을 들를 때면 황당 속에 침착했던 한 얼굴을 떠올리며 찾게 된다.

"이게 그건 아닌 데요, 제가 엊그제 대구를 갔다 왔거든요. 아까 악수도 안 했어야 했는데…, 죄송해요."

코칭 고객이 마주 앉자마자 콧물을 훔치고 코를 풀면서 던진 첫마디다. 황당했지만 차분하게 물었다.

"아, 그러셨어요. 기침이나 열은 없으시구요?"
"네, 괜찮아요. 아마 어젯밤 회사 숙소에서 자면서 감기가 걸린 것 같아요."

고객사의 리더급 직원 코칭을 진행하기 위해 사전 약속을 잡고 서울 사무실을 방문했다. 첫 번째 고객과의 세션이 끝나고, 두 번째 고객이 코를 훌쩍이며 들어와서 하신 말씀에 어찌 놀라지 않을 수 있었으랴. 당시 신종 '코로나19' 바이러스가 연일 전 세계를 초긴장 상태로 몰아가기 시작할 무렵이었다. 그나마 우리나라는 통제 가능한 수준처럼 보였는데, 바로 그 며칠 전 대구에 있는 신천지교회에서 확진자가 무더기로 발생하여 전국 청정지역들이 하나둘씩 뚫리기 시작할 시점이었다. 대구 전역이 위험지역으로 비치고 있었다 보니, 사실 예삿일이 아닌 게 아니었다.

"코치님, 그럼 지금이라도 조치를 좀 취하고 진행하시겠어요?"
"네, 괜찮으시다면 그렇게 하시겠어요? 그럼 저도 화장실을 좀 다녀오겠습니다."

고객은 눈치가 보였던지 슬쩍 물었고, 코치로서 황당했지만 말은 못 하고, 침착하게 대응했다. 20층 오피스 문 입구에 있던 화장실로 가서 양손에 비누칠을 하고 흐르는 물에 손을 씻었다. 다시 미팅 룸으로 돌아와서는 서로 마스크를 착용하고 코칭 대화를 진행했다. 당시만 해도 마스크 착용이 의무사항은 아니었다. 코치로서 1:1 면대면 코칭에서 처음 겪는 상황이었다.

코칭 세션 초반부엔 솔직히 고객에게 100% 집중하기 어려웠다. 끝나고 나서는 시간이 어떻게 갔는지 모를 정도로 몰입하여 코칭은 잘 마무리되었다. 다음 세션을 약속한 후 마스크를 낀 채 정중히 인사를 나누고 빌딩을 나왔다. 흔들거리는 전철에서 무심코 SNS 톡방을 열었다. 그런데, 어쩜 그리도 상황에 딱 맞는 글이 친절히 배달되어 있던지…. '감기에 걸렸을 때는 콧물과 가래가 있으며, 코로나바이러스 폐렴은 콧물이 없는 마른기침이므로 이것이 가장 간단한 식별 방법입니다.' 즉시 좀 전의 코칭 고객에게 톡을 보냈다. 본문을 복사해 올린 뒤 "콧물감기시니 걱정 안 하셔도 될 듯합니다."라는 말을 덧붙였다. 마음이 한결 가벼워졌다.

분당 오피스텔을 들렀다 저녁 KTX로 집으로 내려왔다. 혹시 알 수 없으니 아내에게 낮 동안의 상황을 이야기해주었다. 다음날부터 연신 스마트폰의 안전 문자가 울고 SNS 톡방에서는 행사·강의 및 모임의 취소 또는 무기한 연기 소식이 착착 날아들었다. 전국적으로 확진자가 급속도로 늘어 갔다. 시간이 지날수록 '코로나 펜데믹'이라는 이름으로 지구촌 전체가 들끓기 시작했다. 심지어 사람뿐만 아니라 동물도 감염되었다는 뉴스도 등장했다.

그러면서 새로운 보건정책 패러다임인 '원 헬스 One Health'라는 말이 부상했다. '원 헬스'란 사람-동물-환경 등 생태계 건강은 모두 연계되어 있다는 것이다. 코로나가 이를 실증실험장으로 만들어 주고 있었다. 지금 벌어지고 있는 상황을 볼 때 '하나의 건강'은 선택이 아니었다.

사람은 남의 일이 자기 일이 되어야 그때부터 걱정하기 시작한다. 자기 일이 되면 '내가 걸리면 어떡하지?' 하며 일어나지도 않은 상황을 오히려 오버하는 경향이 나타난다. 목숨은 내가 가지고 태어난 '숨의 몫'이라지만, 누구나 하나밖에 없기에…. 몸이 위험에 처해 지면 마음이 불안해지니, '지금-여기'를 이탈하여 미래나 과거로 마음이 이동한다. 그리고 과거를 후회하고 미래를 걱정하기 시작한다.

어느 방송에서 듣고 머릿속을 휙 뚫고 간 이야기다. 러시아에 유학을 간 한국 학생이 학교와 하숙집만을 오가며 힘든 생활을 비관하고 있었다. 이 모습을 지켜보던 주인집 러시아 할머니가 학생에게 한 마디 툭 던졌단다.

"왜 지금 꼭 편안하고 행복해야만 한다고 생각하니?"

이 말을 들은 그 유학생은 정신이 번쩍 들었다는 말이 왜 이 대목에서 떠오를까?

목요일 아침이면 학교 출근길 내내 딱 한 사람에 대한 대응 전술이 머릿속으로 전개된 시절이 있었다. 그 귀중한 아침 시간을 그런 쓰레기 같은 생각으로 보냈으니…. 제아무리 교수조직의 장이라 해도 '힘'의 논리에 의해 정제되지 않은 말들을 마구 쏟아내서는 서로 힘든 상황으로 몰고 갈 수밖에 없다. '그래, 저 사람 입장에서 이해해보자!'라며 상대방-중심 패러다임으로 수시로 주문을 걸어야 했다. 그럼에도 늘 황당한 말 폭탄이 터지다 보니, 사전에 반격을 위한 데모 Demo를 무의식이 시행하지 않았을까 싶다. 지금 생각해 보면 그분은 또 얼마나 힘들었을까 싶기도 하지만, 그럼에도 돌이키고 싶지 않은 시간의 일편이다. 조직에서 사람을 움직이기 위해서는 '힘'을 써야 한다고 생각한다면 하수다. 그러한 위력은 압박이 되고 심리적으로 부정적 영향을 미친다. 그 압박은 상대방의 마음속에 '저 사람은 나를 괴롭히는 사람이다'라는 인식을 주게 되면서 심리적 거리는 점점 더 멀어지게 된다. 심리적 거리가 멀어지면 자신의 영향력이 상대방에게 미칠 수 없게 되고, 소통이 단절되는 불통 상태가 될 수밖에 없다.

결국 자신이 쓴 '힘'이 상대방과의 '관계'를 단절시키는 주요 원인이 된다. 그러므로 소통하고 관계 맺기 위해 가장 먼저 해야 할 일은 '힘'을

인정할 줄 아는 용기

빼는 것이다. 필자는 실제 사례를 겪어 봤으니 오히려 코치로서 선물로 받아들인다. 내 삶을 횃불로 활활 태워도 모자랄 시간을 축축한 짚을 탓하며 젖어있었던 황당한 배움의 장이었다. 말 같지 않은 말은 스트레스로 뭉쳐진 쓰레기라 여기고 쓰레기통에 담으면 되는데, 내 마음에 담다 보니 메스꺼운 감정에 포획되었던 것이다.

> 인생에서 진정한 기쁨은 자신이 가장 중요하다고 생각하는 목적을 위해 공헌하는 것이다. 세상이 자신을 행복하게 해주지 않음을 불평하고 배 아파하며 열병을 앓고 있는 이기적인 고깃덩어리는 진정한 기쁨을 얻을 수 없다. 나는, 나의 삶이 사회에 속해 있으며 살아있는 동안 사회를 위해 무엇인가 할 수 있다는 것은 나의 특권이라고 생각한다. 나는 죽을 때 내 자신이 완전하게 소진된 상태이기를 원한다. 나에게 인생은 곧 꺼져버릴 촛불이 아니라 일종의 찬란한 횃불이다. 이 횃불을 다음 세대에 넘겨주기 전에 내가 들고 있는 순간만은 가능한 한 최대로 밝게 빛나고 싶다.
> △ 조지 버나드 쇼

수행 스승께서 치시는 싱잉볼의 울림처럼 조지 버나드 쇼의 말이 가슴 속 파문되어 깊고 넓게 퍼져간다. 필자 역시 횃불로 활활 타오른 뒤 완전 소진된 삶으로 마무리되기를 소망한다. 인생은 자동차 배터리와도 같다. 충전에 충전을 거듭하며 힘을 발휘하다 맨 마지막엔 완전 방전되어 멈춘다.

이 세상에서 심장과 허파를 힘껏 돌린 후 완전 방전되어 원천의 에너지로 돌아가기를 필자는 소망한다. 그렇다면, 최대로 밝게 빛나도록 인생을 어떻게 활활 타오르게 할 것인가? 삶의 항해에서 폭풍우를 만났다고 해서 모든 걸 배 밖으로 다 내던질 수는 없다고 했다. 삶을 새롭게 변화시키는 데 있어 가장 어려운 점은, 어떤 일이 일어나도 우리에게 최대한 이로운 일만 일어날 거라는 믿음을 유지하는 것이라 했다.

크리스 프렌티스가 『어떻게 흔들리지 않고 살 것인가』에서 기억하기 좋은 방법을 일러 준다. 그것은 바로 다음의 신비한 문구를 몇 장의 쪽지에 적어 두는 것이라고! 필자는 오래전부터 적어놓고 황당함을 침착함으로 만들 때 흔들림 방지 작업을 시행하고 있다.

"나에게 일어나는 모든 일은 일어날 가능성이 있는 수많은 일 중 최상의 것이다."

중립과 관성

"걸작은 연주자에게 주는 최고의 혜택이죠!"

매일 연주하던 곡을 6개월 만에 연주해도 신선한 뭔가를 준다는 한 거장의 말이다. 고전시대 명곡이라서 걸작이겠지만 거장 첼리스트의 말도 걸작이었다. 그 걸작들의 선율이 가슴을 노크한 저녁 시간, 전방 유리 너머 줄지어 선 차들의 엉덩이가 새빨갰다. 아무래도 집까지 가려면 시간이 걸리겠구나 생각하며 라디오의 채널을 무심코 돌렸다. 좋아하는 7080 노래가 흘러나왔다. 때마침 아는 노래라 크게 따라 불러야 맞는데 그날은 가만히 듣기만 했다. 평소 감정 넣고 불러 젖히던 사람에서 가사를 음미하는 사람으로 변신한 나 스스로를 가만히 흥미롭게 지켜보았다.

"노래에서는 뭐가 중요하지?" 갑작스레 물음이 올라왔다. 심쿵 키워드 몇 개 장착해서 하이 키 High Key로 질러대는 목소리나 악기 소리가 그래도 주도권을 쥐고 있지 않을까…. 그래서 그런지 '감동적인 곡이다'라는 말은 많이 들었어도 '감동적인 가사'라는 말은 별로 못 들어 본 것 같다. 노래를 듣다 보면 '나'인지 '너'인지 가사를 못 알아들을 때도 많다. 현란한 기교로 가사는 뭉개고 감정만 남기는 경우가 주로 그렇다. 또 그런 곡이 보통 히트를 한다. 그래서 가요건 팝송이건 가사를 더 알아듣기 애매하게 부르는 건 아닌지 모르겠다.

어릴 적엔 가수가 꿈이었다. 필자에게 노래란 듣는 게 아니라 부르는 것이었다. 학창 시절부터 직장 시절까지 행사나 기회가 있을 때마다 무대로 나가 마이크 잡고 참 많이도 불렀다. 가수라는 소리도 꽤 들었다. 문득 필자의 애창곡들도 돌아보니 가사는 모르겠고 감정적인 곡들로 채워져 있다. 그래서 작사가보다 작곡가가 돈을 많이 버나….

아마도 글을 쓰고 책을 내고 하면서 노래를 듣는 포커스 Focus가 바뀐 듯하다. 무엇보다 노랫말을 제대로 들으려 귀를 기울인다. 그렇다고 리드미컬한 보이스나 악기 소리를 무시하는 게 아니라 감정에 휩싸여 가사를 놓치지 않으려는 인식 전환이다. 리듬에 스며든 가사의 밸런스를 느끼고 나니 놀라웠다. 예전에 수없이 들었던 노랜데도 '야, 이 노래가 이런 거였어?'라는 경우가 많았다.

감정적 관성에 매몰되지 않고 중립적으로 듣게 하는 가사는 음표와 글자의 하모니이자 감성과 이성의 콜라보를 이끌어낸다. "가사는 와닿는 나이가 있다." 어느 방송에서 우연히 들은 중견가수의 말이다. 당연한 말 같지만, 한 애청자의 정서적 틈을 절묘하게 파고들었다. 노래 가사들은 산문적인 긴 글 관점에서는 미완일 수 있지만, 운문적으로는 그 자체가 시 詩다. 그래서 리듬앤블루스 R&B건 록발라드 Rock Ballad에서도 가끔 가슴 안으로 걸어 들어오는 문장을 만나게 된다. 갑자기 추억으로 먹는 고속도로휴게소 핫도그가 먹고 싶어진다. 노래가 핫도그와 닮아 있기 때문이다. 노랫말은 나무젓가락 한 짝에 끼워진 쏘시지 같다. 목소리·악기 소리는 밀가루 반죽을 튀겨 케찹·설탕을 바른 빵이다. 가사는 맨몸으로 끼워져 소리들을 겹겹이 걸쳐 입고 사람들의 가슴에 다가가 울림을 만들어 낸다. 그래서 노랫말에는 중립적 힘이 있다. 소리와 리듬의 감정 관성력이 지나치게 나가는 것을 억제시켜 낸다.

인정할 줄 아는 용기

비바람이 '윙윙' 거리며 울던 저녁, 홀로 서재에 향을 피웠다. 아내는 저녁 모임에 가고 없었고, 아이들은 각각 서울과 천안에 있을 때였다. 베란다 쪽 새시 문은 비바람이 들이치지 않도록 빼꼼히 숨구멍만 내어놓고 거실 쪽은 반쯤 열어둔 채 전등불 스위치를 내렸다.

수행 공부를 시작한 뒤로 서재 방에 향을 두었다. 똑바로 선 동그란 나무 향대 구멍으로 연기가 춤을 추며 피어올랐다. 인도에서 온 향을 꺼내다 문득 길쭉한 박스를 자세히 보게 되었는데 한 문장이 깨알처럼 쓰여 있는 걸 발견했다. "Fragrance which spreads freshens the mind and atmosphere. 퍼지는 향기가 마음과 분위기를 상쾌하게 해준다." 향이 마음까지도 정화시켜 준다는 것을 새삼 느끼며 향욕 香浴 준비를 마쳤다.

아무도 없는 빈 둥지의 저녁을 밤비에 어우러진 향연이 내 안으로 들도록 허용했다. 방바닥 가운데 깔아놓은 동그랗고 빨간 술이 보드라운 러그 Rug 위에 앉아 고요히 침잠했다. "무아란 내가 없는 것이 아니라 '텅 빔'을 보는 것이다." 집중 명상 시 일갈하셨던 수행 스승의 말씀이 지나가며 안으로 주의를 돌려갔다. 비바람 소리에 향은 계속 타들어 가 진한 향의 춤사위는 공기와 마음을 흡인했다.

우리는 누구나 내 안에 신의 성품을 가지고 있다 했다. 신은 나를 통해 모습을 드러내고자 하나, 욕구의 관성력 때문에 현존하기 어렵다. 명상으로 침묵의 강으로 들어가면 내 안의 신인 순수존재를 잘 만날 수 있다 믿는다. 매일 내 안의 신과 소통할 수 있는 시간을 할애하고자 하나 지속성이 문제다. 인생은 명사가 아니라 동사이기에 행동적 힘으로 주기적인 중립 기어 상태를 만들어 볼 밖에는…!

흔히 사람들은 언론매체나 SNS 뉴스 토픽의 정치적 방향을 놓고 묻는다. "넌 어느 쪽이야?" 왜 지식인 논객들은 편 가르기 구도의 졸이 되었는지 짐작하고도 남을 일이다. 역사에서 당파싸움이 늘 있어 온 걸 보면 이러한 편 가르기는 역사적 관성력 Historical Inertia에서 태동되지 않았을까….

"넌 누구 줄이야?" 기업에서 혁신 활동을 주도할 때 소위 저항 세력으로 분류됐던 한 임원에게서 들은 말이다. 끝까지 자신의 방정식이 옳음을 주장하며 새로운 공식이나 해답은 깔아뭉개는 스타일이었다.

자신의 신념과 일치하는 정보는 받아들이고 일치하지 않는 정보는 무시하는 경향을 '확증편향 Confirmatory Bias'이라고 한다. 즉 나만 옳다고 믿는 '마이 사이드 편견 My side Bias'이다. 이것은 영국 심리학자 피터 웨이슨이 제시한 것으로 우리의 '외적 일관성'에 관한 것이다. 이 이론에 따르면, 우리가 흔히 접하게 되는 설문조사는 어떻게 묻느냐에 따라 답이 달라지는 게임에 불과하다. 사람들에게 "행복하냐?"고 물으면 "불행하냐?"고 묻는 것보다 훨씬 높은 만족도를 보이는 것이 그 이유다.

어느 집단에서나 한쪽 방향을 택하도록 강요받는 인간 존재의 동태적 특성 앞에 중심을 잘 잡아야 한다. 당신은 '행복하다!'와 '충만하다!'라는 카드 중 어느 쪽을 집겠는가? 행복하다는 것은 기분이 좋고 편안할 때 느끼는 감정이다. 코치로서 기분이 좋은 것과 충만한 상태를 구분하는 것은 매우 중요하다고 믿는다.

코칭에서 '충만함'이란 안으로 평온함을 느끼면서도 동시에 밖으로는 고군분투하는 삶을 말한다. 이 말은 안과 밖으로 겪는 180도 다른 경험이 동시적으로 가능하다는 점에서 역설적이다. 어떻게 좋은 날만 있겠는가? 삶이 아프고, 두렵고, 메스껍더라도 기어 중립은 필수적으로 거쳐야 할 단계다. 수행 스승께서 하신 말씀이 또 올라온다. "세상은 이미 충만해 있다! 내 마음만 책임지면 아무 문제 없다!"

"내가 지금 뭐 하는 짓인지 모르겠다!" 나도 모르게 통 튀어나온 말이었는데, 바로 그 순간 "네가 뭘 하는지 잘 알고 있잖아?"라며 내 안의 내가 잠시의 머뭇거림도 없이 받아쳤다. 어느 봄날의 불현듯 묻고 답한 신기한 경험이다. 현실주의자와의 대화에서 "코칭이 돈 됩니까?"라는 말에 타일 몇 장이 떨어져 내린 적도 있었다. 벽이 통째 무너져 내릴 리야 만무하지만, 현실의 흔들바위는 늘 상존한다. 어쩔 수 없다. 삶은 웨딩케이크에 촛불 한번 붙였다고 계속 빛나는 건 아니니 말이다.

> "예컨대 우리의 주의는 자연스럽게 아주 유쾌하거나 아주 불쾌한 것들 쪽으로 쏠리게 마련이다. 따라서 자신의 주의가 호흡과 같은 중립적인 것을 향하도록 스스로를 훈련시킨다면 그 외의 어떤 것에도 주의를 집중할 수 있다. 우리는 '고통을 느끼지 않는 것' '하루에 세끼 밥을 먹을 수 있는 것' '이곳에서 저곳으로 걸어가는 것' 같은 인생의 많은 중립적인 현상들을 당연하게 받아들인다. 그런데 마음 챙김 상태에서는 이를 더 이상 당연한 것으로 받아들이지 않기 때문에 이러한 행위들이 곧 기쁨의 원인이다."
> △ 차드맹탄 Chade-Meng Tan 『너의 내면을 검색하라』 중에서

호흡은 인간이 안팎 상황에 휘둘리지 않는 중립의 상징이다. 밥 먹고 걷는 중립적 행위들을 명상에서 호흡을 보는 것처럼 그 자체를 주시해

보라는 것이다. 중립적 상태에서는 중립적인 것들이 더 이상 당연한 것이 아니라 기쁨이라고 하니 해 볼 만하지 않은가….

여기서 중립 中立의 정의를 살펴보자. 중립을 한자 漢字 그대로 풀면 '중간에 서 있음'이란 말이다. 사전적으로는 '어느 편에도 치우치지 않고 중간 입장을 지키는 것'으로 검색된다. 의견을 놓고 본다면, 여러 의견들 중 양극단의 중간을 중립이라고 할 수도 있고, 의견들의 평균을 낼 수도 있으며, 또 각자의 편을 번갈아 가며 들어주는 것을 중립이라 생각할 수도 있다.

불교에서도, 월폴라 라훌라의 『붓다의 가르침』에서 중립의 한 스펙트럼을 가져와 보자. 사성제의 '고집멸도 苦集滅道' 중에서 네 번째 고귀한 진리는 고 苦의 소멸에 이르는 길 '도성제 道聖諦'이다. 여기서 도성제는 두 가지 극단을 피하는 까닭에 '중도 中道'라고 한다. 한 극단은 감각의 쾌락으로 행복을 추구하는 것이다. 비속하고 유익하지 못한 보통 사람들의 길이라고 한다. 다른 한 극단은 여러 형태의 고행을 통해 행복을 추구하는 것이다. 고통스럽고, 가치 없고, 이롭지 못한 극단적 행위일 뿐이라고 한다. 붓다는 이 양극단을 다 체험한 후 모두 쓸모없는 것임을 깨닫고는 중도를 발견해냈다고 전한다.

코칭에서는 중립 中立을 대화 스킬의 하나로 체계화하여 적용하고 있다. 전문 코치인가 아닌가는 '중립적 언어 Clean Language' 사용 여부만 봐도 알 수 있다. 코치는 판단, 비난, 가정을 하지 않으며 잘못됨을 말하지 않는다. 평가하지도 않고 해결방안을 조언하지도 않는다. 사실과 정보 및 피코치 Coachee의 경험에 맞춰 투명한 언어를 구사한다. "새는 한쪽 날개로 날 수 없습니다." "밸런스가 맞지 않는 타이어는 수명이 오래가지 못합니다." "열심히 일하는 것과 성과를 내는 것은 다릅니다."

코치가 이렇게 중립적 언어를 던져줄 때 상대방은 스스로 성찰하고 발견을 창조해 낼 수 있다.

인간은 관성적 동물이다. 의식적으로 사는 듯 보이지만 대부분 관성으로 산다. 가령 밥 먹을 때 수저로 입에 넣고 씹고, 삼키고를 생각하며 먹는 사람은 없다. 오히려 엉뚱한 생각 하다가 혀를 깨무는 경우가 있을 뿐이다. 인간은 익숙한 것을 할 때 무의식적 관성으로 하는 것이 대부분이며, 낯선 것을 할 때만 의식을 집중한다고 한다. 그래서 느리고 서툴지만 사고나 실수가 줄어든다.

결국 지금-여기 중립적으로 머무른다는 것은 의식적으로 산다는 것이다. 의식적으로 산다는 것은 낯익은 것을 낯설게 보려 노력하는 삶이리라. 철학자들은 낯익은 것을 낯설게 보는 것이 '철학'이라고 했다. 우리는 익숙해졌다고 당연시하지 않고 낯설게 보려 노력할 때 마음 밭을 갈아엎을 수 있지 않을까….

'관성의 법칙'이란 외력이 없을 때 물체는 항상 등속도 상태를 유지하려 하는 것이다. 쉽게 말하면 달리면 계속 달리고 싶고, 서 있으면 그대로 있고 싶어 한다는 말이다. 조직에서는 변화를 가로막는 벽으로써 리더나 구성원들의 행동 성향에 대입을 많이 한다. LG경제연구원에서 발간한 『비즈니스 인사이트』에 리더십 관성에 대한 내용이 소개된 적이 있다. '리더십 이너샤 Leadership Inertia'란 변화의 요구에도 불구하고 리더들이 기존 습관에 따라 일을 하도록 만드는 힘을 의미한다. 즉 리더의 사고나 일하는 방식에서의 관성력을 말한다. 이러한 '리더십 이너샤'는 리더가 변화 필요성을 알면서도 실제 주요 의사결정 상황이 오면 자신에게 익숙한 기준과 감으로 결정하게끔 만든다.

데이비드 흄이 "습관보다 더한 전제 專制는 없다."고 말한 대로 습관의 힘은 강력히 작동한다. 오랜 기간 반복되는 가운데 굳어진 관성은 어지간한 충격에도 끄떡없다. 이러한 관성의 돌진을 정지시키기 위해서는 강력한 브레이크 시스템이 필요하다. 일단 정지시킨 다음 기어 중립에 놓아야 한다. 그런 다음 과거의 습관대로 행하려는 경향성을 멈춰 세운 뒤 도전적 방향으로 바꿀 수 있다. 내가 지구에 산다고 해서 우주의 중심이 지구인 건 아니다. 자신을 변수로 보고 세상은 상수로 보는 중도가 필요하다는 말이다. 관성에 끌려가지 않고 중도에 머물기 위해서는 우주로부터 부여받은 '선택의 자유권'을 활용해야 한다.

생명이 탄생할 때 모든 사람들에게는 각각의 퍼즐이 주어진다. 사람은 저마다 다르기 때문에 퍼즐 맞추는 과정도 다 다르다. 어떤 사람은 빨리 맞추고, 어떤 사람들은 모서리부터, 어떤 사람들을 색깔이 비슷한 것부터 맞춘다. 궁극적인 목표는 모든 퍼즐을 완성하는 것이다. 자기만의 방법으로 퍼즐을 맞추는 사람들에게 우리가 어떻게 이렇게 또는 저렇게 맞추라 잔소리하고 간섭할 수 있을까? '조화와 균형'이 관성과 중립적 밸런스를 이룰 때 우리는 더 쉽게 자신의 퍼즐을 완성하게 되지 않을까?

비교와 연결

"그 참, 구닥다리가 요란하기는…."

혼잣말을 뱉으며 바짝 붙어 따라오던 흰색 구형 중형차를 바깥 차선으로 피했다. 도심 우회도로를 내려서서 로터리를 돌아 나올 때부터 백미러에 하얀 승용차 두 대가 따라 붙어왔었다. 한 대는 이마에 은빛 색깔 원 안에 별 모양 로고가 박혀 있었고, 다른 한 대는 구형 중형차였다. 두 대가 거의 동시에 나를 위협하듯 앞질러 가는데 잘생긴 애한테는 아무 말 않고, 오래된 애한테만 구닥다리 타령을 하는 나를 보았다. 무의식적으로 올라오는 분별심을 순간 낚아챘다.

현역 땐 자차를 몰거나 회사에서 나온 차를 타던 시절에도 옆에 뭐가 지나가건 무감했었다. 상자 밖 인간이 되고부터는 굴러다니는 것들에 대한 센서가 예민해질 때가 있음을 느낀다. '비교는 바보들의 놀이'임을 알면서도 특히 에너지가 받쳐주지 못할 때는 비교하고 분별하게 된다. 사람을 처음 만날 때면 그 사람 자체보다 명함에 찍힌 타이틀을 스캔하는 나를 느낄 때가 있다. 내게 도움 될지 안 될지 먼저 품질검사 Qualify부터 하는 소인배 구석이다. 바램·기대·집착이 감춰진 숄 Shawl을 쓰고 사람을 대하는 것이다. 그 매혹적인 술 달린 숄이 넝마 쪼가리인 줄도 모르고 말이다.

"프로잖아요!"라는 말을 가끔 한다. 당연히 '아마'와 '프로'는 급이 다르다. 그럼에도 그 급을 스스로 쓰레기통에 쑤셔 박을 때가 있다. 서로 경쟁할 상대가 아닌데도 경쟁의식이 부추기면 슬며시 일어나는 이 녀석, 바로 '비교심' 때문이다. 그 순간을 지내놓고 나면 혼자 부끄럽고 한심스러워진다.

필자의 전반전은 경쟁이 미덕인 상자 안 삶이었다. 그 안에서 입에 달고 살았던 '경쟁력', '차별화' 같은 말들이 뼛속까지 쟁여진 탓에 상자 밖에 나와서도 관성력은 쉬이 멈추지 않았다. 사람은 자기만의 무대가 있다. 자기가 올라야 할 링에 올라 멋지게 파이팅할 때, 누구나 박수받는다. 지금도 쓸데없는 비교심이 순간순간 올라 올 때면, 그때마다 알아차리고 눈을 감아본다. 내 안의 나한테 솔직하고 당당해지고자…, 있는 그대로 바라보고자…!

'닭 다리' 같은 작은 왼쪽 발 하나밖에 없지만 날마다 새로운 것에 도전하는 사람이 있다. 그는 정상인과 같이 중고등학교를 다니며 학생회장도 지냈다. 만일 그가 "친구들은 다 있는데 왜 난 없지?"라며 비교심에 빠져 허우적댔더라면 아마도 우리는 지금 그를 알지 못할 것이다. 교회당 스테인드글라스를 환상적으로 만드는 빛처럼 안에서 발산되는 그의 삶을 접했을 때 내 비교심의 솥은 벗겨졌다. 그는 키 99센티미터의 '사지 없는 인생' 대표 닉 부이치치다. 그가 쓴 책 『허그 Hug』에 나오는 말이다.

"자신이 좋은 물건을 탐내고 겉으로 드러난 아름다움을 추구하며, 남의 평가에 따라 가치 기준이 흔들린다면, 이미 상당한 위기에 몰렸음을 눈치채야 할 것이다." 그는 지금도 외출준비에 1시간 반이 걸린다는 말에 지금도 나는 부끄럽고 겸허해진다.

한가위를 일주일 정도 앞둔 즈음, 가을비가 차창을 하염없이 노크하던 날이었다. 경부고속도로 하행선에서 자연스레 들르던 휴게소로 미끄러져 들어갔다. 서울에서 열린 세미나 참석 및 다른 모임 일정을 소화하고, 그날은 자가 운전으로 내려오는 길이었다. 휴게소 뒤편으로 흐르는 강보다는 작지만 큰 물결을 바라보며 따뜻한 음료 한 잔으로 속을 데웠다. 차로 돌아오다 우산 위로 높이 솟은 가로등에 눈길을 빼앗겼다. 비를 맞으며 가로등 불빛 아래 환하게 웃고 있는 황홍색 능소화 때문이었다. 고혹한 자태를 뽐내고자 저리도 높은 인조 나무 기둥을 칭칭 휘감고 올라가 꽃을 피워냈으리라.

△ 휴게소에서 만난 능소화

옛날 중국으로부터 담장에 피는 꽃을 능소화라 불렀다 한다. 유래는 주인공 소화가 임과의 하룻밤을 노래하다 기다림에 지쳐 담장 밑에서 숨을 거두었다는…. 그때는 그런 지고지순한 사랑이 아름다움이었다. 지금은 '글쎄요?'이지 않을까…. 굳이 '미투운동'을 들먹이지 않더라도 사랑과 도덕성의 경계를 명확히 해야 하는 시대이기 때문이다. 더욱이 사회적 권위를 가진 리더라면, 또한 그러한 리더가 되고자 한다면 도덕성을 챙기지 않으면 뒤탈이 나기 마련이다. 그날 밤, 키 큰 가로등 불빛 아래 부슬비로 샤워 중인 능소화는 고개 내밀 담장이 없어서였을까…, 스쳐 가는 나그네를 유혹하는 듯했다. 비 내리는 기방 촌기의 요염함을 상상하게 만드는 능소화를 뒤로하고 우산을 접고 차에 올랐다.

빗길을 내달리면서 코칭 세미나 중 안으로 길어 올렸던 필자만의 법칙이 떠올랐다. 삶의 목적으로 셋업 된 「정립 鼎立」의 솥발에 적용시킬 일명 '한 명의 법칙'이다. 솥을 놓는 것을 '정립 鼎立'이라고 한다. 후반전 삶의 부뚜막에 세 발 달린 무쇠솥을 걸었다. 필자 삶의 목적이 담긴 솥을 떠받치는 세 솥발에 붙인 이름은 '코치'·'작가'·'강연가'이다. 이 세 가지로 명명한 페르소나는 따로이면서도 하나다.

첫째 솥발은 코치로서 '코치적 삶'의 중심축이다. 코칭을 통해 '가슴 뛰게 살고, 가슴 뛰는 삶으로 이끄는 삶'을 의미하며 그길로 나아가고 있다. 필자를 만난 고객은 기대하는 목표를 성취하고, 되고 싶은 존재로 나아갈 수 있음을 믿는다. 진정으로 들어주고, 인정하고, 지지 격려해 주는 한 사람의 파트너를 얻게 되기 때문이다.

둘째 솥발은 작가로서의 읽고 쓰고 또 쓰고 읽는 삶이다. '책은 얼어붙은 바다를 깨뜨리는 도끼여야 한다.'는 카프카의 말을 폐부 깊숙이 받아들인다. 체코의 유대계 실존주의 문학의 선구자 프란츠 카프카가 오스카 폴락에게 보낸 편지에 나오는 말이다. 굵은 통나무를 찍어 넘어뜨리는 도끼 정도와는 비교할 수 없는 힘을 느낀다. 책은 도끼가 되어줄 단 한 명의 독자를 위해 쓰는 것이라 믿는다. 적어도 인두 같은 한 개의 문장으로 독자 한 사람의 운명은 바뀔 수 있기에….

셋째 솥발은 강사·강연가로서 타자들과 공명하는 삶이다. 참석한 모든 사람이면 좋겠지만, 늘 눈을 반짝거리며 듣는 단 한 명의 청중을 위해 강의·강연을 한다. 강사는 삶을 파는 사람이 아니라 청중이 삶의 주인공으로서 강의를 듣게 하는 사람임을 믿기 때문이다.

대학생 150명을 모아놓고 계단식 홀에서 특강을 진행할 때였다. 교수로서 단 한 명이라도 더 그들의 내적 울림 판을 두드려 주고자 하는 마음 간절했다. 목소리, 제스처, 무대 동선 그리고 계단 속 침투까지 땀을 쏟았지만 강력한 눈꺼풀 장군의 공세에 일부 성은 내줄 수밖에 없었다. 늘 그렇듯이 말이다. 그만큼 한 사람, 특히 한 청년의 가슴을 여는 일이 쉽지 않음을 매번 배우게 된다. 사람을 만난다는 것은 그 사람과 연결되는 것이다. 직접 대면을 하거나, 원격 화상 미팅으로 만나거나, SNS를 통해서도 연결되며 연결되어야 한다.

로버트 크롤위치는 "인간은 뼛속까지 타인과 함께하도록 설계되었다."라고 했다. 지금은 굳이 말이 필요 없을 정도로 코로나 COVID19가 이를 절절히 실감케 해주고 있다. 우리는 누구나 타인을 필요로 한다. 그럼에도 누구와 연결된다는 것은 늘 부담스런 설렘이다. 어쨌거나 예나 지금이나 네트워크는 한 사람의 파워를 상징한다. '네트워크 Network'란 사람과 사람 사이 연결된 관계망이란 뜻으로 일반명사가 된 지 오래다.

경영학의 인적 자원관리 영역에서는 개인이 보유한 관계망의 가치를

'사회적 자본 Social Capital'이라 하여 연구가 지속적으로 활발하다. 최근 폭발적으로 성장한 SNS는 사회적·학문적으로 커다란 관심의 대상이 되었다. 그 이유는 SNS가 삶의 일부가 되어버렸기 때문이다. 굳이 풀 네임을 몰라도 통하는 SNS는 '소셜 네트워크 서비스 Social Network Service'의 준말로 '네트워크'란 단어를 집어 삼켜버렸다. 모든 것이 온라인 서비스 또는 온라인 플랫폼에서 이루어진다는 것이 특징이다. 그렇다면, 우리는 이제 온라인 네트워크로만 연결될 수 있단 말인가…?

여기서 사람 간의 연결에 대해 핏빛보다 선명하게 붓칠해 준 두 시인의 말을 음미해보자. 먼저 안도현의 『너에게 묻는다』의 첫 소절이다.

"연탄재 함부로 차지 마라. 너는 누구에라도 한 번이라도 뜨거운 사람이었느냐."

너무도 뜨거운 연탄재 열기에 "헉"하고 숨이 멎진 않는가? 다음은 정현종의 『방문객』의 한 소절이다.

"사람이 온다는 건 실은 어마어마한 일이다. 그는 그의 과거와 현재와 그의 미래와 함께 오기 때문이다. 한 사람의 일생이 오기 때문이다."

삶의 여정에서 만났고 만날 한 존재에 대한 어떤 강렬하게 가슴 뛰는 기대감이 느껴지지 않는가? 온라인 On-line이든 오프라인 Off-line이든 사람은 사람과 뜨겁게 연결되어야 한다.

자기 인식에 대한 중요성이 더욱 커져가는 복잡성의 시대. 기원전 소크라테스는 "너 자신을 알라!" 했다. 그리고 17세기 베이컨은 "아는 것이 힘이다!"라는 말을 남겼다. 이 둘의 명언을 합쳐보면 "너 자신을 아는 것은 힘이다!"라는 명문장이 탄생 된다.

자기 자신을 알기 위해서는 메타인지 인지함을 인지 또는 알고 있음을 아는 것나 메타뷰 내 생각을 보는 나의 생각와 같은 접근방법을 시도해 볼 필요가 있다. '비교'와 '연결'을 얹은 평행저울에서 중심추를 '연결' 쪽으로 이동하기 위해서는 먼저 나 자신을 아는 힘이 필요하다. 자기 자신을 진정으로 사랑하고 있는 그대로 받아들일 때 비로소 그 힘은 발휘될 수 있다. 내가 어떤 사람인지 잘 파악할 수 있는 능력은 타인을 보는 눈도 키워주게 된다. 그 말은 강한 자기 인식력이 곧 타인과의 연결고리라 할 수 있겠다. 결국 나 자신뿐만 아니라 타인과 연결될 때 창조력의 샘은 더욱 깊어지기 때문이다.

자기 인식을 인지과학 차원에서 본다면 어떨까? 이기주의 『말의 품격』에 나오는 예를 살펴보자. "인지과학에서는 인간의 사고유형을 크게 '굳은 사고 Hard Thinking'와 '부드러운 사고 Soft Thinking'로 분류한다. 전자는 어떤 대상을 논리적으로 분석하고 측정하는 사고 체계이며, 후자는 상대를 유연한 시각으로 바라보는 방식이다. 가령 '고양이와 냉장고의 공통점이 뭘까요?'하는 질문에 굳은 사고를 하는 사람은 '가전제품과 살아있는 동물한테 공통점이 있어?'라고 되물을 것이다. 그러나 부드럽게 생각하는 사람은 '둘 다 색깔이 다양하고, 부엌을 좋아하고, 꼬리 비슷한 게 달렸지요.'라고 대답할 수도 있다. 현상과 세상을 바라보는 태도가 유연한 덕분이다." 글쓰기 훈련에서 '꽃'과 '짜장면'이라는 생뚱맞은 단어를 연결하여 새로운 문장을 짓는 '강제 연결법'과도 닮아 있다. 사람은 먼저 자기 자신을 중심에 똑바로 세워놓으면 어떠한 상황에서도 세상을 잇는 창작물 메이커가 될 수 있지 않을까….

우리는 자라면서 자기 자랑하지 말라고 배웠다. 이때 자랑이란 너무 과한 자신감이 대화에 방해가 되는 경우이다. 자기 자랑이 심하면 오히려 성공을 인정받지 못하거나, 또 다른 사람이 자기 자랑을 하면 불쾌감을 느끼기도 한다. 공개적으로 말하든 안 하든 건강한 자존심은 자연스레 드러난다. 자기 자랑보다 자기 존중 중심으로 태도적 변화 시도가 필요하다.

'자존심 Hubristic Pride'과 '자존감 Self-esteem'은 차이가 크다. 자존심은 타인에게 존중받고자 하는 마음으로서 '타아 존중감'이라 할 수 있다. 예를 들면, "지금의 내가 있기까지 견뎌온 수많은 세월들을 당신이 어찌 알겠어."와 같은 말들이다. 이는 곧 남에게 굽히지 않고 다른 사람과 비교를 통해 자신을 인정하려는 열등감의 다른 표현이라고 한다. 그래서 열등감으로부터 자유로워지려면 남들과 비교하지 말고 나만의 빛깔로 세상을 비추라고 했다. 자존감은 있는 그대로의 나를 존중하는 마음으로서 '자아 존중감'이다. 이 또한 예를 들면, "나를 인정한 내가 있으니 나는 존재하며 살아가는 의미가 있어!"와 같은 말들이다. 어떤 상황에서도 자신을 인정하고, 존중과 사랑이 굳건하게 지켜지는 가치 기반의 마음이다. 쉽게 말하면 내 삶은 의미가 있다는 말이다. 자존심은 타인과의 비교에서 나오고, 자존감은 자기와의 비교에서 나온다. 그래서 자기 존중은 내가 내게 실시하는 귀중한 자기평가이다.

"비교의식은 고통의 근원이다. 그럼에도 비교하는 것을 멈출 수 없다면 다른 사람이 아닌 자기 자신의 과거를 비교 대상으로 삼는 것이 유일한 해결 방법이다. 세로로 비교하지 말고 가로로 비교하라. 자신의 상황이 과거에 비해 열 배 이상 좋아졌어도 현재 다른 사람의 상황이 자신보다 훨씬 낫다고 생각하는 순간 행복은 갑자기 사라지고 만다. 남이 어떠하든 내가 상관할 바가 아니다. 그저 자신이 필요한 것을 얻기만 하면 된다." 중국 작가 러지아 樂嘉가 한 말이다.

거듭 말하자면, 이 세상에 비교 대상은 오직 하나뿐! 남이 아니라 과거 또는 미래의 나 자신이 되어야 한다는 것이다. 즉, 우리는 과거의 나와 현재의 나, 또는 미래의 나와 지금의 나를 비교함으로써 긍정적 동인을 찾고 자존감을 높일 수 있다. 가능성 존재로서의 한 발짝 떨어져서 스스로를 객관화하여 미래의 이미지를 구체화시켜 갈 것이다.

그럴 때 내 안의 가능성은 현재로 가져와야 할 미래의 빛이 되어 강렬하게 발하지 않을까….

아코디언과 엿가락

"뭐 먹을 것 좀 넣어 줄까?"
"아니, 그냥 가볍게 갔다 올께!"

12월 31일 오후, 아내에게 다녀오겠노라며 백 팩을 울러 메고 현관문을 나섰다. 딸아이는 친구와 제주 여행, 군인 아들은 서울에서 휴가 중, 엄마는 추운 산보다는 저녁 모임, 그리고 아빠는 해넘이·해돋이 시간 여행을 떠나는 중! 지지난해 한 해의 마지막 날, 우리 집 풍경화였다. 그 전 해에는 서재에 들어앉아 전국 산과 바다로부터 직송된 다채로운 일출을 받아보았다. 그 해는 문득 막을 내릴 일몰과 막을 올릴 일출을 시간 선상에서 조우하고 싶어졌다. 행여 시간·공간적인 무대의 막이 내릴세라 마음에 둔 산으로 액셀을 밟았다.

우리는 과거와 미래라는 시간을 현재에서 어떻게 배치해야 하는가? '과거와 미래를 연결하는 선'을 가정하고 상상한 선을 '시간 선 Time line'이라고 한다. 사람은 생각하는 시간 선을 두 가지 범주로 나눠볼 수 있다고 했다.

그중 하나는 시간 내재형 In Time이다. 머리 뒤쪽에 과거를, 앞쪽에 미래를 두어 시간 선을 앞뒤로 나열시킨 형이다. 이런 사람들은 뒤에서 앞으로 이어지는 시간 선의 중간 부분인 '현재' 속에 살고 있다. 이렇게 이어지면 과거-현재-미래로 이어지는 시간 선을 제대로 보지 못하기 때문에 시간의 경과를 잘 인식하지 못한다고 한다. 따라서 이들은 계획적이기보다는 충동적인 경향이라고 본다.

두 번째는 시간 통과형 Through Time이다. 이런 사람들은 과거-현재-미래를 모두 자기 눈앞에 펼쳐놓고 있다. 이렇게 이어지는 사람들에겐 과거는 왼쪽에, 미래는 오른쪽에 있다. 이들은 자기 앞쪽에서 좌우로 연결되는 시간 선을 잘 볼 수 있기에 미래의 일을 계획하기가 쉽다고 한다. 그래서 당연히 시간 관리를 잘한다고 했다.

인적 드문 황매산 800고지에 도착, 차를 적당한 곳에 파킹했다. 기다리고 계시던 산지기께서 건네준 열쇠로 컨테이너 하우스 문을 땄다. 내부 공기가 예상대로 시베리아 벌판이었다. 먼저 백 팩을 구석에 툭 던져놓았다. 다녀오는 사이 바닥이 따듯해지게 전기매트를 콘센트에 꽂고 이불을 폈다. 방문을 잠근 뒤 곧바로 등산로를 올랐다. 산지기님은 여기 800고지서 오토 캠핑장을 운영하시는 필자의 막내 매형이다. 컨테이너는 산지기님의 야영 숙소로 사용되는 곳이다. 고향 황매산의 기 氣가 필요할 땐 언제 건 쉼과 멈춤 공간을 내어 주시니 고마울 따름이다.

모산재가 내려다보이는 새해맞이 주봉에 올라, 하늘 아래 뫼들을 찬찬히 굽어보았다. 이내 뒤돌아서 바람을 안고 오르막 늦서을 따라 걸어 올랐다. 초소가 있는 1,000고지를 지나 정상을 향해 빠르지도 느리지도 않게 올라갔다. 왼편 산청군에서 불어 올라오는 칼바람이 콧등을 때려 눈물을 훔쳐냈다. 누각이 있는 황매 산성의 대리석을 손바닥으로 쓸며 지나 경사진 우드 데크 계단을 '삐그덕 삐그덕' 올라갔다. 이윽고 1,108M가 음각된 비석이 세워진 정상 바위 위에 올라섰다.

잠시 후 놀랍게도 마치 타이머를 맞춰 놓은 듯 단 한 명의 관객을 위한 일몰 극장의 영사기가 돌기 시작했다. 붉게 천지를 불사르던 노을은 점차 능선 뒤로 몰려가 소멸해갔다. 침묵의 해넘이 의식을 거행하는 사이 석양은 최후의 빛을 거둬들이며 어둑한 장막을 내렸다. 총천연색 스펙타클한 장면에 숨이 멎은 듯 희열을 만끽했다. 벅찬 호흡을 고른 다음, 내려앉은 산상 어둠을 망토 두르듯 걸치고 세찬 밤바람에 고삐 풀린 방패연 되어 산을 떠내려왔다.

어둠 속에 완전히 잠긴 800고지 컨테이너 하우스로 돌아와 다시 자물쇠를 땄다. 후끈해진 전기구들장이 어찌나 반갑던지…, 바짝 언 몸을 담요 속에 넣어 녹였다. 그날 밤 산상에서 맞이한 2부 행사는 칠흑 같은 밤하늘을 수놓은 시리도록 맑은 별빛 쇼였다. 찰나를 먹고 사는 별빛은 인간이 줄그어 놓은 시간 선을 유유히 가로지른다. 그날 밤 별빛은 필자와 함께 온밤을 지새며 2년을 살았다. 산상 별빛은 일몰과 일출 사이 돌다리 하나 건너고자 찾아온 어리석은 중생을 비추고 까만 눈동자 속 빛나는 눈부처로 영원히 환생했으리….

다음날 새벽, 스마트폰이 '부르르' 떨기도 전에 전투 복장을 갖추고 다시 컨테이너 문을 나섰다. 눈뜨자마자 새해를 빨리 만나고 싶었다. 밤새 몰아친 동장군의 입김으로 밖은 영하 9도, 해돋이 객들의 차량이 산상 주차장에 이미 꽉 들어차 있었다. 어제 답사한 등산로를 오르니 하늘 캔버스에 불그스레한 테가 쳐지기 시작했다. 건너편 산봉우리들을 이은 지평선이 가장 잘 내려다보이는 주봉에 올라서서 기다리고 있었다. "어! 올라온다."는 말들로 주위가 소란스러워지며 스마트폰 카메라 셔터가 여기저기서 터지기 시작했다. 내 눈에도 벌건 새해가 용광로에서 끓어오르듯 용솟음치기 시작했다. 붉디붉은 눈동자를 정면으로 마주하여 새해 새 빛 받는 프리즘 되어 몸을 열었다.

인정할 줄 아는 용기

필자만의 고요한 해돋이 의식으로 내 안 마음 밭에 「현존지수」와 「군자지수」의 씨앗을 심었다. 두 개 단어 모두 필자 스스로 의미 부여한 말들이다. 「현존지수」란 '지금-여기를 살며 과거와 미래는 잠깐 잠깐씩 방문하는 삶'으로, 그리고 「군자지수」는 '나 그리고 욕망 중심에서 타인과 가치 중심으로 사는 삶'으로 무게중심을 옮겨가는 것이다. '현존'과 '군자'라는 말 그대로를 감히 담아낼 그릇이 못 되기에 '현존적-군자적'으로나마 살고자 함이다. 새해 첫날, 일몰-일출 시간 선에서 나와 내 안의 내가 품앗이하여 마음 밭에 긍정과 가능성의 씨앗을 뿌렸다.

어느 무더운 여름날, 낮 시간이 허락하여 아내가 친구들을 만나는 데 따라 붙였다. 약속 장소가 집에서 얼마 멀지 않은 교외에 위치한 마당 넓은 고택 가든 이었다. 야외 정자에 앉아 점심 수제비 상을 기다리는 중 미수다 _{미녀들의 수다}는 시작되었다. 귀는 그녀들의 방송 청취용으로 열어두었고, 눈은 들어올 때부터 시선을 뺏어간 천정에 장식으로 걸쳐 놓은 창살 문풍지 문에 꽂혀있었다. 들깨 수제비와 명태전에다가 전통 막걸리 한잔 걸쳐 맛있게 먹었다. 식사 중 시골집 얘기가 나와 뒷동네에 즐비한 빈집 투어도 기꺼이 따라나섰다. "이 집 허물더라도 저 문풍지 문은 떼다가 어디 쓰면 좋겠다."는 그녀들의 말에 생각 중이던 속내를 들킨 듯 심쿵하기도 했었던 즐거운 시간이었다.

다음날, 출근길이 교통체증으로 거북이걸음이었다. 그때 문득 오른쪽 차창 밖으로 문집 Door House이 보였는데, 가게 입구 양쪽으로 창살 유리문을 세워 두었다. 아니 이틀 연속으로 창살 문이 보이다니…. 이 무슨 컬러 배스 효과냐 싶었다. '컬러 배스 효과 Color Bath Effect'란 한 가지 색깔에 집중하면 그 색깔 물건만 눈에 띄는 현상을 말한다.

'문'이란 대체 우리에게 어떤 의미일까? 잠시 생각의 나래가 펼쳐졌다.

자유로운 영혼의 소유자 헬렌 니어링은 53년을 함께 산 스콧 니어링을 눈앞에서 평화롭게 떠나보냈다. 스콧은 만 100세가 되자 단식으로 자기 몸을 벗고자 했고, 3주 뒤에 조용히 숨을 거두었다. 하나의 장이 막을 내렸지만, 그녀는 스콧의 영혼과 더불어 계속된 삶을 글로 옮겨냈다. 그녀가 쓴 책 『아름다운 삶, 사랑 그리고 마무리』에서 '문'을 여닫는 것에 대한 여정에 오를 수 있다.

"한쪽 문이 닫히면 다른 문이 열리고… 다른 방, 다른 곳에서 다른 사건이 일어난다. 우리 삶에는 열리고 닫히는 많은 문들이 있다. 어떤 문들은 조금 열어둔 채 떠난다. 다시 돌아올 희망과 포부를 안고, 또 어떤 문들은 쾅 소리를 내며 격렬하게 닫히고 만다. '더 이상은 안 돼!' 하며. 어떤 문들은 '괜찮았어, 하지만 끝난 일이야!' 하며 후회 속에서 조용히 닫힌다. 떠남은 다른 곳에 다다르는 것으로 이어진다. 한 문을 닫고서 그 문을 뒤로하고 떠나는 것은 새로운 전망과 모험, 새로운 가능성과 동기를 일으키는 세계로 들어가는 것을 뜻한다."

그렇다. 삶은 문을 열고 닫는 것이다! 그래서 한쪽 문이 닫히면 다른 쪽 문이 열리게 되어있다. 어떤 문이건 문이 열릴 때 삶은 시작된다. 문이 닫힌다는 것은 끝이 아니라 또 다른 삶의 시작이다. 그래서 우리는 시작을 시작하기 전에 먼저 문고리를 잡고 돌려야 한다. 작은 돌쩌귀가 문을 움직이기 위해서는 그 전에 용기 있는 행동이 따라야 한다. 어쩌면 삶은 단순히 '문고리'를 돌리는 것에서부터 시작되는 것이 아닐까?

우리는 문이 열리고 닫히거나, 닫히고 열리는 시간 선 Time line에서 '현재'를 숨 쉴 수밖에 없다. "삶으로 들어가는 좁은 문을 찾아야 합니다. 그것은 '지금'입니다." 영적 지도자 에크하르트 톨레의 말이 길어 올려진다.

"저는 예쁜 조약돌이 참 많습니다."

어느 달리기 예찬론자가 방송에서 들려준 말이다. 자신이 직접 실수와 실패를 거듭해 만든 아름다운 돌들을 과거로부터 현재까지의 시간 선상에 전시해 놓았다는 말이다. 우리는 늙어가는 것이 아니라 조금씩 익어간다는 노랫말도 있다. 그처럼 삶은 문을 여닫으며 익어가는 여정이 아닐까?

코칭 중 "이제 저도 나이가 나이인지라…."라며 삶에 꼬리를 내리는 고객들에게 가끔 인용하며 질문을 던진다. "고객님, 늙어가는 것과 익어가는 것의 차이가 뭘까요?" 익어간다는 것은 그냥 쭈글쭈글해지는 게 아니라 '열매를 남기는 삶'이지 않을까. "잘 물든 단풍잎이 봄꽃보다 아름답다."는 법륜스님의 혜안이 마음 고삐에 단단히 묶여 풀어지지 않는 이유다.

그렇다면 삶을 어떻게 살아야 할 것인가? 라는 명제는 '시간의 밀도'로 귀결된다고 볼 수 있겠다. 시골 의사 박경철은 『자기혁명』에서 이와 같은 시간의 밀도 개념을 '직선이 아니라 곡선'이란 말로 명료화했다. 같이 들어 보자.

"시계 시간으로 보면 모든 사람에게 시간은 동일하지만, 그 째깍거리는 시곗바늘 사이를 채우는 밀도는 사람마다 다를 수밖에 없다. 시계가 없어도 시간은 흐른다. 현재에 몰두하면 시간은 온전하게 현재 그 자체일 뿐이지만, 문득 정신이 들어 주변을 돌아보며 과거를 비교하고 미래를 떠올리면서 시간이 흘렀다는 사실을 자각하게 되는 것이다. 이것이 도낏자루가 썩는 원리다. 내가 인식하는 시간의 속도는 다른데, 이때 시간의 밀도를 결정하는 것은 집중이다. 어떤 일에 골똘하게 몰두하면 시간은 쏜살같이 흐르지만, 망상에 사로잡혀 빈둥거리면 시간은 느리게 흘러간다. 또 재미있는 일을 하면 시간은 화살이지만, 재미없는 일을 할 때 시간의 흐름은 더디기만 하다. 그러니 '시간은 직선이 아니라 곡선'이다. 어떤 사람은 시간을 아코디언처럼 접어서 밀도를 높이지만 어떤 이는 엿가락처럼 늘려서 밀도를 낮춘다. 시계 시간으로는 똑같은 시간이지만 내용은 완전히 다르다."

강물은 흘러가며 무시로 변하면서도 그 자리를 지키는 위대함이 있다. '세월의 강'이라는 말이 그래서 생겼을 터, 무상한 강물은 예나 지금이나, 소설에서나 실재에서나 늘 그 자리에 있다.

박경리의 소설 『토지』에서도 섬진강은 시대를 관통하며 제 소임을 다했다. 강물은 겉물과 속물이 직조되어 도도한 물결로 흘러간다. 섬진강 겉물은 금은 빛깔로 윤이 나도록 반짝이며 하동 나루 뱃사공으로 하여금 최참판댁 서희 아씨를 간도로 실어 나르게 했다. 속 물은 비단실 같은 수많은 심층 물결들의 변조·동조로 기존 계급 질서의 몰락을 꾀하며 서희와 길상의 만남을 주선하고 역사의 실타래를 엮어냈다.

강물 소리에 가만히 귀 기울여 본 적이 있는가? 속 물살 소리는 결결이 공명되어 크게 울어댄다. 반면 표면의 겉 물살은 가장자리로 밀쳐지며 낮은 소리로 찰랑대다 이따금 바다도 아닌 것이 철썩거리기도 한다. 서희와 길상이 간도에서 고향 하동으로 돌아올 때의 회한과 희망의 소리를 고스란히 간직한 채 안과 밖이 어우러져 섬진강은 흐르고 있다.

내 마음을 갈가리 찢을 수 있다면, 그래서 흐르는 강물에 내던질 수만 있다면, 이 고통과 그리움은 끝나고, 마침내 그 모든 것을 잊을 수 있으리라. 피레트라 강가에서 나는 울었다. 겨울바람은 뺨 위를 흐르는 내 눈물을 얼렸고, 얼음처럼 강물 속으로 떨어진 눈물은 나를 두고 강물과 함께 흘러갔다. 눈물은 이 강이 다른 강과 만나는 곳, 그리고 그 강이 다시 또 다른 강과 만나는 곳, 마침내 바다와 만나는 곳까지 흘러가리라.

△ 파울로 코엘료,
『흐르는 강물처럼(Like the Flowing River)』 중에서

시간 선상 마디마디마다 남몰래 눈물 흘려본 적 없다면 어디 삶이겠는가? 강물 속으로 떨어진 눈물은 흔적도 없이 사라지는 게 아니다. 우리가 흘린 눈물은 작은 강물 되어 흐르다 어디쯤에서 섬진강물을 만났으리니. 그리고 바다로 흘러들어 마침내 태평양에서 피레트라 강물과도 해후하게 될 것이다. 삶은 흐르는 강물처럼 여러 물살의 직조 과정이다. 직선이 아니라 부딪히고 돌고 돌아 구불구불 흘러가는 곡선의 물결이리라. 물결과 같은 삶의 시간 선 위를 걷는 우리는 엿가락이 되었다가 아코디언이 되었다가 한다. 그렇다면 우리는 삶이라는 곡선을 따라 시간의 밀도를 변주하는 연주자로서의 소임을 다해야 하지 않을까….

다질 줄 아는 용기

3장 다질 줄 아는 용기

효율과 효과

"북상 중인 초대형 태풍에 대비하기 위한 준비에 각 세대별로 만전을 기해 주시기 바랍니다."

아파트 거실 인터폰 방송에서 충청도 억양의 경비아저씨 목소리가 아침부터 다급하다. 이어서 태풍에 효과적이라며 귀에 익숙한 대비책들을 알려주신다. 'X자 모양으로 테이프를 붙이는 게 효과적이다.', '창틀을 테이프로 고정하는 것이 더욱 효과적이다.', '테이프나 젖은 신문은 유리 파편이 날아가는 것을 막지 못하니 안전필름을 부착하는 것이 효과적이다.' 등등. 테이프는 단시간 내 붙일 수 있으니 효율적이나 안전필름을 붙이는 게 그래도 효과적이란 말이리라.

이미 도착한 태풍 선발대는 '휘잉 휘이잉'거리며 아파트 동을 쓰러뜨릴 기세로 거칠게 불어 제쳤다. 겁먹은 아파트 창문들은 '덜커덩덜커덩' 비명을 지르며 아우성치었지만, 우리 집 유리문들에겐 별 방책을 취해주지 않았다. 집냥이들은 태풍이 오거나 말거나 밤새 사고를 쳐놓았다. 아내가 베란다에 꺾꽂이로 심어 놓은 가시나무 모종을 죄다 파헤쳐 화분 밖으로 내동댕이쳐 놓았다. 귀찮음을 무릅쓰고 원위치시켜놓았더니, 아니 글쎄 이 녀석들이 눈앞에서 죄다 다시 뽑아 던지며 무질서 의식을 거행하는 게 아닌가….

강의 일정 때문에 뒷수습은 아내 몫으로 남긴 채 휴일 날 집을 나섰다. 엘리베이터 버튼을 눌러 1층으로 내려왔다. 현관 자동문이 열리자마자 비바람이 달려들어 순식간에 신발과 바지를 물세탁 시켜 버렸다. 꿉꿉한 상태로 차를 몰고 도로로 나서니 찢어진 현수막, 쓰러진 가로수, 분수로 변한 맨홀 등이 가히 아수라장이었다. 차들은 도로 가장자리를 '콸콸콸' 도랑물처럼 흐르는 물을 가르며 서로 흙탕물 세례를 퍼부었다. 가속페달에 힘을 최대한 빼며 외곽 국도로 접어드니 산사태가 나 경찰차가 길을 통제하고 있었다. 할 수 없이 유턴하여 우회도로를 통해 간당간당한 시간에 강의장에 도착했다.

강의를 잘 끝내고 밖으로 나오니 오후 중반이었다. 태풍이 할퀴고 간 파란 하늘은 어느새 맑은 햇살과 솜털 구름이 차지하고 있었다. 자연은 매 순간 신비롭다. 집으로 돌아가기 위해 다시 찻길로 나섰다. 도로는 공무원들의 총지휘 아래 복구 작전이 전개되고 있었다. 청소차의 전동 빗자루와 진공청소기, 전기톱의 기계음이 바빴다. 무질서를 질서로 복원시키는 데엔 이들만 한 일꾼이 없는 듯 보였다. 전방의 쪽빛 하늘은 사고 쳐놓고 아양 떠는 우리 집 두 마리 냥이들처럼 언제 그랬냐는 듯 예쁘기만 했다.

하늘은 어차피 태양의 세계인지라 인간이 설계변경 Design Change을 할 수 없다. 자연이라는 원청사가 디자인해놓은 무질서의 황홀한 자태를 구경할 따름이다. 자연과 동물은 본래 상태로 돌리려 인간의 삶을 지속적으로 할퀴고 어지럽힌다. 비바람이 젤 바른 헤어 스타일을 헝클어놓듯 자연은 '무질서' 대오에 합류코자 정기적 충격요법을 가한다. 반면, 인간은 '질서'라는 이름의 다리미로 자연을 각 잡고 줄 세우기를 계속한다. 자연 파괴나 훼손이 인류에게는 문명이나 과학이라는 이름으로 지속해야 할 대명제이기 때문이다. 우리는 같은 인간으로서 세상-속-질서의 성을 사수하고자 효과적인지 또는 효율적인지 하는 말을 입에 달고 사는 것이 아닐까.

주말을 부모님 댁에서 보내고 집으로 돌아오는 길, 바다 위로 높이 걸터앉은 대교에 진입했다. 조수석에서 눈을 붙이고 있는 아내를 확인하고 시선을 전방주시로 얼른 복귀시켰다. 그날따라 눈 앞에 펼쳐진 주탑이 거인 다리처럼 '쩌억' 벌려 서서 떡하니 버티고 있는 듯했다. 주탑은 까마득히 높은 꼭대기에서부터 벌어지며 내려오다 양다리 사이로 연결 빔 세 개를 걸치고 서 있다.

'맨 아래쪽 빔에다 줄을 매달아 그네를 타면 어떤 기분일까?' 갑자기 드는 생각이었다. 순간 프로젝션 카메라가 '차르르' 돌아갔다. 그네에 올라서서 힘껏 젓는데 갑자기 강풍이 몰아쳐 나를 한쪽 귀퉁이로 내동댕이쳤다. 연싸움에 줄 끊어진 꼬리연처럼 사장교 케이블에 철퍼덕 걸렸다. 안간힘을 써서 두꺼운 강철케이블을 잡고 주르르 미끄러져 다리 상판 위로 퉁 엉덩방아를 찧었다. 이 다리는 다리 상판과 바닷물 표면과의 높이가 68미터로 아시아 최고 수준이다. 아찔함과 동시에 상상의 나래는 그만 접혔다. 동시에 운전 중인 다리에 힘이 쭉 빠지며 손바닥에 땀을 쥐게 했다. 우리의 뇌는 생각하는 대로 믿는 바보라는 것이 명명백백해졌다. 상상하는 대로 이루어진다는 것은 그래서 '참'이다.

대교의 중앙을 통과해 주탑 어깻죽지에 걸려있는 석양을 뒤로하고 시내로 들어섰다. 5일 장이 서는 골목이 있는 건널목에서 빨강 신호등에 걸렸다. 오른쪽 차창 너머 시장 입구에 과일 트럭들이 큰길가까지 삐져나와 있었다. 오늘이 장날이란 얘기다. "우리, 뺑 사장님한테 가볼래?" 아내와 거의 동시에 튀어나온 말이었다. 급히 우회전 깜빡이를 넣고 신호가 바뀌자마자 핸들을 오른쪽으로 꺾었다. 뺑 사장님은 부부 모임 멤

버로서 자기만의 색깔로 삶을 즐기시는 분이다. 직업군인을 제대하고 고향에서 블루베리 농사를 짓다가 장날이면 집으로 돌아와 장터에서 뻥튀기 기계를 돌린다. 적당한 공간을 찾아 차를 대고 '뻥' 골목으로 내려갔다. "하이!" 예고 없이 나타나 인사하는 우릴 보자 뻥 사장님 얼굴이 환해지며 더 동그래졌다. "오, 너무 잘 왔어요. 마지막 손님이니 순대에 막걸리 한잔하게 기다려요."라며 일을 서두른다.

이런 뻥 사장님의 순수함에 일찌감치 반해 버린 아내는 뻥튀기 재료가 든 봉지를 들고 줄을 선 할머니들과 뻥 사장님의 대화 대열에 합류한다. 나는 시커먼 무쇠로 된 뻥튀기 기계를 관심 있게 살펴보았다. 밥 말린 재료는 처음 시도해 본다며 최대압력이 올라올 때까지 가스 토치 불을 받는 둥그런 무쇠 덩이를 돌렸다. 압력계 바늘이 '70kgf'를 가리키자 뻥 사장님은 기다란 철망 광주리를 걸고 '휘이익' 호루라기를 불었다. 그런 다음 둥그런 무쇠 솥뚜껑에 쇠막대를 걸고 힘껏 제쳤다. '뻥어엉~~~' 장날 골목이 떠나갈 듯 폭음이 터졌다. 그 순간 어린 시절 뜨내기 '박상 장사'의 기억이 소환됐다.

길게 누운 철사 광주리 안에는 튀겨진 뜨끈뜨끈한 박상이 한가득하다. 그날 마지막 손님은 아들이 당이 있어 우엉차를 끓여주려 말린 우엉을 가지고 왔다는 할머니였다. 재료를 건네시며 "집에서 볶는 거 하고는 비교가 안 뎌어."라며 말을 보탰다. 집보다 훨씬 효과적이라는 말씀인 게다. "무쇠솥이 도니까 안에서 재료가 돌면서 열전달이 골고루 되니 우엉 속까지 볶여 맛이 다를 수밖에 없죠, 어머니!" 뻥 사장님의 전문가적 화답이 할머니의 믿음을 더욱 공고히 해 주었다. 참고로 우엉은 마지막에 '뻥' 터트리지 않고 그냥 '피식'으로 끝내야 한단다. 뻥 사장님한테 주워들은 노하우인데 허락 없이 공개해도 될런지…?

뻥 사장님은 잠시도 몸도 마음도 가만히 있지를 못하는 분이다. 같이 서 있어 보면 알게 된다. 지나는 사람들에게 뻥튀기 봉지를 공짜로 손에 잡혀 주거나 모르는 아이들 손에도 그냥 쥐여주신다. 아무리 시장통이라지만 아는 사람은 또 얼마나 많은지…. 무엇보다 뻥 사장님은 골목길 할머니부대를 꽉 잡고 있다. '뻥' 터지는 소음에 민원은커녕 오히려 주위 어르신들이 냉커피를 타내오며 밥 먹으러 오랄 정도로 인기 짱이다.

장이 서지 않는 날은 골목 할머니들을 자신의 포터 트럭에 태워 하동 섬진강까지 드라이브를 시켜드리기도 한단다. 더 대단한 것은 팔십 넘은 할머니를 뻥 가게에 고용하여 일당을 챙겨드리는가 하면 병원에도 모시고 갔다 오셨단다. 한번은 시장 좌판에서 장사하시는 할머니가 힘들어하셔서 장사할 재료를 떼다 드렸더니 나중에 따님이라고 찾아와서는 머리를 숙이며 감사 인사를 하고 갔단다.

말린 우엉 뻥튀기를 끝으로 하루 장사를 마무리하고 뻥 사장님의 단골 튀김집으로 자리를 옮겼다. 앉자마자 양은 주전자에 막걸리 두 병과 사이다 반병을 섞어 막사 막걸리사이다가 제조되었다. 순대, 내장, 당면김말이, 고추튀김이 올려진 튀김 모둠 한 접시와 막걸리 두 주전자를 뚝딱 비웠다. 국물을 뚝뚝 흘리며 들이키는 막걸릿잔 속에 삶이 녹아있었다. 재료의 두께와 말린 정도에 따라 압력·시간을 책정하는 뻥튀기 노하우와 장터에서 발산하는 사람 냄새는 모두 진국이다. 투박하지만 뜨겁게 튀겨 터지는 뻥튀기는 효율성 너머 효과성의 인생 과목이 분명하다.

기업에서는 '효율'과 '효과'가 1페이지부터 99페이지까지다. IMF 이후 신자유주의 시장경쟁과 효율성의 논리로 무장한 성과주의가 리더십의 기준이 되었다. 그에 따라, 전 임직원은 물적·재정적·인적·기술적 영역에서 '업무 효율화' '운영 효율화' 등의 주문을 필연적으로 받게 마련이다. 쉽게 말해, 항상 더 잘해야 한다는 얘기다. 작년보다는 올해가, 타사보다 우리 회사가, 타 팀보다 우리 팀이, 그리고 동료보다 내가 더 잘해야 산다. 그런 탓에 효과성과 효율성이란 단어가 머릿속에도, 마음속에도 한 구석을 늘 차지하고 있다. 그런데 문제는 이 두 단어가 썩 기분 좋은 상태로 들어앉아 있지 않으니 스트레스를 받는다.

둘은 가까우면서도 확연히 다른 친구다. 각각의 의미를 음미해보자. 일반적으로 경제성 Economy을 따질 때 고려의 대상이 된다. 효과성 Effectiveness은 해당 일을 얼마나 좋은 상태로 만드는가의 척도이고, 효율성 Efficiency은 어떤 일을 얼마나 빨리 처리할 수 있을 것인가의 척도이다. 그래서 효과성은 투입 대비 목표 달성 여부이고, 효율성은 투입 대비 자원의 활용도로 정의된다.

말의 의미를 확장해보면, 효과는 어떤 일의 '결과'가 얼마나 뛰어난지를 나타내고, 효율은 그 일을 해 가는 '과정'이 얼마나 탁월한지를 뜻한다고 할 수 있다. 결론적으로 효과와 효율은 관심의 대상이 다르다. 효율은 효과를 보장하지 못한다. 효율은 궁극적 목표와 관련되어 있는 게 아니라 수단 자체에 관심을 두고 있기 때문이다. 또한 역으로 효과는 효율을 반드시 수반하지 않는다. 쉬운 예로, 시장점유율이 10%P 상승 목표를 달성했다 하더라도 비용이 10억 초과되었다면, 효과적이지만 효율적이지 않은 상황이다. 효과는 궁극적 목표 달성에만 관심을 둔 개념이지 필요한 수단들의 잘잘못에는 관련이 없기 때문이다.

기업 시절 갓 대리로 진급했을 때 스티븐 코비의 『성공하는 사람들의 7가지 습관』이라는 책을 구내서점에서 샀다. 당시 초판이 나온 지 이삼

년이 지났지만 베스트셀러다 보니 서점 책장에 꽂히지 않고 항상 매대에 누워있었다. 아내의 책 심부름으로 구내서점을 들렀다가 필자의 책 한 권을 추가해서 들고나온 게 그 책이었다. 당시엔 책에 크게 흥미도 없었거니와, 엔지니어가 읽기엔 생소하고 어려워 잘 넘어가지질 않았다.

코치가 되고 이십여 년 만에 다시 누렇게 변해버린 파란색 책 표지를 열었을 땐 놀라움 그 자체였다. '아니 이런 내용이었어?' 모든 내용이 통찰과 함께 쏙쏙 빨려 들어왔다. 그냥 넘길 한 줄 한 페이지가 하나도 없었다. 몇 년 전 딸아이를 보러 아내와 천안을 갔다가 교보문고에서 또 우연히 개정판을 만났다. 양장 커버로 된 표지를 넘기니 초판이 444쇄를 찍었고 개정판은 127쇄까지 발행된 대단한 책이었다. 재회의 인연으로 몇 번을 정독하고 코치의 필독서로 늘 곁에 두고 있다.

스티븐 코비가 말한 '효과성'의 알맹이들을 주우러 함께 가보자. 효과성은 '생산/생산능력의 균형'에서 나온다. 즉, 효과성의 원칙은 'P/PC Balance'이다. 황금알을 낳는 거위에 관한 이솝 우화를 통해 쉽게 이해할 수 있도록 이 원칙을 설명한다. 어느 날 자기가 기르는 우리에서 번쩍번쩍 빛나는 황금알을 낳는 거위를 갖게 된 농부는 곧 굉장한 부자가 되었다. 재산이 늘어감에 따라 그는 점점 탐욕스럽고 성급해졌다. 농부는 거위가 매일 하나씩 낳는 황금알을 기다릴 수 없었다. 그래서 한꺼번에 얻기 위해 거위 배를 갈랐는데 뱃속에 황금알은 한 개도 없었다. 농부는 더 이상 황금알을 얻을 수 없었다. 스스로 황금알을 낳는 거위를 죽인 셈이다.

이 우화에서 보여주듯 진정한 '효과성 Effectiveness'이란 다음의 두 가지 요소의 함수관계에서 나온다. 첫째 요소는 '생산 Production'으로 바라는 결과를 만들어 내는 황금알이고, 둘째 요소는 '생산능력 Production Capacity'으로 황금알을 만드는 자산인 거위를 의미한다. 만일 거위를 무시하고 황금알에만 초점을 맞춰 생활한다면 황금알을 낳는 생산능력을 잃게 될 것이다. 반면에 황금알을 얻으려는 목표 없이 단지 거위만을 돌본다면 거위를 키우는데 필요한 자금을 얻지 못할 것이다.

여기서, 농부가 더 많은 황금알을 한꺼번에 얻으려고 거위의 배를 가른 것이 단기 '효율성' 추구라면, 거위를 건강하게 돌보는 것은 장기 '효과성'을 위한 안목이라 할 것이다. 정리하면, 단기적으로 인풋 Input 대비 최대한의 아웃풋 Output을 내는 것이 효율성 Efficiency 개념이라면, 장기적으로 목적하는 바를 얼마나 잘 이루는지를 따지는 개념이 효과성 Effectiveness이다. 효과성은 효율성 Efficiency과 대비되는 개념으로, 효율성은 최소의 에너지로 최대의 성과를 강조하는 데 비해 효과성은 보람되고 지속적인 성과를 강조한다.

"사람의 노동력인 손은 살 수 있지만, 그의 마음까지 살 수는 없다. 또한 짐을 짊어질 사람의 등은 살 수 있지만, 그의 두뇌는 살 수 없다. 생산능력을 위해서는 고객을 감동시켜야 할 대상으로 대하는 것과 마찬가지로 직원도 그렇게 대해 주어야 한다. 그러면 직원들도 자기 몸의 가장 중요한 부분인 가슴과 마음을 자진해서 제공할 것이다." 조직의 효과성을 올리기 위한 '조직 생산능력'의 중요성에 대해 깊은 울림을 주는 코치가 던진 다트가 가슴 표적 정중앙에 명중되었다.

피터 드러커는 "효과성은 얻고자 하는 좋은 결과를 극대화하여 지속적으로 나오게 하는 것"이라고 했다. 그래서 개인과 조직은 '효과성' 중심적이 될 때 '지속 가능한가?'에 대해 과감히 답할 수 있지 않을까? 효과성은 원하는 목표에 도달하기 위해 지혜를 사용할 때 얻어진다. 지능이 높거나 지식이 많은 것과 그것을 효과적으로 사용하는 것은 다르다. 그래서 효과성은 삶에서도 비즈니스에서도 대단히 중요하다. 인생의 성취를 위한 열정적인 실행, 헌신과 기여가 곧 효과성을 의미하는 것이다. 그렇다면 이제 우리는 답 해야 한다. 효율성에 붙들려 있을 것인가, 효과성으로 살 것인가를….

한계와 전제

"지는 단풍을 자세히 쳐다보면 물들어 가는 잎사귀가 너무 예뻐 눈물이 날 것 같아요."

"네, (…) 선생님이 정말로 원하는 게 무엇인가요?"

"코치님, 저는 내가 누구인지를 찾고 싶어요."

터널을 넘어갈 즈음 옆에 앉은 자칭 타칭 지성과 미모를 겸비한 여선생님과 나눈 대화다. 차에 오를 때 입은 인도풍의 원피스와 똑같은 색깔의 갈색 초콜릿을 차비라며 건네었고, 받으며 서로 웃었다. 강연 모임에서 인사하게 된 학교 선생님이신데, 카풀로 해운대 통합명상학교로 가는 첫날이었다. 운전 중 대화를 나눌수록 처음 봤을 때 느낀 대로 영성 에너지가 남다름을 느꼈다. 동시에 물고기가 물속에 있으면서 물을 찾는다는 말이 그녀의 모습 위에 계속 투영되어 졌다.

지난번 모임에서 만났을 때 필자가 공부하는 수행도량을 소개했고, 그날이 함께 가보기로 한 날이었다. 달리는 차 창 너머 석양이 산 위로 붉은 물감을 붓질하는 찰나였다. "눈물 나도록 아름답다는 말밖엔 더 이상 말로 표현할 길이 없어요. 코치님!" 그녀는 단풍잎에서도, 저녁노을에서도 탄식과도 같은 감동을 자아냈다. 이야기가 계속되는 차 안에서 자연스레 질문이 던져졌다.

"선생님 말씀에 불일치한 부분이 있어 보이는데 어떻게 생각하세요?"

"자전거 라이딩은 힘들지만, 희열이 있고, 아이들은 이쁘지만 지쳐요. 원래 양면성은 다 있는 거 아닌가요?"

"네, 그러시군요. 그렇다면 말씀하신 양면성의 표피를 걷어내 본다면 그 밑에 무엇이 있나요?"

"글쎄요…, 잘… 잘 모르겠어요."

"내면의 소리는 금방 나올 수도 있고 몇 날 며칠이 걸릴 수도 있으니 한번 고민해 보시겠어요?"

"음…, 네. 고민해 볼게요. 코치님!"

대답을 얼버무리고 싶어 하는 마음이 느껴져 더는 대화를 진행하지 않았다. 표피적으로 학교 선생님이라는 조건화된 존재로 자신을 한계 지으며, 자전거 라이딩 출퇴근과 아이들 케어라는 두 가지 상황을 힘겹게 붙들고 있었다. '나는 누구인가?'를 찾기 위한 길을 물어야 함에도 끝없이 자기를 푸시하고 몸에 과부하를 걸고 있는 힘들어하는 에너지가 타고 넘어왔다.

목적지에 도착, 먼저 수행 스승께 인사를 올리고 도반들께 선생님을 소개해 드렸다. 맨 나중 수행도량 전체를 꾸려 가시는 사무국장께서 따뜻한 인사말을 건넸다. "오랜만이에요. 인도 팔찌가 주인을 찾았네요. 거기 있는 거 한번 껴 보세요!" 난생처음 만난 사람에게 처음 건넨 인사말 치고는 예사롭지 않았다. 말 한마디에서 샘의 깊이를 느끼며, 벽 따라 놓인 회색 방석 중 적당한 자리를 잡아 방석을 한 겹 접어 조용히 정좌했다. 수행 스승님의 싱잉볼 Singing Bowl 타종에 따라 눈을 감고 의식의 방향을 안으로 돌린 상태로 밤은 깊어갔다.

무르익어가는 가을 아침, 단풍 드는 나무들을 포옹하고 있는 시내로 접어들어 중앙대로를 달렸다. 병풍처럼 도시를 둘러싼 울긋불긋한 산과 호흡을 맞춘 듯 아스팔트 위에도 호랑나비들이 흐드러지게 춤을 추고 있었다. 달리는 차 안 라디오에서 흘러나오는 플롯과 협연하며 큰 나비, 중 나비, 그리고 날개 접힌 작은 나비까지 한데 어우러진 춤사위는 자못 황홀했다. 반대차선에서도 달리는 차가 일으키는 바람에 양력을 받아 나비들이 날아오르며 현란하게 춤판을 벌였다. 그때 갑자기 위기 상황 발생! 갓길에 공무원들이 큰 진공 청소 차량을 몰고 나와 '윙윙'거리며 나비 떼 진압 작전에 돌입한 것이다. 수적으로는 나비 떼가 압도적이었지만 진공 블랙홀 무기 앞에서는 맥없이 빨려 들어갔다. 그걸 바라보는 내 안으로 그림물감이 멜랑꼴리 번졌다. 신호를 받아 좌회전하니 이번에는 노랑나비들이 바람을 기다리는지 보도블록 위에 소복하게 앉아 있었다.

예정된 일을 마치고 다시 대로로 차를 돌려 나왔다. 도시 한 복판 근린공원에는 키 큰 단풍나무 우산 아래로 붉은 나비들이 형형색색 패러글라이딩 부대처럼 빙그르르 회전하며 낙하하고 있었다. 가을이 되면 봄·여름날 화려하게 수놓았던 잎들이 고이 물든 자태로 모든 걸 내려놓는다.

나무가 마지막 잎 새를 떨굴라치면 잎은 나비로 변태하며 화려한 춤사위로 온몸을 불사르듯 대지로 귀향한다. 그리곤, 숨죽인 채 땅의 체온을 느낀다. 기다리던 하늘 바람이 불면 박차고 날아올라 호랑나비가 된다. 마지막 춤판에 모든 에너지를 쏟아붓고는 끝내 자기 자리로 돌아간다. 마지막 춤사위를 한판 펼치지도 못하고 진공청소기로 빨려 들어간 나비들에게는 경의를 표할 수밖에 없는 이유다. 나비는 한 시절에 머물 수 없다. 마음껏 춤추고 흩어져 날려가야만 한다. 계절의 법칙이라는 전제에 따라 조건을 충족시키고 내려앉는다.

아스라이 자동차 타이어 갈리는 소리만이 서재 베란다 이중창을 뚫고 들어오는 주말 새벽이었다. 글을 쓰고자 노트북을 열었다. 유튜브에서 배경음악부터 클릭하여 잔잔히 깔았다. 그런데 어찌 된 영문인지 고요한 자연의 소리를 틀었는데도 집중이 되지 않았다. 문득 드는 생각! 단골 카페에서는 그 시끄러움 속에서 잘만 읽고 쓰고 하는데, 집에서는 왜 이럴까? 도서관열람실에서도 백색소음엔 무감하기 마련인데….

습 習에 의한 감각의 반응차일까? 인식에 의한 인지적 왜곡일까? 아니면 소리 자체의 주파수 때문일까? 현역 시절엔 출장 시 인파로 시끌벅적한 공항의 탑승 게이트나 글라스 월 Glass Wall앞에서도 책을 펼치면 "어텐션 플리즈!"가 방송될 때까지 집중도 만점이었는데…. 외부인과 안전한 가족 구성원에 의한 역학 차이일까? 아마도 타인과의 관계적 공간에서 소음의 힘을 빌어 내 안의 독서실을 마련한 상대적 몰입과 절대적 몰입의 차이이지 않을까…. 유튜브 창을 닫으며 바깥에서의 전제와 집안에서의 한계를 묻는 물음이 새벽을 갈랐다.

"그대는 내 삶에 채도를 더하는 붓, 명도를 더하는 빛"

△ 육교에 걸린 딸의 시 한 소절

딸아이가 대학 다닐 때 입상한 시 한 소절이다. 한 지자체의 「시가 활짝 시민공모」에 당선되어 시내 육교에 플래카드로 한동안 걸려있었다. 나중에야 딸아이가 SNS로 걸린 사진을 보내줘 나중에야 알게 됐다. 아내와 함께 '몽골몽골'했던 기억을 잊을 수 없다.

시인은 시를 쓰기 위해 몸을 슬프게 만든다고 했다. 시인의 북 콘서트에 갔다가 얻은 통찰이다. 잘 나가던 시인도 생활이 안정되게 되면 시가 안 된다고…! 철저하게 고독하고, 활처럼 탱탱하게, 그리고 창끝같이 날카롭게 감각이 살아있어야 시가 나온다 했다. 그 말은 시를 길어 올릴 수 있는 환경과 전제조건을 만들어야 그 속에서 시가 나온다는 말인데…. '어디 시만 그러하랴? 삶이 그러한 것을…' 시는 삶의 노랫말임을 인정하는 고개를 끄덕이며 스프링노트에 초록색으로 끄적거려 놓은 흔적이다.

와세다대학의 이노우에 다쓰히코 교수가 『왜 케이스 스터디인가』에서 창의성 평가의 권위자인 조지프 카소프의 말을 인용한 내용이다. 함께 살펴보자. "조지프 카소프는 '천재'에 대해 이런 말을 했다. 귀가 들리지 않는 작곡가, 몸이 마비된 천체물리학자, 무일푼에서 억만장자로 성공한 기업가, 일곱 살의 작곡가, 별다른 지도를 받지 못했지만 획기적인 발견을 해낸 젊은 과학자, 마음의 병을 앓는 데다 정식교육도 받지 못한 가난한 화가, 그들은 자신들의 창의력뿐만 아니라 불리한 조건 때문에 더욱 천재로 불리어 왔다."

이 말은 무슨 뜻인가? 작곡가·물리학자·기업가·과학자·화가 등 모든 영역의 천재는 타고난 것도 있지만, 건강이나 환경에서 불리한 조건이 더 천재로 만들었다는 것으로 해석된다. 소위 공학에서 말하는 바운드리 컨디션 Boundary Condition; 경계 조건이 삶에서도 중요 인자임을 의미하는 듯하다. 천재의 반열에 든 사람들도 그러할 진데, 우리 같은 사람들은 두말해 무엇 하랴?

성공이나 통찰을 얻고자 일부러 악조건을 만들 필요야 없겠지만, 맞닥뜨린 어려운 환경은 한계가 아니라 자기를 길어 올릴 수 있는 전제조건으로 '땡큐'하면 어떨까? 당연히 그 목적은 진정한 행복과 충만을 위해서다. 거듭 말하건대 일부러 고통을 살 필요는 없다! 다만 나만의 순수 감각을 깨우기 위해 철저하게 나를 고독화 시키는 작업을 시행하면 된다! 그래야 내 안으로 별이 쏟아질 테니까….

조건으로 한계를 지어 기대거나 막연히 기대하며 살고 있지는 않은가?

"정말 중요한 것은 우리가 삶으로부터 무엇을 기대하는가가 아니라, 삶이 우리로부터 무엇을 기대하는가 하는 것이라는 사실이다."

빅터 프랭클이 『죽음의 수용소에서』에서 던진 말인데 필자에게 정곡으로 꽂혔다. 삶에게 기대지 말고 삶의 정 중심으로 걸어 들어가라는 말이다. 우리 삶은 현실이다. 바이런 케이티는 『네 가지 질문』에서 현실을 신 神이라 불렀다. 왜냐하면 현실이 다스리기 때문이다. 삶이라는 현실은 스스로 구체적으로 풀어가야 할 저마다의 목적지를 향한 유일 과제다. 그래서 삶에게 자꾸 요구하지만 말고 삶이 우리에게 요구하는 것이 무엇인지를 끊임없이 자문해야 한다.

칼 융도 말했다. "사람들은 자기가 어떤 콤플렉스를 가지고 있는지를 안다. 그러나 콤플렉스가 그를 가지고 있음을 모른다." 융의 분석심리학에서는 감정을 자극하는 마음속 응어리를 '콤플렉스'라고 한다. 삶이라는 타자와 마주치게 되는 여로에서는 심리적 복합체인 콤플렉스가 응어리질 수밖에 없고, 자극을 받게 되면 감정반응이 일게 된다. 어렵겠지만 이 또한 물음 묻고 안고 가야 할 삶의 동반자라는 말이다.

이 대목에서 푸시킨의 시가 가슴을 관통하며 지나간다. "삶이 그대를 속일지라도 결코 슬퍼하거나 노여워하지 말라!" 또 케네디가 한 말도 흡사 떠오른다. "국가가 나를 위해 무엇을 해 줄 것인가 바라지 말고 내가 국가를 위해 무엇을 할 것인가를 고민하라." 그렇다면 여기서 이들이 말속에 주어로 세워놓은 '우리' '자기' '그대' '나'는 도대체 누구인가? 오래 답을 고민할 질문은 아닐 것이다. 그것은 한 글자 바로 '나 Self'가 아닐까…. 그 어떤 상황에서도 나를 전제하여 중심에 세우게 되면 삶 자체는 전제조건인 것이다.

"코치님은 가장 슬펐을 때가 언제였나요?"라는 질문을 받은 적이 있다. "없는데요…."라고 슬그머니 빼다가 "조직에서 버려졌을 때요!"라고 말했던 걸로 기억한다. 한때 "내가 왜?"라며 항의하듯 내 삶에게 묻고 물었던 잊힐 리 없는 유리 조각 같은 삶의 파편이다. 소위 삶에게 목을 맨 채 답하라고 '고래고래' 소리를 질러댔던 거였다. 지금 생각하면 내 삶은 나를 무지 봐줬던 것 같다. 그 덕에 후반전을 전반전의 카피본이 아닌 새 길로 '뚜벅-저벅' 용기 있게 걸어가고 있으니…. 필자는 억세게 운 좋은 사람이다.

누구나 자기 자신의 짐을 지는 방식은 스스로 결정해야 한다. 삶은 전제된 조건에서 자기가 선택한 지게를 짊어지고 가는 나그네다. 그 여정에서 가끔씩 '나 Self'와의 일정한 거리를 두고 객관적으로 바라보며 자신을 설명할 수 있어야 한다. 삶의 과제를 수행하느라 신음하며 감정이 오르락내리락할 때는 삶의 조건문에 한계를 느끼며 항변할 때도 물론 있다. 그러나 고통스러운 감정도 그것을 명확하게 표현하는 순간 고통이기를 멈춘다. 현실적인 너무나 현실적인 삶은 우리에게 자신의 운명을 개척하기 위해 주어진 전제 위에서 행동에 들어갈 것을 요구하고 있다. 삶은 더 이상 의지할 곳도 없고, 의지하지도 말아야 한다.

"우리 감정도 그처럼 관리해 줄 수 있는 감정관리기가 있다면 얼마나 좋을까요?"

의류 관리기의 탄생 배경을 알려주며 이어진 라디오 아나운서의 멘트가 보통의 아침을 다림질해주었다. 한 직장인이 출장 전 옷이 구겨져 어찌할 바를 몰라 외출 중인 아내에게 전화했더니, 욕실에 따뜻한 물을 틀어놓고 옷을 걸어 두라고 했단다. 무사히 출장을 다녀온 뒤 여기서 힌트를 얻어 의류 관리기가 탄생했다는 것이다. 사람의 감정이 얼마나 구겨질 정도로 요동쳐대면 의류 관리기에 빗대어 전할까….

우리는 누구나 감정의 파고를 항해하는 범선이자 수퍼 익스트림 궤도를 달리는 롤러코스터다. 정말로 구겨진 우리 감정을 쭉쭉 펴 줄 수 있는 스팀 관리기가 나온다면 얼마나 좋을까…. 실제로는 이미 '감정대리인'이라는 말이 등장해 있듯, 감정 근육 케어의 시대로 접어들었다.

"어릴 때부터 디지털기기와 가까이 상호작용하며 사람들과 관계 맺기를 힘들어하는 디지털 원주민들, 온갖 걱정을 안겨주고 동시에 행복을 강요하는 감정 과잉 사회 속에서 정작 자신의 감정을 털어놓을 곳이 없어진 사람들이 '감정대리인'을 찾고 있다. 이처럼 현대인의 약해진 감정 근육을 보살피고 키워줄 존재가 필요해진 시대에 체험경제는 감정

경제로 진화 중이다." 김난도 교수가 『트렌드코리아 2020』에서 정확하게 짚어 준 감정 시대의 자화상이다.

우리 모두는 21세기를 살고 있기에, "내 감정을 누군가에 의해 또는 기계에 의해 관리되어야 한다고?"라는 자문에 황당할 수는 있으나 부인하긴 힘들다. 코치는 사람 전문가다. 필자도 전문 코치로서 '감정대리인' 역할을 일정부분 떠받들고 있기에, 코칭은 시대적 소명임을 온전히 받아들인다.

"불공정함은 불가피하다."라고 니체는 말했다. 이 말은 불공정함은 '한계'가 아니라 삶의 '전제'조건임을 받아들이라는 것이다. 우리 삶의 전제조건은 자신의 진짜 감정을 직면하는 바운드리 컨디션 Boundary Condition; 경계 조건이 아닐까. 현실의 욕망은 감정을 생산하기 마련이다. 죽음을 생각하면 그 위대하고 엄숙한 페스티벌 앞에서도 감정의 블루스를 추며 흐느적거리게 되는 것도 마찬가지다. 감정을 다스려 '한계'가 아닌 '전제'로 시련 극복을 완수했을 때, '자기'로서의 운명은 결정되지 않을까….

인사이드-아웃과 아웃사이드-인

"대표님, 혹시 이유를 물어보셨어요?"

벤처기업 CEO와의 코칭 세션 중에 던진 질문이다. 창업 이후 몇 년간 지속 성장해 온 기업의 젊은 CEO로서 더 젊은 직원들이 회사 성장 동력의 주체라는 확고한 인식을 갖고 계신 분이었다. 그러다 보니 직원들의 꿈을 키워주고 역량을 높여 주고자 하는 의지도 매우 강했다. 코칭에 몰입한 상황에서 CEO께서 말했다.

"우리 직원들은 지시하면 결과물이 제때 안 나오고 보고도 잘 안해요. 그래서 매 상황마다 '나라면 이렇게 했을 거다'라고 알려줘야 해요."

"네, 그렇군요. 혹시 무엇 때문에 그런지 이유를 물어보셨나요?"

"음…, 코치님 말씀 알겠어요. 직원들의 속사정을 알아보라는 거죠?"

"역시, 빠르십니다. 대표님! 네, 직원들에게 물어보고 사유를 들어 보셨는지 질문드린 겁니다."

"아 네…, 그래야겠네요! 어떻게 물어볼지 방법도 한번 고민해 보겠습니다."

시간이 어떻게 흘러갔는지 모르게 두 시간의 코칭 세션이 끝났다. 젊은 CEO가 생각의 원천에서 신선한 샘물을 길어 올렸던 기억이 생생하게 남아 있다. 크건 작건 기업의 CEO는 항상 바쁘고 할 말이 많다. 매사에 급하게 지시하고 처리하는 것이 자연스런 조직역학이다. 그럼에도 불구하고 급한 것과 빠른 것은 조금 다르다. 기한 내 빨리 처리해야 하는 일이라면 당연히 후딱 가르쳐야 한다. 그렇지만 마음만 급해서는 안 된다. 잠시 호흡을 가다듬어야 한다. 급하게 처리해야 할 일과 빠르게 처리할 수 있는 사람을 키워야 할 부분은 분명하게 선이 그어져 있어야 한다. 가쁜 호흡이 가라앉았다면, 경영자나 리더라면 기업의 존재 이유와 가치가 한쪽 주머니에 꽂혀있는지 확인해야 한다. 그리고 단기적 기대치를 넘어 중·장기적 성과와 성장 지향적으로 조직구성원들을 바라보아야 한다. 그러한 바탕 생각이 전제되었을 때 직원들은 씨앗이요, 직원역량개발은 밭고랑에 씨앗을 뿌리는 중요한 농사로 자리매김된다. 수확을 올리기 위한 농부의 기다림은 자연의 이치이자 선물이다. 리더라면 묻고 나서 기다림의 공간을 내어 주는 사람이어야 한다. 그러면 다른 누구도 아닌 구성원들이 그 공간을 채울 것이다. 믿자! 믿어야 한다.

"예, 교수님께서 말씀하시니 그렇게 하겠습니다."

중소기업 대표와 통화를 끝내고 폰 화면을 닫으며 살짝 민망했다. 인턴십에 지원한 두 명의 학생을 그 기업 부설 연구소에 추천했었다. 그런데 며칠 뒤 한 학생은 학점이 낮아 면접을 보지도 않고 탈락 지시를 받았다며 연구소장으로부터 SOS 요청이 날아왔다. 즉시 대표의 전화번호를 찾아 눌렀다.

"예, 대표님, 학점은 좀 낮지만 잘할 친구입니다. 면접을 보시고 판단하시면 어떻겠습니까?"

"아예, 교수님, 저도 잘 압니다. 그런데 제 경험상 학점이 안 좋은 친구들은 꼭 문제가 생기더라고요."

순간 '아차' 싶었다. 이유를 물어보지도 않고 급하게 내 생각을 밀어붙이려 했던 거였다. "혹시 탈락시키신 이유를 알 수 있을까요?"라고 한마디만 먼저 물어봤더라면 어땠을까? 낮은 학점 때문이 아니라, 학점이 낮은 친구들은 불성실하더라는 대표의 생각을 즉시 알아차렸을 것이다. 그리곤, 학생의 '역량'보다 '인성' 관점에서 더 효과적으로 이야기를 풀어나갔을 텐데…. 전화를 끊고 나서 교수이기 이전에 코치로서 아쉬움이 맴돌았다. 사실 우리 중소기업 생태계에서는 사람 뽑는 기준이 입사자의 실력보다 아직은 관계다. 실력이 뛰어나고 인성이 받쳐주는 사람이면 더없이 좋겠지만 그런 친구는 거의 지원을 안 한다고 보면 된다. 현실적으로 버텨 내고 둥글둥글 함께 갈 수 있는 사람이 절실히 필요하기 때문이다.

"당신은 어떻게 피에타상과 다비드상과 같은 훌륭한 조각상을 만들 수 있었습니까?"

"조각상이 이미 대리석 안에 있다고 상상하는 겁니다. 그런 뒤 필요 없는 부분을 깎아 원래 존재하는 것을 꺼내줄 뿐입니다."

감히 아무나 상상치 못할 위대한 예술가 미켈란젤로와의 통찰적 대화다. 이렇듯 질문을 던지면 이미 준비한 지식의 재생이 아니라 새로 태어나는 영감 Insight과 조우할 수 있다. 모든 힘은 밖으로 향하는 동시에

다질 줄 아는 용기

안으로도 향하는 양면성을 갖고 있다. 질문의 힘도 마찬가지다. 강력한 질문은 평상시 밖으로 향해있던 의식의 화살표를 안쪽 방향으로 돌려 생각의 심원에서 깊은 답을 길어 올린다.

코칭에서 인간의 2대 동기부여 요소는 '욕구'와 '가치관'이다. 욕구는 충족되어야 하고 가치관은 표현되어야 한다. 우리는 기본적인 욕구가 충족될 때 믿음, 정직, 영감과 같은 자기만의 가치에 따라 행동하게 된다. 모든 사람은 자기 이익을 위해 행동한다는 사실을 수용할 때, 비로소 우리는 자신의 행동과 커뮤니케이션에서의 전환을 꾀할 수 있다.

엄밀히 따지자면 '동기부여'는 '아웃사이드-인'의 개념에 가깝다. '부여'라는 말 자체가 밖에서 안으로 힘이 작용하는 느낌을 갖게 한다. 그렇다면, 내 안에 있는 해답을 스스로 끌어내는, 즉 안에서 밖으로 힘이 작용하는 '인사이드-아웃' 개념은 무엇일까? 바로 '동기유발'이다. 따라서 앞으로는 '동기부여'라는 말보다 더 적확한 '동기유발'이란 말을 쓰기를 주장해 본다. 어쨌거나 동기를 일으켜 세우기 위해 가장 중요한 것은 무엇일까? 그것은 바로 '왜?'에 대한 명료함이다.

뇌과학자 김대식 교수는 학생들에게 "왜 이 학과에 들어 왔느냐?"라고 물어보면 자기 내면의 생각을 말하는 경우가 거의 없다고 한다. '아버지가 권하셔서', '성적이 그 정도 되니까', '가까운 친구가 가니까' 등의 답변이 주를 이룬다고 한다. 이 말은 학생들에게 아직 '왜?'에 대한 명료함과 방향성이 없는 것이다. 비단 학생뿐만 아니라 우리 스스로는 어떤가? 삶의 카펫 위에서 '왜?'라는 질문에 명료하게 답변할 수 있는지 자문해 볼 일이다.

안과 밖으로 작용하는 힘의 양 방향적 성질을 함께 살펴보자. 먼저 스티븐 코비는 『원칙중심의 리더십』에서 내면으로부터의 접근법과 외부로부터의 접근법을 제시했다. 들어 보자. "계속 발생하는 문제의 해결이나 지속적인 행복과 성공은 내면에서 시작하여 외부로 접근하는 방법에 의하여 가능하다. 외부에서 시작하여 내면으로 접근하는 패러다임은 사람들로 하여금 자신이 희생당하고 있다거나 혹은 무능하다고 느끼게 만든다. '내면에서 외부로 향하는 것'은 자신으로부터 시작하는 것을 뜻하며 그중에서도 자신의 가장 깊숙한 내면, 즉 우리의 패러다임과 성품, 동기를 살피는 데서 시작함을 의미한다."

다음으로, 조 허시가 『피드 포워드』에서 기존의 '피드백'과 새로운 '피드 포워드'와의 차이를 명료화한 내용을 살펴보자. "피드백은 외부에서 내부를 변화시키려고 하며, 피드백을 듣는 사람의 단점을 개선하는 방법에 관해 외부인의 생각을 강요하는 방식이다. 하지만 이 과정을 내면으로 돌려 내면에서부터 시작하면 놀라운 변화가 시작된다. 이때 내면에서부터의 흐름과 마주하게 된다. 나 자신의 열정, 증오, 비밀스러운 희망, 말할 수 없는 걱정거리는 밖으로 드러나지 않지만 강력한 파괴력을 가진다."

세 번째로는, 마스터 코치 MCC 박창규 코치가 『임파워링 하라』에서 '포스 Force와 파워 Power'로 구분한 힘의 정의를 들여다보자. 포스 Force는 주로 물리적으로 나타나는 힘이나 영향력을 의미한다. 그래서 '포스'는 외부의 힘과 환경에 대해 내가 느끼고 영향받는 것이다. 반면, '파워 Power'는 인간이 가지고 있는 내면의 힘을 의미한다. 즉 사람과 사물을 통제할 수 있는 힘 또는 능력, 기회를 뜻하는 말로도 사용된다. 파워 Power는 내가 성장하고 또 다른 사람에게 영향을 주는 힘이다. 그러므로 인간이 스스로 동기 부여해 성장해가는 힘은 주로 파워다. 그래서 파워에는 영혼이 깃든 생명력이 들어있는 '씨앗'이라는 비유적 의미

다질 줄 아는 용기

를 부여했다. 사람은 태어나면서 태초의 씨앗에서 비롯된 에너지인 대문자 'POWER'를 부여받으며, 그것을 잘 활용하여 키워가는 힘을 소문자 'power'로 표현했다. 'POWER'에서 'power'를 지속적으로 끌어내도록 코칭 질문을 통해 파워-업 Power-up 시키는 것이 '임파워링 Empowering'이라고 했다.

여기서 힘의 작용 방향으로 볼 때, '포스'는 외부에서 가해지는 '아웃사이드-인 Outside-in'의 힘이며, '파워'는 내 안에서 밖으로 발휘되는 '인사이드-아웃 Inside-out'의 힘이라고 필자는 정의를 추가해 본다. 결론은 포스 Force보다 파워 Power다!

현역 시절, 필자의 모기업에서는 'Why-Why-Why 운동'이 펼쳐졌었다. 사무실 벽마다 3W 스티커가 붙었던 모습이 아직도 눈에 선하다. 일을 그냥 하지 말고 최소 세 번은 이유를 물으라는 것이었다. 팀 업무를 예로 들면, 팀장으로부터 업무지시를 받고 나서! 중간 정도 수행한 후! 최종 마무리 전! 요렇게 세 단계에는 꼭 'Why' 질문을 던져야 한다. 기업은 시간이 돈이다. 일을 왜 해야 하는지를 묻고 방향을 잘 잡아야 "이 산이 아닌 개비여!"라는 기회비용 손실을 최소화시킬 수 있다.

사이먼 사이넥은 『나는 왜 이 일을 하는가? Start with Why』에서 '골든 서클 Golden Circle'이라는 개념을 통해 '왜 Why' 질문의 중요성을 제시했다. '왜?'라는 질문이 원하는 것은 이유, 목적, 신념 같은 것이다. 화살 과녁같이 단순한 세 개의 동심원을 그려놓고, 중심에는 '왜 Why', 그 바깥에는 '어떻게 How', 제일 바깥에는 '무엇을 What'을 배치시켰다. 그가 주장하는 내용을 살펴보자.

대부분의 기업들은 업무 소통을 할 때, 이 서클의 바깥에 있는 '무엇부터 출발해서 안쪽의 '왜'로 들어간다. 즉 '아웃사이드-인'식 의사전달 방식이다. 명료한 것에서 시작해서 애매한 것으로 나아가는 습성이기도 하고, 커뮤니케이션 및 의사결정의 수준이기도 하다. 그렇다 보니 '왜'에 대해서는 언급이 잘되지 않거나 대답을 어려워하는 경우가 많다. 그런데 탁월한 기업이나 탁월한 리더들은 모든 것이 '왜'라는 질문에서 시작되었다. 즉, 골든 서클의 안쪽에서부터 생각하고 행동하고 커뮤니케이션하는 '인사이드-아웃'식으로 접근한다는 것이다. '골든 서클'은 단순한 커뮤니케이션 기법이 아니라 존재의 근원 및 인간 행동의 진화와 관련된 '생명의 작용원리'이다. 뇌 과학과 접목시켜 '무엇을'은 '신피질'에 해당되고, '어떻게'와 '왜'는 '변연계'에 해당된다고 했다. 신피질은 합리적이고 분석적인 사고와 언어를 담당한다. 변연계는 감정을 담당하면서 모든 행동과 의사결정을 담당하기도 한다.

결론적으로, '무엇'으로부터 시작되는 '아웃사이드-인'식 의사전달을 할 때는 사실이나 특징 따위의 엄청나게 복잡한 정보를 이해시킬 수는 있다. 하지만 행동을 유발하지는 못한다. 반면에 '왜'로부터 출발하는 '인사이드-아웃'식으로 이야기를 해 나갈 때는 의사결정을 관장하는 두뇌 영역을 향해 직접 말을 걸기 때문에 직접적인 행동을 유발하며, 그 후에 이미 내린 결정을 합리화하도록 언어중추가 도움을 준다는 것이다.

수많은 사람이 사과가 떨어지는 것을 보았지만 뉴턴은 "왜?"냐고 물었다. 사과나무 밑에서 물은 바로 그 '왜'라는 안쪽으로부터 출발한 질문으로 '만유인력의 법칙'이 탄생했다.

"왜 이 한겨울에 푸른 잔디를 깔아야 하는 겁니까?" 정주영의 바로 이 "왜?"라는 미래적 질문으로 오늘날의 현대건설이 있다.

1952년, 6.25 전쟁통에 아이젠하워 대통령의 방한을 앞두고 유엔군 묘지에 잔디심기 공사가 입찰공고 되었다. 엄동설한에 어딜 가서 잔디를 구한단 말인가? 다른 한국 업체들은 엄두를 내지도 않고 포기할 때, 정주영은 미군들에게 '왜 Why' 질문을 던진 것이다. 그 결과, 중요한 것은 잔디가 아니라 묘지를 푸르게 만드는 것임을 알아냈다. 푸른 잔디 대신 트럭 30대분의 보리를 심었고, 아이젠하워가 방문했을 때 유엔군 묘지는 한겨울에도 푸른색을 띠고 있었다. 미군들은 그에게 감탄했고, 이후 공사발주 건이 있을 때마다 현대건설을 찾았다. 덕분에 현대건설은 한국전쟁이라는 시련에도 불구하고 미군 공사를 도맡음으로써 꾸준히 성장할 수 있었다는 이야기다.

'어떻게'와 '왜'라는 질문 사이의 거리는 하늘과 땅만큼 멀다. 왜(Why)는 '인사이드-아웃' 질문의 출발점이자 관문으로서 중요하며 임팩트가 크기 때문이다.

필자는 이러한 왜 Why 질문을 '빅 와이 WHY'와 '스몰 와이 why' 두 가지로 구분해서 사용하고 있다.

첫 번째 빅 와이에 해당하는 'WHY' 질문은 「삶의 목적 및 의미」를 찾게 하는 질문이다. 그래서 간절함을 탐색하는 '메타 뷰 Meta view' 또는 '의미 확장'용 질문들이 사용된다. 예를 들면, "그 목표가 당신 삶에 어떤 의미입니까?" "궁극적으로 이루고 싶은 것은 무엇입니까?" "그런 삶이 10년쯤 지속된다면 당신을 어떤 사람이라고 말할 수 있을까요?" 등이다. 두 번째 스몰 와이인 'why' 질문은 맞닥뜨린 문제나 감정에 대한 「이유와 원인」을 알아차리게 돕는 질문이다. 예를 들면, "이런 변화나 목표를 가로막고 있는 것은 무엇입니까?" "무엇이 당신을 이토록 두려워하게 만드나요?" "당신이 No라고 말하게 만드는 이유는 무엇입니까?" 등이다.

코칭에서는 가급적 직접적으로 '왜 why'를 사용하기보다 '무엇이 What' '어떻게 How'로 바꿔 질문을 한다. 그 이유는 '왜 Why' 질문이 나쁜 질문이거나 하지 말라는 게 아니라, 추궁하거나 곧바로 문제해결식으로 들어가는 것을 방지하기 위함이다. 그렇지만, 이 또한 전문 코치가 되고 나면 큰 의미는 없다. 강을 건너고 나면 나룻배 자체에 집착할 이유가 없는 이치와 같지 않을까….

호모사피엔스 Human-Being의 잠자는 뇌를 깨우는 방법은 딱 한 가지밖에 없다고 한다. 무엇이겠는가? 그것은 바로 '질문'이다. 기업이라는 조직은 빠르게 진화해 가는 우리 사회의 주춧돌이다. 따라서 조직의 리더는 삶의 목적을 세우고 원인을 탐색하는 '왜 Why' 질문으로 구성원들을 이끌 수 있어야 한다. '아웃사이드-인'의 '포스 Force'보다 '왜 Why'로 시작하는 '인사이드-아웃' 질문으로 조직 내 파워 Power를 끌어올려야 한다.

지금까지 포스 Force는 너무 남용되어 왔다. 하지만 정작 파워 Power는 많이 사용되지 못했다. 이제는 리더라면 '빅 와이 WHY'와 '스몰 와이 why' 질문을 일상의 키워드로 장착하여 구성원들을 파워-업 Power-up 시키는 것은 작금의 시대적 소명으로 받아들여야 하지 않을까….

조건과 긍정

"엄마 나 어떡하지? 차 가지고 가볼까?"

"어떻게 하고 싶은데? 운전 연습하려면 가져가긴 가야 하는데…, 그럼 가져가 보든가."

새벽에 안방으로 들어온 딸아이가 침대맡에서 지 엄마와 볼을 부비며 나누는 대화였다. 첫 교통사고를 경험한 뒤라 딸아이의 불안해하는 마음이 잠결에 필자에게도 건너왔다. 딸아이는 회사에 취업 후 출퇴근용 차가 필요하다고 생각하자 운전면허를 한 번에 땄고, 자기가 원하는 차를 단번에 샀다. 덕분에 아내에게 공범으로 몰려, 비싼 차를 더 알아보지도 않고 덥석 사는 데 적극 가담한 죄로 딸아이와 세트로 혼났다.

드디어 차가 집으로 왔고, 딸아이는 다음날 바로 용감하게 차를 몰고 출근을 했다. 서울 출장을 갔다 내려오는데 아내에게 부재중전화가 들어와 있었다. 전화를 하니 일단 집에 와서 얘기하자고 했다. 밤늦게 집에 도착했을 때 아내기 차분히 들려준 낮에 있었던 딸아이의 뉴스다. 차로 출근한 첫날 사고를 낸 것이었다.

"엄마, 나 사고 났어!"라며 울먹거리는 딸아이의 전화를 받고 달려 나간 아내는 얼마나 놀랐겠는가! 주행 중 뒤따라오던 버스가 위협적으로 앞

지르기를 하는 바람에 초보운전자는 길가에 가만히 서 있던 벤츠를 들이받고 말았다. 얘길 듣고 놀란 가슴을 숨긴 채 "딸은?"하고 물었더니 다친 데는 없고 자기 방에서 자고 있다고 했다. 하늘이 도왔다 여겼다. 또 다행인 건 벤츠에도 사람이 타고 있지 않았다는 거였다.

다음날 새벽, 아내의 당부대로 딸아이를 출근시키려 일찍 거실로 나왔다. 딸아이도 출근 준비를 마치고 소파에 앉아 있었다. 눈치가 아빠 잔소리를 들을 각오를 하고 있는 듯했다. "몸은 괜찮아?" "응, 괜찮아!" 한 마디씩만 주고받고는 함께 현관을 나섰다. 가는 차 안에서도 사고에 대해서는 아무 말 않고 딸아이를 회사 앞에 내려주고 출근을 했다. 오후에 딸아이에게 SNS 문자가 들어왔다.

"아빠, 하루 만에 사고 내서 부끄럽고 미안해…."

"허허허, 대단한 역사를 하나 쓴 거야. 운전 첫날 크게 터뜨렸으니 앞으로 평생 무사고다! 홧팅 똘~~~♡"

"감사해요. 나중에 봐~♡"

아빠 모자를 잠시 벗고 코치 아빠로서 딸아이에게 보낸 답 톡이다. 받힌 차 벤츠 수리 견적이 이천만 원이 나왔다. 가입하자마자 보험의 혜택을 톡톡히 본 셈이다. 딸아이 차도 수리를 마친 뒤 집으로 다시 돌아왔다. 아내의 시내 운전 연수 명령에 따라 주말에 딸아이를 태우고 도로로 나섰다. 조수석에 앉은 딸아이 입에서는 주행 중 조금만 거친 차들을 만나면 "양아치"・"무서워~"라는 말이 튀어나왔다. 자기 나름 첫 교통사고 트라우마를 떨치려는 것임을 안다. 월요일엔 아내가 출근을 시켰다. 하루가 지난 다음 날, 화요일 출근을 어떻게 할지 망설이다 새벽에 딸아이가 우리 방으로 와 엄마에게 결정을 묻고 있던 터였다. 아아이들에게 엄마라는 존재는 무한의 지지자다. 우리 집에서는 아이들을 키우면서 단 한 번도 "공부해라!" "학교 가야지!"라는 말을 아내가 하는 것을 본 적이 없다. "넌 어쩌고 싶은데?" "니 생각은 뭔데?" "니가 선택해!" 두 아이를 키우면서 주로 들었던 말들이 아직도 또렷하다. 지금은 전문 코치가 된 입장에서 돌이켜볼 때 그 당시 비지시적 대화로 자율적인 아이들을 키워낸 아내가 놀라울 따름이다.

그날 아침 분위기를 읽고 필자는 바로 일어나 씻고 어떤 상황에도 대응해 주기 위해 서재에서 책을 읽으며 대기했다. 기다려도 딸아이가 방에서 나오는 기척이 없어 아내에게 물었더니 아니 벌써 갔다는 게 아닌가…. "아빠가 옆에 앉아 가 주려 했더니!"라고 말했더니, 아내 왈 "엄마가 옆에 앉아 가 줄까?" 물었는데 딸아이가 혼자 가보겠노라 했단다. "기다려주는 수밖에…"라고 나직이 말하는 아내의 말에 공감 시그널을 동조시키며 출발한 아침이었다.

"예, 모친. 어디가 안 좋으세요?"

"내가 다리가 아파서, 어제 네 자형하고 병원에는 갔다 왔는데…."

"아, 그래요. 그럼 이따 점심쯤에 제가 급한 일만 보고 바로 갈께요."

이른 새벽, 스마트폰이 부르르 떤 후 모친과 나눈 대화다. 아침 일찍 전화가 울리면 무조건 모친이시다. 새벽잠이 없기도 하시거니와 바쁜 아들이 그나마 통화가 수월한 시간이라 생각하셨으리라. 살아오신 터전을 떠나지 않으시고 옛 동네에서 홀로 지내셨다. 전화기 너머로 기운 빠진 목소리가 심상치 않았다. 연세 드신 부모님한테서 먼저 전화가 오면 자식은 불안하고 걱정되기 마련이다. 불과 얼마 전에도 꼭두새벽, 코피가 멎질 않아 응급실을 모시고 갔다 온 일이 있었기에 더 그랬다.

사전에 비즈니스 점심 약속이 잡혀있었다. 불편한 마음에 요청해서 점심 식사를 당겨 끝내고 모친 아파트에 주차를 했다. 초인종을 누르지 않고 아파트 1층 현관문을 열었다. 어머니는 방 안에서 기도를 하시며 단정히 앉아 계셨다. 짠한 무언가가 올라와 목젖을 건드리는 바람에 몇 번 침을 모아 삼키고는 신발 벗고 올랐다. 방바닥에 마주 앉아 모친의 바지를 걷어 올려 아프다는 무릎 상태를 살펴보고 손으로 주물러드렸다. 평소 자기 몸 관리는 억척같으신 분이라 당시만 해도 새벽 기도와 백팔배는 생활이셨다. 팔십 대 후반의 노모에겐 늘 철부지로밖에 보이지 않았을 아들이 훈육을 해대기 시작했다. 어머니는 잔잔히 기분 좋게 들으셨다. "모친, 이젠 운동도 절대 무리하시면 안 되고, 몸이 아픈 것도 친구로 받아들이셔야 되요!" 그리고 새벽 기도하실 때도 무릎한테 솔직하게 고백하라며, 말로나마 긍정의 기운을 얹어 드리려 애썼다. 나이 드신 어른들에게는 자식의 기운 주는 말 한마디가 보약임을 알기에…. "무릎아, 고맙다. 팔십 년 넘게 널 혹사시켰는데, 여태껏 잘 버텨줘서 고맙다. 이제야 아프다고 하니 미안쿠나!" 이렇게 말하라고 했더니, 어머니는 안 그래도 동네 친구가 그렇게 하라더라며 작은 수첩을 꺼내 굵은 싸인펜으로 써놓으신 글을 보여주시며 즉석에서 다섯 번을 외셨다.

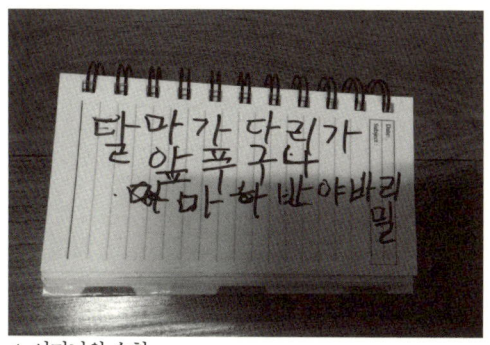

△ 어머니의 수첩

"달마가 다리가 아프구나. 마하반야바라밀!"

"그래, 맞아요! 아이고, 친구분이 저랑 똑같은 말씀을 해주셨네."라며 큰 웃음 담아 호응해드렸다. "자, 이제 그럼 점심 드시러 갑시다. 뭐 잡숫고 싶으셔…." 모친을 태우고 가까운 시장으로 갔다. 넷째 누나와 자형은 전통시장에서 떡집을 운영하고 있다. 모친댁에서 걸어서 10분 거리다 보니 모친께서 마실 오가실 참새방앗간이다. 믿고 의지할 곳이 가까이 있어 얼마나 든든했는지 모른다. 그래서 모친께는 뵐 때마다 딸하고 사위가 아들보다 낫다고 거듭 말씀드렸다. 어머니는 1950년대부터 80년대까지 우리나라 가정문화를 지배했던 가부장제의 남아선호사상이 깊게 뿌리내려있는 전형적인 분이셨다. 슬하에 3남 5녀 자식 중 딸들이 그렇게 잘해도, 사위가 사랑받는 짓을 해도 그래도 아들이셨다. 늘 부끄러운 아들 입장이다 보니, "모친, 딸하고 사위가 잘하면 '고맙다' '잘한다' '사랑한다'하고 말씀을 하셔야 돼!"라고 교육 아닌 교육을 지속적으로 시켜드려야 했다.

그 연세에도 총명하셨던 어머니는 변하시려는 노력을 통해 조금씩 바뀌시는 모습을 보이셨다. 입맛 없어 하시던 모친이 그나마 맛있게 넘기시던 시장통 돼지국밥을 아들과 둘이서 한 그릇씩 뚝딱 해치우고는 참새방앗간을 들렀다. 떡집 자형의 마음 씀에 감사를 표한 후 전후 사정 이야기를 다 듣고 나니 한결 마음이 놓였다. 무슨 일이건 전하는 말만으로는 불안하다. 생각·감정·느낌이 부정적으로 흐르기 십상이기 때문이다. 직접 상황의 중심에 가보고 조건을 걷어내고 나면 긍정의 샘물이 솟아난다는 것을 또 배운 하루였다.

그로부터 1년여가 지난 작년 가을날, 어머니는 무에 그리 급하셨던지

접시꽃 당신처럼 이 세상 소풍을 끝내셨다. 옥천사에서 사십구제를 끝내고 나니 열흘 뒤에 해가 바뀌었다. 청천벽력과도 같았던 신열을 내리는 데 왜 사십구 일이 걸리는지 몸소 깨달았다. 떠나신 빈자리를 느끼며 불효자는 죄스러울 따름이었다. 어머니 가신 첫 설날, 아버지 만나 노닐고 계실 고향을 찾았을 때 마을 어귀 하늘에 분홍빛 접시꽃으로 피어계신 어머니의 향기를 호흡했다.

대한민국 코치대회에서 기조연설도 했었던 에노모토 히데타케가 쓴 『마법의 코칭』에서는 조작주의 컨트롤 주의에 대한 환상을 적나라하게 설명하고 있다. 조작주의자들은 일부 사람에게 그 해답이 있고, 세상에는 상하가 있다고 생각한다는 것이다. 인간이 자연을 컨트롤 할 수 있다는 생각이 환상에 불과하듯, 상사가 부하를 컨트롤 할 수 있다는 생각도 환상에 불과하다는 것을 깨달아야 한다. 조작주의에 빠져 있는 사람은 2인칭 또는 3인칭을 주로 사용한다. '변해야 되는 것은 내가 아니라 저 녀석이다.'라는 생각이 밑바닥에 깔려 있다. '부하가 말을 듣지 않는다.' 등 자신은 쏙 빼고 2인칭을 남발하는 것이다. 이제는 2인칭 화법을 1인칭으로 바꿔야 한다. 해답 없는 시대에 조작이나 방임이 아닌 상사와 부하는 '협력'의 길로 가야 한다.

또한, 칼 로저스는 『사람-중심 접근법 A Way of Being』에서 다음과 같이 말했다.

"상담자 자신이 지니고 있는 삶과 인간관계에 대한 '존재 Being의 방식'이 내담자와의 치료적 관계 형성에 있어서 가장 중요한 요소다. 상담자가 지시적이 되지 않으면 않을수록, 즉 비지시적 Non-directive이 되면 될수록 도리어 더 좋은 영향을 끼친다는 것을 깨달았다. 그렇지만 실제로 상담 과정에서 상담자가 지시적이 되지 않는 것, 즉 비지시적이 된다는 것이 그리 쉽지 않으며, 동시에 지시적이 되기란 얼마나 쉬운 일인가? 변화의 토양을 만드는 데 중요한 수용, 배려 또는 존중이며, 나는 이것을 '무조건적인 긍정적 관심 Unconditional Positive Regard'이라고 불러왔다. 치료자는 소유하려 하지 않으면서 배려한다. 치료자는 내담자를 조건적으로 대하지 않고 전체적으로 수용한다."

코칭에서 '무조건적인 긍정적 관심'은 존재의 방식으로서 같은 맥락의 바탕 생각이다. "자기 마음만 책임지면 세상은 아무 문제 없다." 수행 스승 '종진 스님'께서 하신 말씀이 내 안에서 하프를 타는 날들이 종종 많다. 왜 우리는 외부로부터의 시선에 민감한가? 자기 존재감을 느끼기 위해 인정·존중·지지받고 싶은 욕구가 강하기 때문이다. 우리가 하는 모든 것은 살아있다고 느끼는 쾌감을 얻고자 함이다. 비난, 무시, 차별을 당할시 굉장한 고통을 느끼는 것은 존재감을 상실하기 때문이다. 진정한 나는 생각이 일어나고 사라지는 텅 빈 공간에 있다고 했다. 조건화된 것을 따라가는 것은 달을 가리키는 손가락이 도구임을 모르는 것이다. 우리는 조건 지어진 삶에서 자기의 삶으로 마음의 빛을 밝혀야 한다.

코칭에서는 고객을 '자기 문제 전문가'이자 '가능성 존재'라 믿고, 어떤 상황에서건 무조건적·긍정적으로 바라본다. 위에서 심리학자 칼 로저스가 말한 대로, 코치라면 '무조건적'이고 '긍정적'인 태도를 견지해야 하는 것은 두말할 나위 없다. 코칭에서 무조건적이란 조건화되지 않고, 조작주의에 빠져 지시하려 들지 않고, 조건 없이 있는 그대로를 수용하는 것이다. 긍정적이란, 누구나 자기 안에 해답을 가진 창의적 존재로서, 선택을 감행할 수 있는 무한한 가능성을 갖고 있다고 믿는 긍정적 시각이다.

그럼에도 불구하고, 게리 콜린스는 『코칭 바이블』에서 비지시적 '중립성'은 완벽하게 고수하기 어려움을 역설했다. 이 또한 실제 코칭 현장에 있는 전문 코치로서 100% 공감하고 인정하는 부분이다. 같이 들어 보자.

"코칭의 핵심 개념은 사람은 충고를 받거나 할 일을 지시받을 때와는 달리 자신이 스스로 결정했을 때 더욱 확고하게 결심을 지키고 효과적으로 추진한다는 것이다. 코치는 중립적인 위치를 지키도록 노력해야 한다. 그러나 어떤 코치도 완벽하게 중립적일 수 없다. 비지시적 상담의 주창자였던 심리학자 칼 로저스조차도 이 용어를 '사람 중심적 상담'으로 바꾸었는데, 총체적 중립성을 지키며 지시 없이 상담하는 것은 신화에 불과하다는 연구 결과가 명백하게 나타났기 때문이다. 코치가 자신의 가치와 관점을 철저하게 숨기려 해도 사람들이 코치 자신의 가치와 일치하는 방향으로 움직일 때는 내면에서 환호하고 멀어질 때면 실망한다. 코치가 코칭하는 사람의 독립성과 결정을 진지하게 존중하고 중립을 지키려고 노력한다 해도, 코치는 나름의 가치와 관점이 있다. 이것이 우리가 말하는 것에 영향을 미치고 다른 사람에게 영향을 미친다는 사실을 받아들이는 것이 더 정직하지 않을까?"

비슷한 듯 다른 말들이 있다. 그 두 말의 질문에 대한 결과는 차이가 크다. 쉬운 예를 들면, "지지마!" 대 "이겨라!"의 차이다. 조금 더 나아가 "다시 실수 안 하려면 어떻게 할래?"와 "더 잘 하기 위한 방법이 뭘까?"는 어떤가? 그래서 코칭에서 목표를 세울 때는 '회피목표'보다 '접근목표'로 유도한다. 즉, 회피는 부정적인 데서 벗어나는 것이고, 접근은 긍정적으로 다가서는 의미가 포함되어 있다. '좋음 Good 대 나쁘지 않음 Not Bad!', 기업에서의 평가 기준이었던 범례가 떠오름은 왜일까….

하우석의 『내 인생 5년 후』에서 그 이유를 밝혀준다. "나쁘지 않은 인생의 끝은 결국 나쁘다. 결국 단 한 번도 좋은 인생, 탁월한 인생, 가슴 뛰는 인생을 살지 못하게 된다. 나쁘지 않은 인생이 아니라 정말 좋은 인생을 살아야 한다. 나쁘지 않은 인생은 나약한 타협만 불러올 뿐이다."

"너무 긍정적인 말만 해 주셔서 좋긴 한데…, 과한 거 아닙니까?"
"아 네. 긍정이 과하다는 말씀인데, 그럼 긍정적이지 않아야 할 이유 10개만 말씀해 보시겠어요?"

기업에서 팀장 코칭 중 고객의 돌발질문에 되던진 질문이다. 가끔 일어나는 도전적 상황이다. 물론 사람의 유형을 가늠해서 직면시키거나 우회해야 함은 기본이다. 필자는 소위 돈 받고 말 들어주는 사람이기 때문이다. 그래서 항상 상대방의 온몸을 향해 내 온몸의 안테나를 펼쳐 적극적으로 듣는다. 고객이 힘들어하거나 힘 빠지는 상황이 감지되면 에너지 올릴 말을 찾고, 단점이 아닌 강점을 반사시켜 준다. 예를 들어 보면, 모 임원이 "저는 끈질기지 못해요. 맨날 작심삼일로 끝나거든요."라고 말했다. 이때 여러분은 어떤 말로 반응하시겠는가? 필자라면 "아네, 상무님은 단기전에 강하신 분이군요."라고 돌려줄 것이다. 그리고 작더라도 전환이 일었거나 직접 일궈낸 어떤 것을 감지하면, 즉시 알아주고 축하하고 인정·칭찬한다. 부정적인 말은 절대 맞장구치지 않는다.

고객이 어떻게 긍정으로 되가져갈 수 있을지 스스로 중앙처리장치 CPU를 작동시키도록 지원하고 지지한다. 부정적인 말이 지닌 무게에 눌려 자신을 망가뜨리거나 나락으로 떨어지는 이들이 어디 한둘인가? 긍정적이고 적극적인 언어를 사용해야 하는 이유는 차고도 넘친다.

"삶이 쉬워서 긍정적으로 사는 것이 아니라, 삶이 어렵기 때문에 긍정적으로 사는 것이다. 긍정적인 생각만으로 성공이 보장되지는 않는다. 하지만 부정적으로 생각하면 실패가 확실하게 보장된다." 존 고든이 『인생 단어』에서 한 말이다.

조건 짓지 않는 긍정은 기적을 만드는 강력한 에너지다. 긍정의 언어를 유쾌·상쾌한 말로 나눌 수 있다면 삶은 신바람이 나게 마련이다. 로빈 샤르마의 말로 긍정을 외쳐보자.

"날마다 거침없이 유쾌하게 사는 것이야말로 중요하다는 사실을 절대 잊지 마라!"

공감과 동감

"아니, 이사님! 왜 이렇게 통화하기 힘들어요?"

"아예, 조직검사가 나왔는데 초기 암이라고 해서 위를 절반 정도 잘라냈어요…."

며칠째 통화가 되지 않던 코칭 도반 K 코치한테서 전화가 걸려 왔다. 반가운 마음에 일부러 퉁명스레 말을 던졌는데 아무렇지 않지 않은 것을 아무렇지 않게 돌아온 대답이었다. 사실 얼마나 놀랐던지…. 여름 첫 태풍이 오키나와 해상을 빠져나갔는데도 긴 꼬리가 가랑비를 뿌리던 어느 수요일 아침이었다. 운전 중 K 코치에게 전화를 걸었는데 받질 않았다. 그 전주 목요일에 검사 결과가 나온다고 했는데 바쁜체하느라 전화를 못 했다. 주말이 지나 전화를 했는데 월요일도, 화요일도 전화를 받지 않아 불안했는데, 그제야 기다리던 전화가 온 상황이었다.

"계속 전화가 서로 꼬였네요."

"아니, 그런 큰일이 있었으면 말을 해줘야지! 병문안이라도 가봤을 거 아냐!"

K 코치의 능청 떠는 소리에 목소리 톤이 올라갔다.

"그럴까 봐 말 안 했어요. 대학병원이라 4박 5일만 입원하래서 내일 퇴원해요!"

그는 태연 모드를 유지하며 말을 이었다.

"나 이제 술 못 먹어"

"당연하지! 잘됐네. 이참에 나도 같이 끊지 뭐!"

"별거 아닌 줄 알았는데 에너지도 딸리고 몸이 한 15% 정도 빠진데네…."

"그래, 그럼 날씬해지고 좋겠네! 뭐."

"내가 식이요법 잘해서 주 코치님보다 오래 살 거니까 걱정하지 마."

"제발 그러세요. 딱 더도 말고 백 살까지만 살다 갑시다. 우리!"

말은 그렇게 쿨하게 나눴지만, 감정문은 쉬이 닫히지 않았다. 삶의 교실에 아픔은 필수 과목이다. 그렇지만 도반의 아픔은 남의 학교 담벼락 무너진 일이 아니다. K 코치 성품상 아마 병실에서도 괜찮은 '척·체'를 할 것이다…. 차창을 타고 내리는 빗물에 얼룩진 거리 풍경이 뒤엉키며 눈물처럼 녹아내렸다. 전방 와이퍼가 쉼 없이 닦아내도 닦이지 않는 멜랑꼴리한 아침이었다.

K 코치는 정말 다행히도 항암치료 없이 운동과 식이요법으로 몸을 만들며 지금은 거의 회복 단계에 있다. 수술 후 몇 개월이 지나서야 만날 약속을 잡았다. 천안 아산역에서 KTX를 내려서자마자 다소 슬림해진 그와 힘껏 허그로 재회했다. 그 와중에도 필자를 픽업하러 나왔다. 그의 차로 호텔로 이동하면서 입원해 있을 때의 이야기 하나를 들려주었다.

K 코치에게는 늦둥이 막내딸이 하나 있다. 엄마 손을 잡고 초등 5학년 막내딸이 아빠 병실을 찾았던 날이었단다. 병문안 온 딸아이가 글쎄 온 병실을 뛰고 구르며 한바탕 난리를 피우는 통에 아내를 재촉해 얼른 집으로 돌려보냈단다. 옆 침대 환자분께는 민망함에 사과를 드렸다고 했다. 그리곤 교육 차원에서 짚고 넘어가야겠다 싶어 퇴원한 뒤 딸아이를 불러 물었다.

"딸, 너 아빠 병실에 왔을 때 병원인데 왜 그랬어?"
"아빤 몰라도 돼!"
"평소에 착한 우리 딸이 왜 그랬는지 궁금해서 그래…."
"흠…, 아빠도 옆에 있던 아저씨도 힘 빠져 보여서, 기분 좀 좋으라고 일부러 그랬어!"

세상에…! 전해 듣는 말인데도 말을 듣자마자 코끝이 찡했다. 그 어린 녀석이 아빠 힘내라고 의도적인 소란을 피운 것이었다. 뒤늦게 딸아이의 속내를 알게 된 코치 아빠는 감동을 먹고는 미안해했다. "참 기특한 녀석 이구만! 코치에게 오히려 '코치 프레즌스'를 보여줬으니 딱 코치 딸 맞네."라며 차창 밖으로 함께 큰 웃음을 날렸다. K 코치는 쑥스러워 하며 말을 이었다. 주말마다 집에 올라가면 꼭 껴안고 잔다는 초딩 막내딸 일기장을 캡처한 사진을 또 보여주었다. 군데군데 지우개로 연필 공사장을 만든 내용 중 가슴에 꽉 꽂혀버린 한 문장이다.

"어느 날 아빠가 사라지더라도 아빠를 꼭!꼭!꼭! 찾아내고 말겠다."

코치의 딸에게서 달달함을 동감하는 우리는 '딸 바보 아빠'가 복사된 A4용지일 수밖에 없다.

"저는 배달하는 사람입니다. 휴가철이라 사무실이나 집에 아무도 없네요. 온몸이 땀범벅인데 참 힘드네요. 저도 휴가 가고 싶어요."

"아, 그러시군요. 파이팅입니다."

운전 중에 듣는 FM 라디오 클래식 방송은 더위를 날려주는 자일리톨 껌과 같다. 이름만 대면 알만한 유명 아나운서가 애청자의 사연을 읽고 응원하는 말을 듣고 있었다. "아니, '공감' 어디 갔어?" 순간 필자의 입에서 튀어나온 말이었다. '직업병인가? 직업은 어쩔 수 없구나!'라면서도 아나운서의 이름값 대비 허한 아쉬움은 어쩔 수 없었다.

방송 아나운서는 타임프레임에 맞춰 대본만 읽고 사연을 대충 배달만 해주는 사람은 아니지 않나…. 적어도 애청자 사연에 공감해주고 위안이나 헐거움도 줄 수 있다면 얼마나 좋을까? 음악을 제때 내보내는 것도 중요하겠지만 아무리 급하더라도 사연까지 보낸 애청자의 속마음은 조금이라도 어루만져줘야 하지 않을까! 그 순간 "아, 이분은 목소리만 믿고 방송을 해 오셨구나!"라는 안타까운 생각을 지울 수 없었다. 물론 나긋나긋 구르는 목소리의 타고난 재능도 중요하다. 하지만, 청취자의 마음을 알아주고자 하는 진심이 들어있어야 진짜 방송이 아닐까?

아나운서는 말 한마디로 전파를 통해 인향人香을 방방곡곡에 실어 나르는 직업이지 않은가? 그런 사람 냄새나는 방송을 들을 때, 힘겨웠던 사연 당사자나 일반 청취자의 가슴은 가랑비에 옷 젖듯 촉촉해질 것이 아닌가. 목소리만으론 안 된다! 연민과 공감으로 보듬어줄 줄 알아야 한다. 잠시 위 애청자 사연 소개 상황을 원점으로 되감아 보자. 정답은 없지만, 이런 정도로 좀 더 공감해줬더라면 어땠을까?

"저는 배달하는 사람입니다. 휴가철이라 사무실이나 집에 아무도 없네요. 온몸이 땀범벅인데 참 힘드네요. 저도 휴가 가고 싶어요."

"아, 그러시군요. 무더위에 온몸이 땀범벅이시라니 얼마나 힘드시겠어요? 아마도 지금 사연 주신 분이 흘리신 땀방울 때문에 다른 분들이 편안하게 휴가를 보낼 수 있지 않을까요? 대신 고마움을 전합니다. 힘내십시오!"

그 여름 두 번째 태풍이 지나간 토요일 아침, 세미나 참석차 광안대교를 올라타고 있었다. FM 라디오에서 흘러나오는 익숙한 여성 아나운서의 드라이한 멘트는 여전히 2% 부족함을 느끼게 했다. 세상 모든 이가 코치일 수는 없다. 그렇지만, 사람 마음을 읽고 만져줘야 할 사람들은 가능한 만큼이라도 코처블 Coachable 했으면 좋겠다. 타고나거나 다듬어진 목소리에만 의지해 말풍선을 찍어내기보다는, 의도적 공감력으로 상대의 마음에 초인종을 눌러주는 메신저였으면 참 좋겠다.

흔히 '이성적'이라는 말에 대비되는 말로 '감성적'이라고 표현한다. 21세기 들어 '공감'이라는 단어가 급부상한 듯하다. 동시에 4차산업 '혁명'의 시대 중심에 서 있다 보니 '감정'이란 단어가 그럴듯하게 포장된 면도 있다. 그렇다 보니 우리는 공감 Empathy을 동감 Sympathy과 혼동하기 쉽다. 일반적으로 두 말을 같은 의미로 사용하기도 하고, 동감 Sympathy과 동정·연민 Compassion을 혼용해 쓰기도 한다. 밀접하게 연관된 세 단어 사이에 있는 중요한 의미상의 차이를 몇 가지 스펙트럼으로 분별력을 높여 보자.

먼저, 김소연의 『마음 사전』에서 감정과 연결된 섬세한 '공감'의 정의를 음미해보자. "감정은 세세하기 때문에 명명될 수 있지만, 기분과 느낌은 명명이 불가능하다. 감정이 한 칸의 방이라면, 기분은 한 채의 집이며, 느낌은 한 도시 전체라 할 수 있다. 감정은 반응하며, 기분은 그 반응들을 결합하며, 느낌은 그 기분들을 부감한다. 공감은 다른 사람들의 감정적 영향에 우리를 열어둠으로써, 그들에게 설득당할 목적을 세워둔다. 그리고 나에게 설득당할 누군가를 예정해둔다. '공감'이 유발하는 설득은 이성적인 설득보다 훨씬 더 직접적이며, 한마디면 충분할 경우도 많다. '네가 옳아' 혹은 '그것도 좋은 방법이지' 같은 한마디를 듣고 싶어서, 우리는 길고 긴 하소연을 할 때가 많은 것이다." 사전적이거나 이성적인 설명보다 훨씬 더 와닿지 않는가? 감성적인 색깔로 채색된 수채화 같은 '공감'의 맛을 느낄 수 있다.

또한, 이기주는 『말의 품격』에서 공감과 동정의 차이를 구성주의적으로 표현했다. "동정과 공감은 우리 마음속에서 전혀 다른 맥락의 생성 과정을 거친다. 타인의 고통을 자신의 고통처럼 느끼는 감정이 마음속에 흐르는 것이 공감이라면, 남의 딱한 처지를 보고 안타까워하는 연민이 마음 한구석에 고이면 동정이라는 웅덩이가 된다. 웅덩이는 흐르지 않고 정체돼 있으며 깊지 않다." 즉, 감정이 흐르면 공감이요, 한 곳에 고이면 동정인바, 고인 물은 깊을 수 없으니 흘러야 함을 강조하는 듯하다.

다음으로, 에키 다케이코는 『인생을 성공으로 이끄는 대화법』에서 동정을 내적으로 정의했다. "보통 사람들은 '동정'을 '불쌍히 여긴다.'는 의미로 생각하겠지만, 실제로 '동정'은 '불쌍하다.'는 뜻과는 다르다. 즉 '동정'이란 상대방과 '정을 같이 한다'는 뜻이다. 만일 상대방의 내적인 조건, 즉 마음의 변화에 동정이 생기게 되면, 그 마음의 변화를 즉시 포착하여 거기에 대응하는 자세가 생기는 것이다. 그러므로 우리가 동정할 수 있는 인간이 되는 것, 다시 말하면 '동정 능력'을 갖는 것이 내적

다질 줄 아는 용기

인 조건 때문에 피해를 입지 않는 유일한 길일 것이다." 다소 생경한 느낌도 있지만, 쉽게 정리하면 동정은 상대방에 대한 사랑으로 같이 아픔을 느끼고 고통을 덜어주고자 하는 마음을 갖는 것임을 말하려는 것이 아닐까….

마지막으로, 코칭에서 주로 사용하는 정의를 살펴보자. 동정 Compassion 은 사람에 대한 관심, 친절, 배려 그리고 심지어 동감 Sympathy까지 느낄 수 있도록 표현하는 것이다. 동정한다는 것은 상대방에게 선물을 주는 것이다. 상대방이 처한 상황에 경험이 없어도 진솔한 동정을 보이는 것은 가능하다. 공감 Empathy은 같은 경험, 느낌, 생각을 해 보았기 때문에 상대방의 경험, 느낌, 생각을 알아주는 것이다. 전문 코치로서 필자의 개념으로 정리해 보면, 동감은 상대의 늪 속에 같이 빠져드는 것이고, 공감은 좀 더 드라이 Dry한 동감이 아닐까 싶다. 그래서 코치는 '동감'하지 말고, 연민 동정으로 '공감'해주는 것이 보편적 덕목이다. 당신의 선택지는 무엇인가?

지금은 '가성비' 너머 '가심비'의 시대다. 그만큼 똑똑해진 소비자들의 마음을 어떻게 움직이게 할 것인가가 마케팅의 화두다. "주말에는 마음을 휴식시키시길 바라며, 마음 휴게소를 클래식 살롱으로 여시면 어떨까요?" 주말 FM 라디오에서 흘러나온 한 마디다. 이 말을 듣고 여러분은 마음 휴게소를 어디로 선택하겠는가? 마케팅 멘트인줄 아는데도 감성이 툭 건드려짐을 느꼈다. 이어 휴일 아침을 클라리넷과 피아노 합주곡으로 깔아주니 마음이 편안해지며 자연스레 빨려 들어갔다. '그래, 너를 가심비 방송으로 인정하노라.'라고 생각한 그 날 이후 그 방송은 적어도 한 사람의 청자를 더 얻었다.

동감은 상대방에게 "함께 빠져든다 Feeling with"는 의미에 가깝고, 공감은 "느끼며 들어간다 Feeling into"는 의미로 정리할 수도 있겠다. 여기서, 상대방과의 그 무엇은 사람과 사람 사이의 감정이입이나 전달을 말하는 것이다. 인간 이외의 동물, 식물, 무생물 등과의 관계는 포함되지 않는다. 공감은 전이와 저항 과정에 대한 정보를 제공한다. 그것은, 공감은 연민이나 동감과는 달리 중립적이고 비판단적이기 때문이다.

"고생했네. 근데 그것밖에 안 돼? 나 같으면 밥숟가락 놓겠다."

어떤 비즈니스 미팅에서 리더가 내뱉은 쓰레기 같은 말이다. 조직에서 말의 품격을 심각하게 훼손시켜 버린 경우다. 리더의 탄창에서 공감이나 연민의 탄알은 다 빼버리고 비판의 총알만 쟁여놓으면 영혼 없는 빈 껍데기 조직만 남는다. 영어에서 말 Word 앞에 's'자 하나만 붙이면 금방 칼 Sword로 돌변하듯 말은 충분히 벨 수도 베일 수도 있다. 말에 다쳐 집으로 돌아온 날은 아프고 통증이 깊고 오래간다.

리더는 '지위'가 아니라 '역할'이다. 그래서 어떤 역할을 할 것인지는 리더의 선택이다. 말도 삶의 매 순간 선택해야 하는 것이다. 자기 입술만 더럽힐 것인지, 다음의 인디언 속담처럼 인간 존재로서 '공감과 연민'이라는 선물을 나눠 줄 것인지를….

"남의 신발을 신고 1마일을 걸어보기 전까지는 그 사람을 비평하지 말라."

목적과 목표

"엄마, 난 학원 갈 시간이 되면 가슴이 뛰어!"

아들에게 이 말을 들었던 순간을 엄마는 소회했다. 한 고등학생 사내아이가 있었다. 어릴 때부터 밝고 쾌활한 아이였다. 초등학교 땐 축구도, 공부도 썩 잘했고 특히 노래로 엄마에게 기쁨을 주는 아이였다. 중학교에 들어가면서부터 장이 약해 학교를 못 가는 날이 잦아졌다. 병원이나 한의원을 숱하게 다녔지만 특별한 이상도 나아지는 것도 없었다. 고등학교를 진학하고도 하루 수업 일정을 소화하지 못하는 날들은 자주 발생했다.

학교 건물 중앙 벽시계는 사내아이 앞에도 고3이라는 허들을 똑같이 세웠다. 어느 따뜻한 봄날, 사내아이는 엄마에게 속에 있던 말을 꺼냈다. "엄마, 나 음악학원 보내줘!" 의외의 말에 엄마는 잠시 난감했다. 사내아이는 어릴 때부터 가족끼리 차를 타고 갈 때면 누나랑 노래쟁탈전을 벌일 만치 열성적이었고, 학교에서도 친구들에게 실력을 인정받는 노래를 좋아하는 아이였다. 중학생이 되자 변성기가 찾아오면서 많이 답답해하기도 했다. 점차 목소리가 안정되면서 발성 연습을 하고 싶어 했는데, 건강상의 이유로 힘들어하고 있었다. 아들의 갑작스런 요청에 엄마는 즉시 어떻게 도와줄까를 고심했다.

다음날, 사내아이와 엄마는 시내 호숫가에 위치한 빌딩의 음악학원장실에서 차담을 나누고 있었다. 그로부터 신록이 푸르름을 더해 갈 무렵, 사내아이는 엄마에게 두 번째로 말을 꺼냈다. "엄마, 나 '취미'반에서 '입시'반으로 바꾸고 싶어!" 엄마는 한 번 더 난감할 수밖에 없었다. 다른 아이들은 수시를 넣는 시점이었고, '음악은 취미로만 하고 말겠지!' 생각했던 엄마는 이번엔 아들을 앉혀놓고 물었다.

"아들, 이 길은 TV를 보면 많은 사람들이 가고 있는 것처럼 보이지만 실제는 아주 힘들고 좁은 길이야?"
"엄마, 난 학원 갈 시간만 되면 가슴이 뛰어!"

사내아이는 단 한마디 말로 엄마의 마음 잔디밭에 길을 내어 버렸다.

"엄마, 힘들어도 이 길을 가볼래! 직접 가서 경험해보고 싶어!"

더 이상 무슨 말이 필요하겠는가? 사내아이는 좋아하는 음악을 막상 해보니 너무 좋았고, 한 달 만에 그 길로 진학을 결정했다. 먹먹해진 가슴을 진정시키며 엄마는 스마트폰에서 학원장님 전번을 찾고 있었다. 거실 벽시계의 시침과 분침은 교차 운동을 지속하여 사내아이는 예대에 들어갔다. 그리고 건강하게 군 생활을 마치고 와서 지금은 복학하여 하고 싶은 음악을 공부하고 있다. 그 사내아이의 엄마는 필자의 아내다.

"아니, 가슴이 뛴다고 하는 데 어쩔 거야?"
"나이 먹도록 한 번도 뛰어 본 적 없는 가슴을 달고 사는 사람들이 얼마나 많은데…."

다질 줄 아는 용기

언젠가 아내와 둘이 차담을 나누다 '이제는 말할 수 있다.' 방송 인터뷰처럼 그녀가 쏟아 낸 말이다. 그 세월의 그 무게감을 함께 맞들어 주지 못한 미안함에 필자는 할 말을 잃었었다. 그날 저녁, 서재에서 틀어박혀 바윗돌 하나 마음 연못에 던져놓고, 내면으로 침잠하며 고요히 가라앉았다. 바윗돌에서 올라오는 거품 방울 속에 아들의 가슴 뛰는 삶을 담아 물 밖으로 터뜨려 올리며 고요하게 강렬한 응원 지지를 보냈다.

"누구나 가슴 안에 구멍이 있습니다."

빗속을 달려가 만난 유명 드라마작가가 가슴에 구멍을 낸 말이다. 하늘에도 구멍이 났는지 줄줄 흘러내린 비가 목요일 오후를 수채화로 채색한 날이었다. 벌써 몇 년이 지났다. 신문을 넘기다 하단 박스 안에 '누구나 작가가 될 수 있다!'라는 제목이 눈에 들어왔다. 그땐 잘 몰랐는데 박스 중앙에 웃고 있던 유명 방송작가의 선한 얼굴이 필자를 끌어당겼다.

강연장에 앉은 내내 작가의 강연은 김이 모락모락 피어나는 백설기처럼 따뜻하고 우아했다. "사람들은 누구나 가슴 안에 구멍이 있다. 생각 주머니 속의 생각을 굴려보라. 20대의 총명한 작가 지망생들은 죽었다 깨어나도 쓸 수 없는, 상대방의 아픔을 만져주는 가짜 말고 진짜 생각을 받아쓰면 글이 나온다. 세상에 이미 있는 화려한 것들 말고, 없던 것을 끄덕끄덕하면서 끌어내어 구멍을 메꿀 수 있는 작가가 됐으면 좋겠다. 꼭 책을 내보고 나오면 기뻐할 수 있게 한 권씩 보내 달라. 짧게 쓰라. 거짓 말고 진짜를 쓰라. 쓰라!" 그날 필자의 스프링노드에 적힌 요약이다.

'가슴 안에 구멍'이란 단어에는 빨간색으로 밑줄이 쫙 그어져 있었다.

당시 내 첫 졸고가 세상에 나오려 출판사에서 마지막 옷을 입었다 벗었다 하는 중이었다. 유명작가가 출간 책을 받으면 기뻐하겠다니 나오면 보내드려야겠다 싶었다. 실제 필자의 첫 책이 태어나고 보내드리고 싶어 이리저리 알아봤지만, 주소를 알 길이 없어 보내진 못했다.

강연 말미에 나이 지긋하신 분이 손을 들었다. 강연 중 긁적거린 시 한 편을 소개하겠다며 낭송했다. '비가 오면 마음이 편하고 좋다가 마당에 자라는 잡초를 보면 저놈의 잡초…!'라는 내용이었다. 한 무명 시인이 웃으며 잡초를 터부시했던 그 순간, 문득 의문문 하나가 휙 지나갔다. "왜 어떤 건 잡초고 어떤 건 꽃일까?" 지금도 노트에 기록되어있는 의문사다.

누구나 작가가 될 수 있다면 작가란 어떤 존재인가? 모름지기 작가란 이름 없는 잡초이기보다는 향내 품으며 제 가슴에 명패 정도는 단 풀꽃 정도는 되어야 하지 않을까…. 누구나 작가를 희망할 수는 있지만, 작가라면 자기만의 향기는 품고 있어야 하니까! 그 향기는 사람들에게 왜 Why라고 묻는 '목적'과 누구 Who인지를 묻는 '의미'를 찾게 돕는 유인책일 테니까…. 누구나 가슴 안에 구멍이 있음을 인정한다. 그렇다면 각자의 가슴 구멍 마개는 어디에서 찾아야 할까? 꼭 작가가 아니더라도 누구나 자기 삶의 목적과 의미라는 집을 지어야 하는 이유가 바로 여기에 있을 터…. 그래서 우리는 자기만의 목적지가 새겨진 방향 표지판은 목표라는 계단의 제일 꼭대기에 세워 두어야 한다.

안 풀리던 일을 놓고 씨름하다 결국 '나밖에 없다.'라고 자신에게 다짐했을 때, 그 어려운 문제가 술술 풀렸던 기억이 없는가? 무슨 문제든 '내가 주인이다!'하고 달려들 때 해결의 실마리는 풀릴 준비를 한다.

"주인 눈 두 개가 하인 손 천 개보다 더 많은 일을 한다."는 서양 속담이 그냥 나왔겠는가? 내 삶의 거실에서는 시키는 대로 하는 하인도 아니요, 남의 집을 방문한 손님도 아닌 품격 있는 주인으로 서야 한다. 상황마다 주인 노릇을 하지 못하면 손님 자리로 가 앉든가 하인으로 내려갈 수밖에 없다. 우리는 즉시 내 안에 묶인된 하인으로서의 관계를 계약해지하고, 손님처럼 가장했던 초청장을 찢어버리고, 주인 된 위치로 빨리 복귀해야 한다.

국가가 주인인 기업에서 참 주인으로 산 대표적인 사람이 전 포스코 박태준 회장이다. 포항제철 건설 당시 수십 명의 검사관과 공사감독이 매일 점검했는데도 발견 못 한 불량을 한 번 휙 둘러보고 찾아냈다는 그의 일화는 유명하다. 소위 그의 눈썰미는 진정한 주인의식이 기반이었고, 지금도 역사를 관통하고 있다.

자기 묘비명에 "여기 진정한 주인으로 살다 간 이 잠들다!"라고 새기기를 원한다면, 내면의 화선지에 임제 스님의 "수처작주 입처개진 隨處作主 立處皆眞"은 기본으로 써 놓아야 할듯하다. 「이르는 곳마다 주인이 된다면, 서 있는 곳마다 모두 참되다.」라는 뜻으로 매 순간 자기 삶의 주인공으로 삶의 합목적적 길을 가라는 깨우침이 아닐까. 삶의 목적은 결국 자신 안의 자기와 만나는 것이다. 그 만남으로 연결되고자 우리는 매 순간 자기 안의 혁명가로 살아야 한다. 이런 혁명가의 삶만이 자기가 주인인 삶으로 나아가는 것이기에….

우리는 일상에서 '목적'과 '목표'를 잘 구분하지 않는다. 둘 다 삶의 길 道 위에 반드시 꽂혀있어야 할 깃대 단어라고 할 수 있다. 비슷하게 혼동되는 낱말이자 중요한 말이지만 사실은 차이가 크다. 먼저 네이버 사전 검색을 통해 두 말의 차이를 쉽게 이해해보자.

"심부름을 가려면 무엇을 하러 가는지 알아야 하죠? 물건을 산다거나 이야기를 전하러 가거나 하는 것처럼요. 이렇게 어떤 일을 통해 이루려고 하는 것이나 어떤 일을 하는 까닭을 '목적'이라고 해요. 그리고 목표는 이루고 싶은 것 또는 이루려고 마음속에 품은 것을 말해요. 목표를 가지고 있으면 무슨 일이든지 이룰 수 있어요."

다음은 조직이나 개인의 삶에서 확립해야 할 「미션-비전-가치」와 한 방향 정렬을 통해 심화 단계로 이해의 폭을 넓혀 보자. 윤정구 교수가 『진성 리더십』에서 명료하게 제시한 내용이다.

"사명 미션은 비전의 목적지이다. 비전은 목적지에 도달하기 위한 중간기착지에 서 있는 우리의 모습일 뿐이다. 하지만 실상에서 개인들이나 회사는 한 번 비전을 달성한 후 그곳이 목적지인 양 그곳에 안주하다 몰려오는 변화의 힘을 보지 못하고 무너지는 경우가 비일비재하다. 또한 목적지가 정해지지 않은 상태에서 무자비한 비전을 추구하는 회사들도 반드시 탈선한다. 복권에 당첨된 사람들은 반드시 탈선한다. 복권 당첨은 한 차례의 비전을 영화에서처럼 완벽하게 달성한 것이다. 하지만 이들은 복권 당첨을 인생의 목적지에 도달한 것으로 착각하기 시작하고 이 착각은 자신이 모는 삶의 기관차를 멈춰 서게 만든다. 사명 미션과 일렬로 정렬된 비전, 즉 목적지를 향해서 일사불란하게 조율된 비전이 중요하다. 비전은 조직이나 구성원들의 마음속에 열정의 발전소를 만드는 작업이고 이것을 달성하는 것에 도움을 주는 모든 과제에 대해서 구성원들이 열정적으로 임하게 만드는 원천이 된다. 가치는 최종적인 목적지인 사명을 달성하기 위해서 많은 의사결정을 하게 되는데, 이때 중요한 의사결정의 가이드라인으로 작용하게 된다. 가치는 사명에 이르는 의사결정에서 넘지 말아야 할 철책선 역할을 한다. 가치단어의 숫자는 3개 내지 5개 정도가 적절하다."

이처럼 '목적'은 조직이나 개인에게 존재의 이유이자 방향성이다. 위 내용에서 보면 사명 미션이 목적에 해당된다. '목표'는 목적을 이루기 위한 타깃 Goal이다. 여기서는 비전이 목표에 가깝다고 볼 수 있다. 그래서 목적은 목표를 포함하고 있다. 목표를 통해 한 계단 한 계단 오름으로써 목적을 이룰 수 있기 때문이다. 목적은 항상 목표를 선행한다.

삶의 목적은 가슴이 뛰지 않으면 진짜가 아니다. 다른 사람은 몰라도 스스로는 자기 삶의 목적을 떠올리면 심장이 두근거리고 피가 끓어야 맞지 않을까? 삶에서 목적이 세워지고 난 다음부터는 언제 어디서건 참다운 자기 Self라는 집을 짓는 주인으로 살아갈 수 있다는 확신이 들어야 한다.

전문 코치로서 필자는 코칭에서 목적 Purpose은 '목표 Goal + 의미 Meaning'라고 말한다. 가능하다면 삶의 북극성과도 같은 삶의 목적 Purpose in Life을 찾는 과정을 진행한다. 그리고 나면, 상황마다 또는 주제별 목표 Goal를 세운 다음 목적과 한 방향 정렬시키면 된다. 그런 다음 가치 Value 발견을 돕는다. 마지막 코칭 세션을 통해 기대목표 Goal를 달성하기 위한 실행계획을 수립한다. 그러면 가치 기반으로 흔들림 없이 실행계획을 행동으로 옮길 수 있게 된다. "거인의 어깨 위에 올라앉은 난쟁이는 거인보다 더 멀리 본다."고 했다. 이 말을 아이작 뉴턴이 했는지 '마태 효과'인지는 별로 중요하지 않다. '마태 효과'란 어떤 성과물에 대한 명칭이 원래 발견자의 이름과는 무관하게 이미 명성이 높은 사람의 이름이 붙여진다는 것을 말한다. 여기서, 중요한 것은 삶의 목적을 향해 나아가고자 한다면 현실 속 거인을 찾아 그의 어깨 위에 올라타라고 말하는 것이다.

"5년 또는 10년 후의 당신 자신의 모습을 떠올려보세요. 그때 당신은 스스로를 어떤 사람이라 할 수 있을까요?"

전문 코치로서 코칭 상대방에게 던지는 질문이다. 그런데 필자는 이 화살표 방향을 가끔씩 스스로에게로 돌린다. 코치라면 '셀프코칭'을 해야 한다는 것은 윤리강령에도 들어있듯이 기본자세이다. 필자는 10년 후 내 삶의 그림을 떠올리면 웃음이 난다. 왜냐하면 벽에 붙어있는 비전 선언문의 주인이 미래현재 FutureNow로 와있으니 그럴 수밖에는….

코칭을 하면서 고객들에게 삶의 목적이나 목표를 물으면 대부분 구분 없이 '행복'이란 말이 많이 나온다. 그러면 각자의 그 행복 방정식이 어떻게 구성되어 있는지 질문을 통해 구체화해 들어가게 된다. 만약 개나 고양이 같은 반려동물에게 똑같이 물었다면 어떤 답이 나올까? 말을 할 수 있다면 아마 "좋은 주인 만나는 거요!"라고 할 것 같다. 개의 행복은 자신이 아니라 주인에게 달려 있다는 말이다.

그렇다면 우리는 매 순간 자기 삶의 주인으로서 행복을 짓고 있는지, 아니면 타인에게 기대어 자꾸만 딜레이 Delay 시키는 삶을 살고 있지는 않은지 살펴볼 일이다. 나중에 행복하겠다면 그것은 '목표'에 가깝다. 10년 뒤건 죽기 직전이건 간에 희망이 있으니 물론 나쁘지는 않다. 지금 행복하다면 북극성을 향해 나아가고 있는 목적 있는 삶이다. 목적적인 삶과 목표지향적인 삶은 취사선택의 문제가 아니다. 삶의 목적은 종착지 Destination가 아니라 여정 Path이라 했다. 지금까지의 경험과 지식이 발효된 지혜의 주인으로서 순간순간 행복빌딩을 지어간다면, 그것이 곧 목적 기반 목표지향적 삶이지 않을까….

내려놓을 줄 아는 용기

4장 내려놓을 줄 아는 용기

수직과 수평

"교수님, 이번 주에 학교에 계세요? 계시면 찾아뵙겠습니다."

"네 대표님, 오신다면 시간 맞춰 기다릴게요."

겨울방학을 며칠 앞둔 금요일 오후, K 대표로부터 주초에 연락을 받고 연구실을 지키고 있었다. '똑똑' 노크 소리와 함께 방문이 열리며 반갑게 악수를 나눴다. 따뜻한 온기를 찻잔에 담아 마주 앉았다. K 대표는 우리 학교 출신의 스타급 스타트업 대표다.

앉자마자 내년도 사업 비전과 목표를 포함해 확신에 찬 말들을 거침없이 쏟아냈다. 겸손을 잃지 않고 마치 투자자에게 피칭하듯 토해내는 열변 속에 스타트업 CEO이기에 짊어질 수밖에 없는 양극단의 감정을 느끼며 호흡했다. 생활 속 아이템에 반짝이는 아이디어로 옷을 입혀 소구해가다 보니 이커머스 전자상거래에서 성장 커브의 기울기가 급격히 커지고 있었다.

기업 가치를 알아본 굵직한 투자자들로부터 수혈도 받기 시작하는 단계였다. 사바나에서 검은 갈기가 갓 돋기 시작한 젊은 수사자의 포효라는 표현이 적절치 않을까…. 젊은 CEO의 말을 경청하면서 해줄 수 있는 건 진심으로 듣고 인정하고 응원해 주는 것이 전부였다. 미래에 대해 보장된 그 무엇이 있단 말인가? 불확실성의 시대를 딛고 서서 무한한 가능성을 믿고 덤벼드는 앙트레프레뉴십 Entrepreneurship 밖에는…. 그러한 기업가 K 대표가 토로했던 마지막 말은 잊을 수가 없다.

"교수님, 제가 비즈니스상 사람들을 많이 만나잖아요. 근데 나이가 어리다 보니 사람들이 처음엔 깎듯 하다가 어느 순간 말이 짧아지고 끝을 잘라 먹더라고요…."

이 말을 듣자마자 표 안 나게 나를 스캔했다. 내뱉은 말과 태도를 살피며 다시금 옷깃을 여미었다. 그 순간 코치로 살고 있다는 것이 얼마나 다행스러웠던지…. 아녔다면 식은땀을 흘릴 수도 있지 않았을까. 찻잔이 식을 무렵 아쉽지만, 대화를 마무리하고 인사를 나눴다. 잠시 후 방을 나갔던 K 대표가 다시 돌아와 노크를 했다. 어떻게 알았는지 그날이 필자의 생일이라고 구내제과점에서 케이크를 사 들고 왔다. SNS 프로필에 올려진 가짜생일이라며 뿌리쳐도 소용없었다. 그 마음을 받으며 가치로운 성장기업이 되기를 진심으로 응원했다.

우리나라 사람들은 '나이는 숫자에 불과하다.'라고 자주 말을 한다. 유행가 가사에도 들어있는 이 말을, 정작 자신에게 유리한 쪽으로만 풀어헤치는 경향이 있다.

스스로에게는 "마음은 언제나 이팔청춘!" 나이가 몇 살이나 많은 사람에게는 "별 차이도 안 나면서!" 나이가 한 살이라도 어린 사람에게는 "아직 머리에 피도 안 마른!"이란 말로 말이다. 그중 특히 자기보다 어린 사람을 대할 때면, 순식간에 말이 짧아지며 꼰대로 돌변하는 사람이 더러 있다. 아무도 위도, 아래도 아니다! 나이에 상관없이 우리는 누구나 동등하고 수평적이다!

"청춘이란 인생의 어떤 기간이 아니라 마음의 상태이다. 그것은 장밋빛 볼, 붉은 입술, 유연한 무릎이 아니라, 의지, 상상력의 질, 감동의 힘을 말하는 것이다. 그것은 생명의 깊은 원천의 신선함이다." 「Youth is not a time of life, it is a state of mind. It is not a matter of rosy cheeks, red lips and supple knees. It is a matter of the will, a quality of the imagination, a vigor of the emotions. It is the freshness of the deep springs of life.」

너무도 잘 알려진 사무엘 울만의 『청춘 Youth』이라는 시의 첫 소절이다. 그가 노래한 대로 청춘이란 어느 한 기간이 아니라 사람마다의 마음 상태다. 그야말로 나이는 숫자일 뿐, 나이에 상관없이 누구나 시니어 Senior 또는 주니어 Junior일 수 있다. 올드 앤 영 보이 Old and Young Boy 모두에게 수평적 가능성의 문이 열려있는 것이다. 그래서 이 세상에 주니어는 없다!

"아니 코치님, 요즘은 지시해도 안 듣는데, 계급장까지 떼면 일이 되겠습니까?"
"그렇죠. 참 리더들이 힘든 세상입니다. 고생 많으십니다. 팀장님!"

공기관의 인재개발원에서 팀장 리더십 교육과정 중 손을 번쩍 드신 분과 주고받은 대화다. 대한민국에서 제일 딱딱한 조직 중 하나에 속하는 특수집단에서 평균 30년을 몸담아 오신 분들을 대상으로 '수평적 파트너십'을 이야기했으니 충분히 있을 수 있는 일이다. 이러한 조직은 전통적으로 양어깨 위에 올려진 계급장의 무게로 피가 돈다.

강의 제의를 받고 맨 먼저 한 일은 유튜브에서 관련 TV 드라마 검색이었다. 몇 편을 클릭하며 강의할 조직에 대한 공감력을 끌어올렸다. 사회

최일선을 지키고 계신 이분들께서 '이런 무게감을 갖고 계시겠구나!'를 느낄 수 있었다.

밤낮없이 터지는 긴박하고 터프한 사건·사고 현장에서 밀레니얼 세대 팀원들을 이끌어야 하니 또 얼마나 힘드실까? 바빠 죽겠는데 교육받으라 해서 들어왔더니 코칭 리더십이라니…? 팀원들의 가능성을 믿고 이해하고 기다려주라고? 수평적 파트너로서 지시보다는 경청하고 질문을 하라고? 마치 계급장을 떼라는 것처럼 들리니 미치고 환장하고 펄쩍 뛸 노릇일 밖에는…. 그럼에도 불구하고, 그간과 다른 '코칭'이라는 신조류 리더십에 몰입하고 이 과정을 통해 변화하려 노력해주신 팀장들께 경의를 표한다.

요즘 힙 Hip한 말로 '업글 인간'이 떠오른다. 매주 금요일, 천안 아산행 KTX에 몸을 싣고 만 2년을 꼬박 새벽을 갈랐다. 코칭은 역본능이다. 공조직의 리더로서 수직에서 수평적으로 역 본능적 전환을 꾀함과 동시에 자신을 업그레이드하고자 하는 '업글 인간'『트렌드 코리아 2020』, 김난도을 만나러 가는 날은 늘 가슴이 뛰었다.

"교수님, 우리만 바뀌어야 된다 말고, 젊은 친구들에게 기성세대를 이해시키는 교육은 없습니까?"

"네에, 얼마나 답답하실까요. 리더십 교육은 아무래도 조직에서 임쪽에 계신 분들께로 중심추가 가 있다 보니…."

군 교육사령부 리더십 과정 중 받은 질문이다. 첫 시간을 마치고 쉬는 시간에 위장복 차림의 묵직하신 한 분이 앞으로 걸어 나왔다. 부하들과의 소통이 힘들다며 속에 있는 것을 '훅' 토해냈다. 상명하복 시스템이 철저히 작동되어야 하는 수직 세계에서도 오히려 계급 높은 사람들이 이렇게 힘들어하니…. 이제는 군 軍에서도 '나를 따르라'만으로는 안 된다.

지금 시대의 군대는 상관의 명령도 공감되어야 움직이는 DNA를 가진 용사들로 구성되어 있기 때문이다. 그들은 소위 밀레니얼 세대라 불리는 스마트 신인류들이다. 일반적으로 1980년대 중반부터 2000년 사이의 출생자를 일컫는다. 현재 우리나라의 일반 기업들에서도 이들이 30% 이상을 차지하고 있고, 군 軍에서는 75% 선을 넘고 있다고 한다. 사정이 이렇다 보니 2019년 4월, 결국 스마트폰이 높은 군대의 장벽을 뚫었다. 스마트기기가 스마트 신인류를 찾아간 것이다. '포노 사피엔스'라 불릴 만큼 이들에게 스마트폰은 있으면 좋고 없으면 불편한 물건 정도가 아니다. 몸의 일부나 다름없다. 생각해 보시라! 아니, 몸의 일부를 집에 두고 군댈 왔는데, 어떻게 전투력이 생기겠는가? 스마트 신인류는 스마트기기와 연결될 때 스마트해질 수 있다는 방증이 아닐까….

스마트 신인류는 혼밥·혼술·혼행과 같은 디지털 DIY Do It Yourself 및 개인화된 바다를 자유로이 유영하는 존재다. 이러한 자유로운 영혼들이 군대라는 특수한 울타리 안에 소환돼 있다 보니, 이들은 리더십 자체에 의문을 제기한다. 그러니 어찌 리더가 힘들지 않을 수 있겠는가? 막상 또 리더십 교육을 들어와 보니 "수직에서 수평으로 바꿔야 한다! 명령하기 전에 들어주고 질문하라! 수평적 파트너십으로 패러다임을 전환해야 한다!"고 외부에서 들어와 떠들어대니 힘들밖에…. 그럼에도 불구하고, 한 분도 빠짐없이 집중하고 몰입해 주신 군 간부들께도 거듭 경의를 표한다.

'수직'과 '수평'이란 말은 지구 '중력 방향'과 '중력과 직각 방향'으로 구분된다. 먼저 수직적 힘에 대해 같이 살펴보자. 16세기 이탈리아에서 갈

릴레오 갈릴레이가 피사의 사탑에 올라 큰 공과 작은 공을 동시에 떨어뜨렸다. 그 결과 두 공은 그간의 통념을 깨고 똑같이 땅에 떨어졌다. 당시 지배적이었던 아리스토텔레스의 학설이 깨진 충격적 실험이었다. 물체가 크든 작든 중력가속도는 동일하다. 이 말은 지구중력이 질량이 큰 물체는 세게, 질량이 작은 물체는 약하게 잡아당긴다는 것이다. 세상에는 얼마나 무거운 바벨을 들어 올렸냐만 기록으로 남아 있는 이유이다. 이에 따라 우리 사회에서도 지위나 나이 등의 무게감을 이용한 수직적 힘의 논리가 지배해왔다. 시대를 지나오며 이러한 수직적 힘의 증거들을 수집해 기록한 것이 바로 역사 History라 할 수 있다.

다음으로 현시대가 묻는 물음에 응답하기 위해서는 수평적 힘의 증거 수집도 필요할 것 같다. 진자운동의 예를 통해 수평적 힘을 살펴보자. 중력의 영향 아래서 자유롭게 움직일 수 있도록 한 점에 고정되어 매달린 물체가 진자다. 진자운동 중 마찰력이 작용하지 않는다면 진자는 중력에 의해 평형점을 중심으로 진동운동을 반복한다. 수직적 힘 기반이지만 수평적 힘이 작용하는 경우이다. '모든 작용에 대해 크기는 같고 방향은 반대인 반작용이 존재한다.'는 작용 반작용의 법칙에서도 수평적 힘의 예를 발견할 수 있다.

학창 시절 곧잘 했던 손바닥 치기 게임을 들어보자. 양쪽이 손바닥으로 상대에게 힘을 가했을 때 서로 반작용으로 휘청거리게 되거나 균형감각으로서 버티고 서 있을 수도 있다. 이런 이유 때문에 손바닥을 때리는 사람도 맞는 사람 못지않게 아픔을 느낀다. 수평적 힘과 그 힘의 반작용은 반드시 세트로 작용하기 때문이다. 이처럼, 이제는 누구나 동등한 존재로서 상호작용하는 힘이 수평적으로 펼쳐져야 하는 시대가 도래했다. 그래서 조직의 형태도 세로형에서 가로형으로, 상사와 부하의 관계도 상류 위주에서 하류 위주로 흐름이 바뀌고 있다.

"리더십은 지위가 아니라 행위다."

여러분은 지구촌 최고의 리더가 누구라고 생각하는가? 리더십이 지위라면 당연히 미국 대통령이어야 하지 않을까? 그렇다면 전직 트럼프 미국 대통령이 그 시절 최고의 리더라는 말에 수긍할 수 있겠는가? 리더십은 공식적 권위에 의한 '지위'가 아니라 도덕적 권위에 따른 '행동'이다. 조 허시가 『피드 포워드 Feed Forward』에서 이를 잘 말해주고 있다.

> "조직이 수평적으로 바뀐다는 것은 위계질서를 벗어나는 것 이상의 의미가 있다. 무엇보다 구성원들이 서로를 파트너로 생각하게 된다."

리더십은 개인의 직함이나 지위와는 별 상관이 없다. 리더의 영향력은 수평적일 때 안개처럼 깔린다. 그렇다면 '수평적'이란 의미는 알겠는데 도대체 어떻게 하란 말인가? 에노모토 히데다케가 쓴 『마법의 코칭』에서 해법을 찾을 수 있다. '수평적 파트너십'은 계급장을 따지는 게 아니라 수평적 사고 차원이다. 지배·종속적 관계가 아니라 협동적 관계를 말한다. 조직에서 상사는 지위가 아니라 역할 또는 기능을 구분 짓는 수단에 불과하다. 상사도 기술직이나 연구·개발직처럼 하나의 전문직이라고 할 수 있다. 전문직이란 자신의 지식/기능을 구사해 서비스를 제공하는 프로페셔널이다. 따라서 상사는 부하가 가진 해답을 이끌어내도록 서비스를 제공하는 전문직으로 정의할 수 있다. 그런 관점에서 부하는 상사의 중요한 고객이다.

2002년 월드컵 4강 신화를 이끈 히딩크 감독은 이러한 점에서 뛰어난 코치형 리더였다. 취임 후 그는 한국 축구 국가대표팀 내 위계 서열을 중시하는 플레이가 팀을 망치고 있다는 것을 간파했다. 수평적 팀 역량을 최대한 동원할 수 있는 관계적 자본 구축이 최우선과제임을 안 것이다. 그래서 그는 당시 잘 나가던 맏형 홍명보를 수평적 팀워크에 대한 믿음 체계가 잡힐 때까지 배제한 뒤 나중에 다시 팀에 복귀시키는 조치를 단행했다. 그 결과 그는 국민적 영웅이 된 것은 물론, 한국 축구의 수준을 한 단계 업그레이드 시켜낸 사람이 됐다.

20세기 조직은 강한 카리스마를 가진 리더의 헤드십 Head-ship이나 보스십 Boss-ship이면 됐었다. 하지만 지금은 절대 "불가하옵니다!"이다. 조직안에서 상사와 부하 관계가 아니라, 서로 역할이 다를 뿐이라는 수평적 사고가 작동될 때 이해와 공감이 일어난다. 협력·협동적 관계로 전환될 때 지속 가능할 수 있다.

> "조직 구성원들이 자신을 '누군가의 부하'로 생각하게 해서는 안 된다. 시야를 넓게 가져야 한다. 리더와 조직 구성원들이 함께 파트너십을 갖는다고 생각하는 것이 중요하다. 그래야 서로에게 도움이 되는 피드백을 할 수 있다."
> △ 홍의숙, 『리더의 마음』 중에서

인류 역사상 가장 공정성을 추구하는 세대가 일어서고 있다. (주)인코칭 대표 홍의숙 코치의 말대로 이제는 조직 구성원이 자신을 누군가의 부하라고 생각한다면 승산이 없다. 리더와 구성원들이 함께 수평적인 파트너십을 가질 때 윈-윈 Win-Win할 수 있다. 조직 환경이나 리더가 자기 위의 리더에게 책임을 전가하는 것은 쉽다. 그러나 선택권은 항상 리더 자신에게 있다. 역량과 관련된 기회를 얻거나 필요한 지식·기술을 획득하는 과정에서 리더가 수평적일 때 조직 성장을 기대할 수 있게 된다.

"여지껏 만난 어른들이 교수님처럼 다들 저를 주니어로 만들지 않아서 좋았습니다."

군 제대 후 복학을 포기하고 책을 출간한 학생 작가가 찾아와 한 말이다. 아무도 위도 아래도 아니다. 우리는 동등하고 수평적인 가능성 존재다. 세상 그 어떤 주니어도 주니어로 대접받고 싶어 하지 않는다는 것을 마음 근육 속에 탑재해 두어야 한다.

이것은 세대의 문제일 뿐만 아니라 시대의 문제이다. 따라서 시대를 관통하는 스마트 물결은 군대나 경찰 같은 공식 계급조직조차도 비켜 가지 않는 것이다. 지금은 떨어지는 폭포수의 수직적 중력보다 평지를 밀며 물꼬를 터 가는 실개천의 수평적 힘을 재평가해야 할 때가 아닐까….

보스와 리더

"아프냐? 나도 아프다!"

코칭 리더십 강의 중 「중견기업 CEO의 사례」를 소개하면서 리더들에게 팝업시켰던 말이다. 예전 TV 드라마에서 히트 친 명대사. 연인 사이에 달달하게 회자되던 이 말을 작금의 시대는 조직 내 윗사람들이 입 밖으로 내뱉는 말로 바꿔버렸다. 지금의 조직은 베이비 부머·X세대와 함께 그들의 자식들인 밀레니얼 세대까지 3세대가 공존하고 있다. 그렇다 보니 윗세대들로 이루어진 소위 윗분들이 오히려 세대 간 갭에서 오는 아픔을 호소하는 시대가 되었다. 기업뿐만 아니라 많은 조직에서 공통적으로 체감하고 있는 리더들의 통증 정도를 사례를 통해 느껴보자.

국내 중견기업을 경영하는 CEO 윤OO 대표, 요즘 그의 가장 큰 고민은 사람 관리다. 좋은 사람을 뽑기도 힘들지만, 아쉬우나마 힘들게 뽑은 사람도 툭하면 나가버리기 일쑤다. 윤 대표는 직원들 간 단합과 팀워크를 위해 다 함께 참여하는 워크숍, 등산 모임, 가족 초청행사, 독서토론회를 개최하고 여기에 많은 경비를 지원하였다.

등산 모임의 경우, 매월 첫째 주 토요일에 진행하는데 등산은 건강에도 좋고 또 직원들이 함께하면 서로 친밀해진다는 큰 장점이 있어서 윤 대표도 빠지지 않고 참석한다. 직원들도 처음에는 싫은 내색이 있었으나 막상 정상에 오르면 다들 "정말 오길 잘했다,"고 말했다. 산행 후 뒤풀이 겸 다 함께 막걸리 한잔 들이킬 때면 윤 대표는 직원들을 위해 노력하고 허심탄회하게 대화하는 자신의 모습에 흐뭇한 생각마저 들었다.

그러던 어느 날, 윤 대표와 직원들 간 간담회가 열렸다. CEO가 현장의 생생한 목소리를 듣고 격려하기 위한 자리였다. 윤 대표는 직원들에게 가벼운 인사말과 함께, 하고 싶은 말이 있으면 거리낌 없이 말하라고 했다. 그러자 입사 1년 차 사원이 일어나 "사장님! 등산을 왜 하죠? 그리고 왜 주말에 하는 겁니까? 주말에는 집에서 쉬고 싶습니다. 그리고 매월 셋째 주 수요일에 하는 독서토론회도 꼭 해야 합니까? 시간도 없는데 책 읽는 것이 너무 힘듭니다. 또 지난 5월 회사에서 개최한 가족 초청행사 시간에 차라리 가족들과 함께 조용히 야유회 가는 것이 훨씬 좋습니다."라고 말하는 것이었다. 윤 대표는 신입사원의 말에 큰 충격을 받았다. '아니 이렇게 좋은 것을 왜 안 하겠다는 거지? 회사에서 등산용품도 주고, 책도 사주고, 또 가족들에게 푸짐한 경품까지도 주는데…'라고 생각하며 자신의 진심을 몰라주는 사원에게 섭섭한 마음이 들었다.

△ 2019 해군 리더십 연구,
『밀레니얼 세대 장병에 적합한 리더십 및 실천방안 연구』 중에서

이럴 경우, 여러분이 윤 대표 입장이라면 어떻겠는가? 아마도 말을 하자니 '꼰대' 소리 들을 것 같고, 안 하자니 그냥 넘어가기는 애매한 경우가 아닐까…. 여기서 '꼰대'란 지금 유행하는 말로, 기성세대의 권위주의적인 사고방식을 가진 조작범들을 비하하는 단어다. 주로 나이 많은

사람이 젊은 사람에게 기성세대의 규칙을 강요하거나 가르치려 드는 행위를 '꼰대질'이라 한다. 근데 정작 이 세상에 꼰대는 한 명도 없다! 무슨 말인가? 막상 물어보면 자신이 꼰대라고 생각하는 사람은 아무도 없기 때문이다. 뒤집어 말하면, 아무도 '꼰대' 소리를 듣고 싶어 하지 않는다는 것이다. 그래서 이 시대는 리더를 더욱 애매하게 몰고 아프게 만든다.

"그는 주장으로서 그라운드 안팎에서 대표 팀에 활력을 줍니다."

입김이 나부끼던 어느 1월 아침, 집 앞 카페에서 캬라멜 마키야또 한 잔 시켜놓고 종이신문을 훑고 내려가다 내 안으로 걸어 들어 온 말이다. 중국과의 아시안컵 결전을 하루 앞둔 날, '벤투호에 천군만마 손흥민 합류'라는 제목을 스윽 지나갔다. 그런데 잠깐! 기사 내용이 스타가 아닌 그의 동료들의 말인지라 눈길을 멈췄다. 먼저 골키퍼의 말이다. "손흥민은 팀에 좋은 영향을 주는 선수…, 큰 대회에서는 좋은 선수를 보면 상대 팀이 겁을 먹게 마련이다. 손흥민의 합류로 우리 팀을 두려워하게 될 것이다." 수비수는 또 말했다. "손흥민은 팀의 경기력은 물론 공격력에도 큰 역할을 하는 선수…, 주장으로서 그라운드 안팎에서 대표 팀에 활력을 준다." 놀랍지 않은가? 국가대표팀 인터뷰가 미리 약속하고 하는 게임도 아닐 진데….

과연 무엇이 월드 스타 선수의 힘을 지탱하게 하는지 속을 들여다볼 수 있는 대목이었다. 특히 '그라운드 안팎에서 팀에 활력을 준다.'는 말은 리더십의 전형이자 요체다. 경기할 때만 빛을 발하는 스타 플레이어가 아니라, 경기장 밖에서도 동료들에게 빛을 비추는 별 스타라는 말이다. 기업을 위시한 조직에서의 우선순위는 사람이다. 결코 기술이나 테크닉 같은 일은 사람을 이끌지 못한다. 구성원들을 에너지-업시키고 한 방향 정렬하게 만드는 것은 사람에게서만 나올 수 있다. '사람만이 사람을 이끌 수 있다.'는 말이다. 그런 영향력을 발휘하는 사람을 우리는 '리더'라 부른다. 리더는 무대 위에서만 반짝이는 별이 아니다. 오히려 무대 밖이 더 중요할지 모른다!

고대 이집트에서는 리더가 되기 위한 조건으로 다음의 세 가지가 있었다고 한다. 「그대의 입에는 단호한 권위가 있어야 하고, 그대의 가슴에는 통찰력이 있어야 하며, 그대의 혀에는 정의의 창고가 있어야 한다.」 이처럼 오래전부터 리더십이 인간의 큰 관심사가 되어 온 이유가 무엇일까. 그것은 인간이 맹수처럼 싱글족이 아니라 조직 생활을 하기 때문이다. 조직은 나 이외의 여러 개인들이 모여 공동의 목표를 추구하는 집단이다. 조직의 목표가 달성되기 위해서는 원활한 상호작용과 협업 없이는 불가능하다. 그래서 개개인의 행동과 조직목표를 연결해 주는 가장 중요한 역할이 리더십이다.

'리더란 누구인가?'에 대한 물음에는 리더십을 연구하는 사람 수만큼 정의와 해석이 다양하다. 그 수많은 정의 중 리더십을 대표하는 단어는 구성원에 대한 '영향력'과 관련이 있다는 데에는 아무 이견이 없다. 그 중 대표적인 두 사람의 리더십 정의를 살펴보자.

먼저 다니엘 골먼의 말이다. "리더십이란 다른 사람을 통해 목표를 달성토록 만드는 예술이다. Leadership is the art of accomplishing goals through other people." 다음은 존 맥스웰이 세 단어로 말했다. "리더십은 영향력이다. Leadership is Influence." 이 두 문장을 결합하여 '리더십'과 '리더'에 대한 통합적 정의를 다음과 같이 내릴 수 있다.

"리더십이란 목표 달성을 위해 조직 구성원들에게 영향력을 발휘하는 능력이다. Leadership is the ability to influence a group of people toward the achievement of goals."

"리더는 조직 구성원들을 통해 목표를 달성하는 사람이다. Leaders are those who accomplish goals through other people."

그래서, 새벽닭이 울어 때를 알리고, 고양이는 쥐를 잡듯 구성원 한 사람 한 사람이 제 능력을 발휘하면 윗사람은 스스로 할 일이 없어진다고 하지 않았던가. 그럴 때 윗사람은 더 큰 일을 고민하고 확장할 여유를 갖게 된다. 그래서 기업과 같은 조직에서는 구성원들이 각자의 위치에서 한 직급 높여 생각하고 일하라는 말이 오래전부터 회자되어 왔다. 그렇게 될 때 개인의 성장은 빨라지고 리더는 넓게 사유할 자유를 얻게 되니 조직 전체 성장을 견인한다.

조직이라면 어디나 윗사람의 스타일은 크게 '보스'와 '리더'로 나눌 수 있다. 보스는 뒤에서 명령하고 통제하는 반면, 리더는 앞장서서 대화를 통해 이끌어가는 사람이다. 조폭 두목을 '리더'라 부르는 것을 들어본 적이 있는가? 그들을 보스라 부르는 이유는 딱 한 가지다. 보스는 오직 한 명이어야 하기 때문이다.

그래서 보스는 석가모니가 태어날 때 외쳤다는 '천상천하 유아독존 天上天下 唯我獨尊'이란 말을 좋아하는 경향이 있다. 그런데 실제 '유아독존 唯我獨尊'의 '아 我'는 석가 개인이 아니라 '천상천하 天上天下'에 있는 모든 개개의 존재를 가리키는 것으로, 모든 생명의 존엄성과 인간의 존귀한 실존성을 상징한다고 한다. 그래서 더욱 보스가 아니라 리더다. 또한 리더는 상황에 따라 충분히 여러 명일 수 있는 이유이지 않을까….

'관리자'와 '리더'의 차이도 들여다보자. 관리자는 조직에서 공식적으로 통제·명령·지도·책임 할당 등의 기능을 '과거지향적'으로 수행하는 사람을 말한다. 반면, 리더는 조직 구성원들이 하도록 하게끔 성장을 자극하고 인도해주는 '미래지향적'인 역할을 수행한다. 설령 공식적인 직위가 없더라도 영향력을 미친다면 리더십을 발휘하고 있는 것이다.

따라서 중간관리자를 포함한 누구라도 리더가 될 수 있다. 어떤 조직에서건 책임지고 결정하는 위치에는 좋은 관리자이면서 좋은 리더인 사람이 앉기를 바란다. 바로 그 양립성에 대해 스티븐 코비의 『성공하는 사람들의 8번째 습관』에서 통찰을 얻을 수 있다. "나는 한때 리더십에 경도되어 관리의 중요성을 무시한 적이 있다. 그러나 문헌 고찰을 통해 관리와 리더십 모두 중요하며 어느 한쪽이 없으면 불완전하다는 것을 다시 한번 확인할 수 있었다. 우리는 재고와 현금흐름, 비용은 이끌 수 없다. 그것은 관리의 문제다. 일은 선택할 힘과 자유를 갖고 있지 않기 때문이다. 오직 사람만이 그러한 힘과 자유를 갖고 있다. 사람들은 이끌어 주고, 일은 관리하고 컨트롤하는 것이다." 결국 사람은 리더십으로 이끌고 일은 관리하라는 말이다.

리더는 긍정적 영향력을 발휘하는 사람이다. 헤르만 헤세의 『동방으로의 여행』에서 우리는 '리더십 프레즌스 Leadership Presence'의 진수를 느낄 수 있다. 주인공 레오는 여행자들에게 도움을 주기 위해 하인으로 고용되었다. 어느 날, 그가 사라지자 여행자들은 지리멸렬하며 결국 여행을 포기하게 된다. 레오가 사라지고 여행이 취소되자 여행객들은 그제서야 하인이었던 레오가 자신들의 리더였다는 존재감을 깨닫게 된다. 가정에서든, 친구지간이든, 심지어 위계가 있는 계약관계에서도 영향력을 미치고 있다면 그 사람이 바로 리더임을 이 이야기는 말해주고 있다. 그래서 필자는 전문 코치로서 앞서 말한 「리더십은 지위가 아니라 행위다!」라는 말에 더 힘을 보탠다.

리더십을 논하면서 빼놓을 수 없는 영화에서의 두 장면이 있다. 먼저 「위 워 솔저스 We were Soldiers」라는 전쟁영화로써, 베트남전에 투입된 미 공수부대의 72시간의 삶과 죽음을 그렸다. 2002년 이 영화가 개봉되었을 당시, 필자는 기업에서 전사적 변화·혁신을 주도하던 조직에 있었다. 경영 위기 극복 및 비전 달성을 위한 워크숍 등의 대단위 커뮤니케이션의 장에 단골 메뉴로 틀어 준 기억이 아직도 생생하다.

주인공 할 무어 중령은 적진 투입 전날 연병장에 가족과 장병들을 모았다. 그리고 연단의 마이크 앞에 비장하게 섰다. 그날의 연설 장면은 이념이나 진영논리를 떠나 조직의 구성원으로서 가슴을 전율케 했다. "여러분 모두 살아서 집으로 돌아오게 해주겠다는 약속은 할 수 없다. 다만 하나만은 약속한다. 적진에서는 내가 가장 먼저 땅에 발을 디딜 것이고, 가장 마지막에 발을 뗄 것이다. 어느 누구도 적진에 홀로 남겨두지 않을 것이다. 죽은 자건 산자건, 반드시 집으로 돌아올 것이다." 과연 어떤 리더의 말이 이보다 더한 울림을 줄 수 있을까….

또 하나의 명장면은, 그로부터 12년 뒤 2014년에 개봉된 우리 영화 「명량」에서 발견할 수 있었다. 이순신 리더십을 공부하고 장군을 흠모하는 일인으로서 이 영화는 몇 번이나 돌려보았다. 당연히 역사적 사실과 스토리텔링적 허구는 가려서 보아야 한다. 중요한 것은 영화가 말하고자 하는 교훈을 내면 깊숙이 호흡하면 되지 않을까 싶다.

장군께서는 수도 큰일을 도모하기 전날 연설을 활용하셨다. 영화 속, 명량해전을 하루 앞둔, 그날 밤도 전 장졸들을 횃불 아래 불러 모았다. 그때의 명량 鳴梁, 순우리말로 울돌목 물이 우는 관문 길목에 친 진형은 죽음으로 친 배수진이었다. 횃불 아래 장졸들과 마주 선 장군의 심경은 어떠하셨을까…. "병법에 이르기를 죽고자 하면 살 것이요, 살고자 하면 죽는다 했다. 한 사람이 길목을 지키면 1,000명도 두렵게 할 수 있다 했는데, 이는 모두 오늘 우리를 두고 이른 말이 아니더냐."「필사즉생 필생즉사 必死卽生 必生卽死 일부당경 족구천부 一夫當逕 足懼千夫」피를 토하듯 쏟아내신 준엄한 연설은 지금도 후대의 가슴을 용솟음치게 만든다.

극치의 공감을 불러일으킨 연설에서 볼 수 있듯이 장군께서는 탁월한 소통지향형 리더셨다. 그의 소통역량은 중요한 승리요인이자 리더십의 최고 덕목이라 할 수 있다. 그래서 진을 옮겨 가는 곳마다 세운 소통 공간 '운주당 運籌堂'은 장군에게는 없어서는 안 될 장소였다.

벼랑에 걸린 잔도를 걸어가듯 불확실한 이 시대에는 리더의 역할이 더욱더 중요해진다. 이제 '보스'라는 단어는 잊어야 한다. 현실의 험난한 탐험에서 조직 구성원들에게 청사진을 보여주기 위해서는 리더로서 리더십 성숙도 Maturity가 중심축으로 서 있어야 한다.

이러한 리더십 성숙도는 다음의 두 가지 리더십 힌지 Hinge가 고정시켜 줄 때 똑바로 서 있을 수 있다. 하나는, "리더십은 어떤 행동양식이나 사람을 다루는 기술이 아니라 어떤 존재가 되느냐 하는 것!"이다. 또 하나는, "리더십은 머릿속으로 알고 있는 것이 아니라, 현실 속에서 압박을 받았을 때 나타나는 존재의 모습!"이다.

이 시대 조직에서는 리더십 성숙도가 제아무리 높다 한들, 리더 혼자서는 절대 안 된다. 리더의 진영에는 반드시 "함께"라는 깃발을 세우고 문을 활짝 열어야 한다. 스마트 문명의 교체를 이뤄낸 밀레니얼 세대는 수평적 소통과 공감, 공정, 그리고 탈권위를 원하기 때문이다. 그들은 조직을 위해서가 아니라 조직과 함께 일하고 성장하고픈 유전자 DNA들이다.

따라서, 성숙된 리더 진영의 선착장에는 「리더-Ship」과 「팔로워-Ship」뿐만 아니라 「파트너-Ship」이 함께 정박해 있어야 한다. 이 파트너십은 두 배를 수평적으로 이어주는 가교역할을 할 것이다. 대부분의 조직 내 갈등을 보면, 리더의 선한 의도가 의도치 않게 팔로워에게 부정적으로 받아들여진 경우가 많다. 적어도 리더라면 의도적으로 부정적인 영향을 끼치려는 경우는 없기 때문이다. 이제는 리더가 의식적 노력을 행동으로 보여줄 때다. 다시 말하면, 의도치 않은 부정적 영향력에서 의도한 대로의 긍정적 영향력이 발휘되도록 패러다임을 전환해야 한다는 것이다. 이것이 '코칭'의 역할이자 '코칭 리더십'이다. 그래서 코칭 리더십은 '현 상태에서 원하는 상태로 변화·성장하도록 코칭으로 긍정적인 영향력을 발휘하는 것'으로 정의할 수 있다. 미국이나 유럽은 물론이고, 국내에서도 이미 많은 기업들에서 'Leader as Coach'라는 말이 조직문화 속에 스며들고 있다. 이러한 '코치형 리더'는 개인과 조직은 발굴해야 할 미스터리로 가득하다는 전제를 바탕으로 한다.

그들은 조직에서 순간순간 코칭 역량을 발휘하여 구성원들의 심리적 안전감을 조성하고 열정과 재능을 불러일으킨다. 개인과 조직의 성장을 돕는 '코치형 리더'의 확산은 현 조직이 나아가야 할 방향임을 굳게 믿는다.

말과 대화

"스님, 점심 공양하셨는지요. 지난주 스님 뵙고 온 것이 제겐 최적 절함 이었습니다. 주신 씨앗대로 지혜로 저를 비추고 만인을 비출 수 있도록 노력하겠습니다. 혜광 합장 _()_"

"혜광님에게 유익했다니 저 또한 기쁩니다. 언제든 필요할 때 오시길…."

수행 스승을 뵙고 온 다음 날 주고받은 문자다. 금요일 오전, 모 대학에서 특강을 끝내고 건물을 나서니 가랑비가 추적추적 부서져 내렸다. 접이 우산을 폈다. 주차장에 도착하여 오므리고 차에 올라 시동을 켰다. 불현듯 양 엄지손가락이 스마트폰에서 네비를 열더니 목적지로 '선운사'를 찍었다. 잠시 후 빗길 고속도로를 올라섰다. 서북향으로 고속도로를 달음질쳐 갔다.

그사이 비는 멎었고 이윽고 선운사가 적힌 도로표지판을 만났다. 표지판 상단에 적힌 '심원'이라는 지명이 예사롭지 않게 다가왔다. "네가 왜 그리 허겁지겁 달려오는지 내 모를까…"라며 필자를 깊은 심원으로 이끄는 듯했다. 주변 산세도 시선을 통째 빼앗으며 끌어당겼다. 선운사 입구에 당도, 차에 비상등을 켜놓고 내려진 차단기 끝에 위치한 경비실로 다가갔다.

내려놓을 줄 아는 용기

"고생 많으십니다. 종진 스님 뵈러 왔습니다."

"종진 스님요? 아까 정에 저 짝으로 나가시던디요…."

"예에? 아…예, 잘 알겠습니다. 미리 연락 안 드리고 왔더니…."

나이 지긋하신 경비원이 왜 미리 약속도 안 하고 왔냐는 듯 고개를 갸우뚱거렸다. 삶의 후반전, 가보지 않은 숲에 새 길을 내느라 달리다 보니 '워크 스마트 Work Smart'보다는 '워크 하드 Work Hard'로 치우쳐져 감을 스스로 관 觀하고 있었다. 스님께 한 번 비우러 갈 때다 싶었고, 스님께서도 한번 다녀가라 하신 지도 몇 달이 훌쩍 지났을 즈음이었다. 그리 차일피일하다가 바깥 날씨와 안쪽 날씨가 우연히 교차된 날, 그냥 날아갔던 터였다.

"허허, 미리 연락을 주어야지…. 그럼 절에 방을 하나 잡아 줄 테니 하룻밤 묵고 가시든가?"

절 입구에 서서 스님께 전화를 드렸더니 돌아온 말씀이다. 수행 스승께서는 서울서 내려올 도반 스님을 만나기 위해 광주에 가 계셨다. 스님도 아쉬움이 역력했을뿐더러 필자도 스승을 꼭 뵙고 싶었다. 그 즉시 "제가 광주로 가겠습니다."하고는 고창에서 광주로 다시 밟아 내려갔다. 약속한 김대중 컨벤션홀에 당도하여 스님을 만나 합장했다. "도반이 못 내려오니 혜광 거사를 만나게 되었네 그려. 오늘도 적절함이 일어나고 있지 않나! (허허허)" 스승의 말씀은 한마디 한마디가 제자에게 수행 공부의 연장선이다. "나에게 일어나는 모든 일은 일어날 가능성이 있는 수많은 일 중 최상의 것이다." 크리스 프렌티스가 『어떻게 흔들리지 않고 살 것인가』에서 신비한 문구로 소개한 말이다. 스승의 내던지신 말씀과 내 안에 늘 자리하고 있던 문장이 동시적으로 조우했다.

스님께서 광주의 제자가 운영하는 카페레스토랑으로 가자셔서 차를 움직였다. 광주 시내 외곽에 있는 카페에 도착했다. 카페 주인께서 반가이 맞아주시며 '예약석' 팻말을 올려 둔 자리로 스님과 필자를 안내했다. 전망 좋은 창가여서 스님과 식사와 차담을 나누기에 좋았다. 스승께서 큰 에너지장을 치시며 내면의 빈 찻잔에 듬뿍 따라주신 향기 진한 말씀이다. 요약하면 아래와 같다.

"바퀴가 커지면 중심이 견고해야 하고, 중심은 '자기 自己'를 보는 것이다. 에고 Ego를 내려놔야 한다. 명상은 마음을 자기 자신에게 두는 것이니, 자기를 보는 시간이 필요하다. 코칭은 스킬이 아니지 않느냐! 인간과 세상과 호흡하는 것이 코칭일 것이다. 코칭의 대가가 되려면 수행의 대가가 되어야 한다. 수행은 자신의 존재성 전체를 걸고 하는 것! 수행 가이드가 심신의 에너지를 나눠주는 과정의 중심에서 에너지장을 형성시키면, 함께하는 수행자들은 혼자 수행할 때와 다른 특별한 체험을 하게 된다. 코치 역할도 마찬가지 아니겠는가! 코칭이 현실에서 목표를 이루게 한다는 것은 수행에서 '전개인'에서 '개인' 단계로 가는 것이다. 온전한 '개인'이 된 다음 그 다음 단계인 '초개인'으로 가야 한다. '전개인'에서 '초개인'으로 바로 가는 '전초 오류'는 있을 수 없다."

어둠이 짙게 내린 뒤 카페를 나섰다. 스님을 모시고 광주 시내 네온사인을 빠져나와 고창 선운사에 도착하니 절 기와지붕 위로 달빛이 쏟아지고 있었다. 아쉬운 작별을 나눈 후 요사채 절에 있는 승려들이 거처하는 집로 총총히 걸어 들어가시는 스님 뒷모습에 고개 숙여 합장했다. 다시 네비를 앞세워 300km의 야음을 내달아 집으로 돌아왔다. 달려오는 차 안 내내 스승께서 필자의 영 Spirit과 혼 Soul을 불러 앉힌 듯 내면의 대화는 계속되었다. 하루 만에 다녀온 장도였음에도 그날 밤 필자의 '몸-마음'은 깨끗한 걸레로 훔쳐낸 대청마루 같았다.

△ 선운사 요사채

하루의 시작이 '적자생존' 법칙에 붙들려 출발이 지체되는 날이 많다. 필자에게 '적자생존'의 의미는 '적는 자만이 살아남는다.'라는 철칙의 이행이다. 그날도 중소기업을 경영하는 선배와의 점심 약속 시간에 맞춰 액셀러레이터를 밟아 갔다. 운전 중 갑자기 떠오르는 생각 조각을 놓칠세라 적당한 곳을 찾아 차를 세웠다. 운전 중 문득 떠오른 생각을 캐치하여 나와 나눈 내면의 대화 내용을 기록하고 말 줄임표로 마무리한 다음 다시 액셀러레이터를 밟았다. 부엉이 인형들이 서가에 줄지어 앉은 선배의 집무실에 도착했다. 참고로 부엉이는 먹이를 닥치는 대로 물어다가 쌓아 두는 습성 때문에 부의 상징이라고 한다. 아직 밥때까지 시간 여유가 많이 남아 있었다. 비서 여직원이 내온 도자기 찻잔의 바닥에 앉은 나비 한 마리를 뜨거운 국화차를 따르며 잠수시켰다. 대화가 무르익어가자 잠겼던 나비가 다시 찻잔 수면 위로 올라왔다.

△ 국화차를 따르며 잠수된 나비

필자보다 한 학번 빠른 대학 선배는 100명 규모 회사의 CEO다. 노트북에서 PPT 파일을 꺼내 대형모니터에 띄우고는 투자자도 아닌 1인 청중을 위해 자사의 비전과 전략적 방향을 브리핑했다. AI 시대에 걸맞은 창의적이고 미래지향적 빅 픽처 Big Picture를 놓고 나눈 대화라서 흥미롭고 맛있었다.

한 시간 동안 대표께서는 거의 혼자 말을 다 했다. 후배이자 교수이자 전문 코치 입장에서 인정·칭찬과 함께 신나게 고개를 끄덕이며 들어주었다. 말미에 질문 하나는 던졌다. "멋져요! 사장님. 사업이 잘될 수밖에 없네! 그런데 혹시 직원들하고 미팅할 때는 말씀을 어떻게 하세요?" 필자의 의도를 담방 알아챈 선배는 눈을 두어 번 껌뻑인 다음 말했다. "우리 직원들한테는 큰 그림과 방향만 내가 말을 하고 나머지는 주로 들어주지!" 속으로 '과연 그럴까?'라며 웃는데 필자에게 보라며 자기 폰의 톡 방을 열어 들이댔다. "리더가 된다는 것은 자기 자신이 된다는 것과 동의어이다." 리더십 대가 워렌 베니스의 말을 저장해 놓았다. CEO로서 노력하고 있는 흔적임에 진심으로 알아주고 인정해주었다.

그런 다음, 들고 간 스프링노트 한 장을 찢어 볼펜으로 사각형 하나를 그리고 칸 세 개를 질렀다. 그 칸 안에 차례로 '개념 Conceptual'·'사람 Human'·'테크닉 Technical' 역량을 적어 넣었다. 로버트 카츠의 계층별 역량 모델을 그려놓고는 경영자 레벨에서는 종합판단 역량 Conceptual Skill이 가장 중요한 덕목임을 나누었다. 그리곤 빨간색으로 역량 구분선을 오른쪽으로 중심이동 시킨 뒤 지금의 시대는 중간관리자급과 실무자층에게도 종합판단 역량이 가장 중요한 역량으로 등극했음을 강조했다. 마지막으로 "사장님, 한 마디만 드려도 될까요?"라며 웃으며 선배에게 허락을 구했다. "사장님, 그럼에도 불구하고 지금보다 10%만 말을 줄이면 어떻겠습니까?"하고 말을 던진 뒤 함께 식당으로 향했다.

삶은 '말'의 합집합이다. 우리는 말의 힘이 지배하는 바다를 항해하고 있다. 말은 칼처럼 밖으로 내리칠 수도, 비수처럼 안으로 찌를 수도 있는 힘을 갖고 있다. 우리는 누구나 그 힘을 몸소 감당해내며 말로써 건축한 말의 집이란 삶을 축조해 가고 있지 않을까….

통상 '말'이라고 퉁 치는 이 한 글자 속에는 엄밀히 두 개의 알맹이가 들어있다. 하나는 '말' 그 자체이고, 또 하나는 상대방이 있어야만 하는 '대화'이다. 말을 한다는 것은 말하거나 대화하거나 둘 중 하나인데 구분 없이 쓰고 있다. 에키 다케이코가 『인생을 성공으로 이끄는 대화법』에서 제시하는 말에 대한 샘물을 얻어 마셔보자. "우리는 상대방이 비록 듣는 사람이 아닐지라도 말을 할 수는 있다. 대화는 '말하는 사람'과 '듣는 사람'이 동시에 있어야만 성립된다. 사람들이 집합한 것은 어디까지나 군중일 따름이지 결코 청중이라고 할 수는 없다. 그렇다면 먼저 그 군중을 청중으로 변화시키는 일, 즉 연설자의 이야기에 귀를 기울이도록 만드는 일이 가장 중요하다." 그래서 강사는 강의를 하는 사람이 아니라 강의를 듣게 하는 사람임을 인정할 때 진짜 강사가 된다고 하지 않았던가…!

말은 독백이건 쇠귀에 경 읽기이건 말일 수 있다. 그렇지만 대화는 화자와 청자가 대화의 주인공으로 등장해야 성립되는 무대이다. 말과 대화의 차이는 크다. 사람은 남 이야기를 별로 듣고 싶어 하지 않는다. 남 이야기를 듣는다는 것은 단순히 뚫린 귀로 들어오는 소리만을 감지하는 것이 아니다. 듣는다는 것은 눈과 귀, 두뇌 활동 및 육감까지 총동원된 전신 노동에 가깝다.

이것을 정확하게 말하면 듣기가 아니라 경청이다. 말하는 사람의 '발언권'은 듣는 사람의 '결정권'에 의해 제한된다. 화자의 말뜻은 사람마다 가진 필터에 의해 디코딩되기 때문에 해석은 청자의 고유권한이기 때문이다. 청자의 듣기 어려워하는 본성과 결정권을 존중할 수밖에 없는 이유가 바로 이것이다.

코칭에서의 '상대방 중심 You-centered 대화'의 중요성이 이 대목에서도 소리굽쇠를 울리며 공명을 일으킨다. 대화에 있어 상대방을 '듣는 사람'으로 중시하는 것과 마찬가지로 중요한 부분이 하나 더 있다. 그것은 '사고어 생각하는 말'와 '표현어 나타내는 말' 사이의 갭-클로징 Gap-Closing이다. 우리는 무엇을 생각할 때도 언어로써 하게 되는데, 머릿속 언어가 곧 '사고어'라고 한다. '표현어'라는 것은 말 그대로 자기 의사를 밖으로 낼 때 사용하는 언어이다. 이 두 언어 사이의 갭을 줄이는 것은 누구에게나 명제가 아닐까?

세상에는 비단 정치인뿐만 아니라 자기 말에 낚이거나 남의 말을 낚고자 하는 사람이 또 얼마나 많은가…. 혹시 여러분은 명사라고 해서 강연장에 잔뜩 기대하고 갔는데 마칠 때쯤 "들을 게 없네!"라며 돌아온 기억은 없는가? 아무리 머릿속에 든 게 많아도 말로 길어내지 못하면 듣는 사람은 물론이고 말한 사람도 헛헛할 수밖에 없다.

대화란 듣는 사람을 대화방으로 초대하지 않고 혼자 떠들어대서는 효력 상실이다. 그래서 대화는 말하기보다 듣는 게 먼저다. 우리는 대체로 듣는다고 하면서, 듣기 위해 듣는가? 말하기 위해 듣는가? 들어야 듣게 되고 그런 다음 제대로 말 할 수 있다.

커뮤니케이션 이론에서 중요하게 다뤄지는 '메라비언의 법칙 The law of Mehrabian'이 있다. 한 사람이 상대방으로부터 받는 이미지는 시각이 55%, 청각이 38%, 언어는 7%에 이른다는 법칙이다. 이 법칙을 '경청의 피자파이' 차원에서 해석해보면, 경청의 빅 파이는 눈으로 듣는 것 55%이 된다. 그 다음은 소리로 듣는 것 38%이다. 말 그 자체로 듣는 파이 7%가 제일 작다는 말이다. 놀랍지 않은가? 그렇다면 우리의 정체성이 형성된 정규교육의 현실은 어떤가? 학창 시절 기억을 한 번 더듬어 보기 바란다. 학교에서 읽기·말하기·받아쓰기는 벌을 서기도 하며 배웠다. 그런데 듣기는 외국어 과목 듣기시험 공부 외에는 훈련을 받은 기억이 없다. 이 말은 학교에서는 커뮤니케이션에서 고작 7%의 영향력을 미치는 언어를 배우는 데만 힘을 쏟았다는 것이다. 대부분 그렇게 자라 왔다 보니 직장생활이나 부부생활에서도 듣는 것이 잘 안 되고 어렵다. 그렇다면 어떻게 해야 할 것인가? 이제부터라도 커뮤니케이션의 93%에 해당하는 말로 표현된 이상의 감정, 욕구, 정황, 의도, 제스처 등을 경청하고 파악하는 데 노력을 기울여야 한다.

이것은 신이 인간에게만 허락한 눈·귀·입과 손발을 포함한 온몸으로 듣는 전인체적 능력을 활용할 기회이다. 인간의 말은 귀소본능을 갖고 있다고 했다. 잘 못 내뱉은 말은 타인을 할퀴며 돌고 돌다 타인의 말을 타고 다시 돌아와 자신을 흠집 낸다. 말을 입 밖으로 꺼내기 전에 머릿속에서 포토샵 처리 후 내뱉어야 하는 이유다. 그럴 때 눈빛은 눈의 언어로써, 지식은 뇌의 언어로써, 그리고 지혜는 삶의 언어로써 제 주소지로 제대로 배송될 수 있지 않을까? 패션이 우리의 스타일이라면 말은 곧 자신이라고 했다. 그래서 지옥에는 좋은 의도만 있고 천국에는 좋은 말만 있다고 하지 않았던가….

「못 받은 돈 준법 회수」 어느 날 밤, 집 앞에서 버스를 내리자 눈에 들어온 벚꽃 나뭇가지 사이에서 빛을 발하던 가로등 기둥에 붙어있던 광고 스티커 내용이다. 영화에 너무 익숙해진 탓일까, 못 받은 돈을 회수해 준다 하면 두드려 깨는 사람들밖에 떠오르지 않는다. 그런데 준법 회수라니 어떤 방법일까 자못 궁금했다. 분명 "법대로 해라! 배 째라!"라는 채무자와의 말싸움부터 시작될 것이 뻔한데? 모르긴 하나 아무리 법을 앞세우더라도 적절한 대화법이 들어가야 할 텐데…, 집으로 걸어 올라오며 코치의 상상이 시작됐다. 우선은 채무자를 몰아세우기보다는 상황을 이해해줘야겠지! 상대의 처지를 들어주고, 갚을 방법이 있는지, 그럴 마음은 있는지, 어쩔 수 없는 이유가 있어서 못 갚겠다는 것인지 등을 알아주고 준법을 들먹여야 할 텐데…. 대화는 인간관계를 직조하는 베틀이다. 말로 이기기 위함이 아니라 상대방의 생각·감정·반응을 알아줄 때 윈-윈 할 수 있다. 말은 준법 회수인데, 글쎄….

"휘이오~" 태풍의 전초부대가 베란다 창문 틈새를 파고들며 속삭였다. 화장실에서도 환기구를 통해 역풍을 불어 넣으며 천정을 들었다 놨다 인공호흡 시키며 "휘이잉~" 더 세찬 소리를 질러댔다. 자연의 소리는 흉내 낼 수 없는 힘으로 인간에게 말을 걸며 예령을 넣어 주는 자연의 대화법이다. 소리라는 수단을 사용하지만, 자연의 울림은 창조. 인간의 언어도 말이라는 수단에 머물지 말고, 대화를 통해 서로 마음의 울림을 창조해 낼 수 있기를….

본질과 수단

"베고니아 화분이 놓인 우체국 계단…."

학교 식당의 계단 옆 창틀에 핀 빨간 베고니아가 먼지 앉은 턴테이블 위에 올려진 LP 판에서 흘러나오던 옛 유행가 한 소절을 입 밖으로 불러냈다. 코로나 COVID-19가 '봄은 왔건만 봄 같지 않다.'는 '춘래불사춘 春來不似春'이란 말의 뜻을 인간에게 체감케 하는 때에도 자연은 여지없었다.

산과 길가에서는 봄의 전령사들의 화려한 퍼레이드가 연일 펼쳐졌다. 벚나무의 꽃잎 진자리에는 이미 여린 물빛이 차올랐고, 밑둥치에는 어린줄기와 새잎들이 빙 둘러 돋아나고 있었다. 다만 봄의 풍경화 속에 그동안 주인공을 자처했던 인간만이 서로가 서로를 멀리해야 하는 탓에 쏙 빠지고 없었다. 사람과 꽃이 만나면 악보가 되고 시가 되는데도 어쩔 수 없는 노릇이다.

자연의 본질을 끝없이 훼손하고 침범한 인간에게 주는 바이러스의 응징이 아닐까…. 예년 이맘땐 사람들 머리 위로 봄날 벚꽃엔딩 쇼가 펼쳐졌었다. 그럼에도 꽃이 제아무리 예쁘다 한들 꽃보다 사람이었다.

캠퍼스에도 봄의 향연은 진행 중이었다. 병풍처럼 둘러쳐진 흐드러진 개나리 울타리 사이를 지나 목이 똑 따져 떨어진 붉은 동백을 발로 피하며, 벚꽃 비 내리는 교정을 가로질러 교내식당에서 점심을 먹고 연구실로 돌아왔다.

창문을 타고 들어오는 꽃향기 머금고 찻잔에 티백 하나 넣고 뜨거운 물을 부었다. 책상에 앉아 32인치 모니터에 인터넷신문을 펼쳤다. 메밀차를 한 모금 삼키며 경제 코너를 클릭했는데 필자의 모기업 유상증자 뉴스가 헤드라인에 떠 있었다. 필자가 젊음을 바쳤고 성장한 터전이다 보니 경영 위기 뉴스를 접할 때마다 가슴이 아릴 수밖에 없었다.

기업은 힘들 때 '증자'라는 것을 한다. 인터넷을 찾아보니 기업의 원형적 사례는 동인도 회사로써 근대사 최고의 발명품이라 했다. 통상 우리가 '회사'라 부르는 기업은 주로 '주식회사'다. 주식회사는 사업으로 돈을 벌기 위해서 돈이 필요하다. 어떻게 돈을 조달할지는 상황에 따라 다르지만 크게 3가지 방법이 있다. 회사 이름의 채권을 발행하거나, 은행에서 돈을 빌리거나, 아니면 주식을 찍어 자본금을 늘리는 것이다. 채권·주식시장의 역할이 모두 이 3가지와 직간접적으로 연결된다. 자본주의 시장경제에서는 이 중 '자본금 늘리기'인 증자가 가장 활발하다. 증자는 주식을 발행할 때 대가를 받는 유상증자와 주주들에게 공짜로 주는 무상증자로 나뉘는데, 십중팔구는 유상증자를 가리킨다. 시장 자본주의에서 기업을 나무로 본다면, 유상증자는 그 나무에 물을 주는 수단이라고 말한다. 화폐본위 자본주의 시장에서 국가가, 즉 중앙은행이 돈을 마음대로 찍어 내듯, 기업은 필요시 자기 주식을 추가 발행해서 돈을 조달한다. 기업이라는 나무가 더 크게 성장하기 위한 또는 말라 죽지 않기 위한 방편이다. 기업은 시장이라는 숲에서 늘 푸른 상록수이거나 사철 꽃 베고니아처럼 계속 피어있기를 원한다. 숲은 나무와 꽃의 물질적 아름다움을 넘어 산소를 위해 존재한다. 그래서 숲에서는 산소를 호흡할 줄 아는 나무와 꽃의 지혜가 필요하다. 나무 중 과일나무를 기업으로 비유해보자. 과일나무는 열매로서의 과일, 과일을 맺게 하는 꽃, 꽃에 영양분을 공급하는 줄기와 가지, 그리고 땅에서 영양분을 흡수하는 뿌리로 이루어져 있다. 이를 기업에 대입시키면 과일은 경영성과, 꽃은 고객가치, 줄기는 운영의 혁신, 뿌리는 학습과 성장이라 할 수 있다. 각각을 또 이해관계자 Stakeholder 집단으로 대변해보자. 경영성과는 주주 이익을, 고객가치는 고객 만족을, 운영의 혁신은 경영진을, 학습과 성장은 임직원을 대변한다고 볼 수 있다.

회사는 결코 주주만 과실을 따 먹어서는 안 된다. 모든 이해관계자에게 행복을 선물하는 회사가 좋은 회사다. 이러한 재무적 성과를 넘어 건강한 가치가 이해관계자들의 동맥을 타고 선순환되는 본질적 기업이 숲을 살아있게 만드는 나무와 꽃이다.

그런데 신자유주의라는 숲은 강자에게 존재의 이유를 느끼게 해준다. 기업의 가치는 주주 이익에만 일렬로 정렬시킨다. 어느 날 돌아보면, 승자 한 사람 빼고 모두가 서서히 메말라간다는 것을 깨닫지만, 승자가 되어야 한다는 당위에 쌓여 세차게 고개를 흔들며 버틴다. 자본주의 시장경제가 진화하며 스스로에게 채운 '신자유주의'라는 족쇄를 풀고 나오기가 쉽지 않다. 그럼에도, 우리에겐 머뭇거릴 시간이 많지 않다. 지금이 모든 이해관계자가 승-승 Win-Win할 수 있는 본질적 싱징을 향해 코페르니쿠스적 전회 Copernican Turn를 시도할 적기가 아닐까? 지구는 코페르니쿠스가 종래의 천동설에 대하여 지동설을 주장하기 이전부터 돌고 있었다는 것을 잊으면 안 된다.

"가을빛 물든 언덕에 들꽃 따라 왔다가 잠든 나, 엄마야 나는 어디로 가는 걸까…."

운전 중 라디오방송에서 흘러나오는 가성에 가성으로 합세하며 어지럼 맴맴 젖어 들었다. 조용필의 「고추잠자리」는 1981년에 발표하자마자 라디오방송 차트 24주 연속 1위를 기록한 최고의 히트곡이다. 중학교 때 검정색 카세트 녹음기에 공테이프를 꽂고 '녹음·REV·FF·재생'의 4가지 버튼을 눌렀다 풀었다 하며 생음악을 녹음했던 기억이 생생하다. 세월이 지나 노래방에서 마이크 거꾸로 들고 목청껏 질러댔던 단골 메뉴 중 하나이기도 하다.

그런데도 그날 아나운서가 들려주기 전까지는 이 노래의 배경 스토리를 몰랐다. 가사는 당시 작사가의 첫사랑에 대한 시라고 했다. 첫사랑 여인은 부모님의 이혼으로 헤어진 엄마 소식을 듣지 못해 그리움이 애절했는데, 그런 여자 친구를 위해 썼던 시가 TBC 방송 라디오 '고운 노랫말 공모'에 당선되었다고 한다. 이 노랫말을 알게 된 조용필이 배낭을 메고 전국을 다니면서 시에 어울릴 곡을 지었다고…. 당시 가성과 실성을 섞어 부른 최초의 노래로써 요즘 말로 힙 Hip 했던 것이다. 노랫말 배경을 알고 가사 내용을 뜯어보니 엄마에 대한 그리움의 배경 스토리가 플롯 Plot되어 고추잠자리가 마음 안으로 날아들었다.

플롯 Plot은 서사 Narrative로써 스토리의 뼈대를 세운다. 강유정이 『영화 글쓰기 강의』에서 말했다. "매혹적인 플롯을 만들기는 어렵지만, 매혹적인 플롯은 누구든 알아보기 마련이다." 또한 영화에서 관객들을 눈물바다로 만들 때, 눈물엔 두 가지 종류가 있다고 했다. 그것은 '감각을 자극해서 흘리는 눈물'과 '감정을 자극해서 흘리는 눈물'이다. 이 두

내려놓을 줄 아는 용기

가지 중 전자가 좀 나쁜 경우인데, 눈물을 짜내기 위해 과도한 고난과 고통을 주인공에게 가하기 때문이라고…. 확 와 닿았다. 그만큼 표피적인 자극보다 내면의 소프트한 알맹이를 건드려야 마음이 동한다는 것이리라. 그렇다면, 대중가요 「고추잠자리」는 새로운 플롯을 통해 내 안의 무엇을 자극한 것일까?

이 시대는 본질-중심으로 살기 어렵게 만든다. 본질이 뭔지 알건 같은데 껍데기와도 같은 도구를 꽉 쥐고 '본질 그게 뭔데?'라며 쳇바퀴 돌듯 산다. 윤정구 교수는 『진성 리더십』에서 기업과 리더가 목적적 성장으로 나아가야 할 방향지시등을 켜주고 있다. "본질과 수단의 톱니바퀴가 서로 겉도는 현상을 디커플링 Decoupling이라고 한다. 본질을 중심에 돌려놓는 복원작업만이 길을 잃고 끊임없이 표류하는 아노미 무법·무질서 상태의 바다에서 우리를 구해낼 수 있다. 본질이 본질로서 다시 중심에 세워지고 본질로서의 역할을 제대로 수행할 때 수단과 역량을 본질에 결합시켜야 목적을 제대로 달성할 수 있는지에 대한 정확한 안목을 얻을 수 있다. 리더는 앞장서서 삶의 본질을 복원하고 본질에 맞는 수단을 커플링 시키는 사람이다."

리더라면 본질과 수단을 커플링 시키는 것이 사명이 되어야 한다는 말이다. 커플링 Coupling이란 자신을 센터링 Centering시키는 내면적 삶의 본질과 외면적 삶의 도구라는 톱니바퀴가 서로 단단하게 맞물려 돌아가는 상태다. 그렇게 될 때 비록 바깥으로는 고군분투하게 살더라도 안으로는 내적 안정성을 유지하는 '충만함 Fulfillment'을 길어 올릴 수 있지 않을까.

조직은 물론이거니와 개인도 통상 하이어라키 hierarchy를 가진 두 가지 체계가 결합되어 있다. 그 하나는 정체성 Identity 체계이고, 다른 하나는 목표 Goal 체계이다. 정체성 체계는 상위에서부터 수직적으로 「미션-가치-신조」로 구성된다. 목표 체계는 상위에서부터 마찬가지로 「비전-목표-전략」으로 세워진다.

코칭에서는 이 두 체계를 한 개 시스템으로 통합시켜 「M-V-V-S」 체계로 얼라인 하여 사용한다. 이 시스템은 목적적 성장을 지향하는 조직이나 개인에게 없어서는 안 될 「미션-비전-가치-전략」 체계를 의미한다.

리더는 중심에 본질을 세우고 수단을 본질에 정렬시키는 사람이라고 했다. 그렇다면, 그 중심축으로서의 본질은 '사명 Mission'이다. 사명은 '목적 Purpose'이나 '진북 True North'과 같은 의미로 바뀌지 않는 삶의 방향성이다. 소위 '북극성'이라고도 할 수 있고, 관 뚜껑을 덮기 전에 후회하지 않을 삶의 최종목적지이자 여정 Path이다.

이러한 사명 Mission이 세워져 있을 때, 이에 도달하기 위한 중간 기착지로서 비전 Vision이 설정될 수 있다. 비전은 5년~10년 뒤의 되고자 하는 모습 To-Be Image으로서, 단계를 밟아 가며 재설정하는 지도나 내비게이션이라 할 수 있다. 잘 알다시피, 네비는 정기적으로 업데이트되지 않으면 잘못된 길로 빠질 수 있다. 비전도 마찬가지다. 만약 5년이 지난 뒤 세웠던 비전을 달성했다면, 또 따른 5년이나 10년을 위한 비전으로 업데이트해야 한다.

가치 Value는 자기 자신의 길로 걸어가기 위한 '행동 선택 기준'이다. 비전으로 사명을 향해 나아가는 인생길에서 매 순간 가치 중심으로 선택하고 행동한다. 누구나에게 가치 Value는 행동의 준거 틀이 된다. 본질적 사명으로 나아가는지의 정도는 「사명-비전-가치-전략」의 체계가 제대로 정렬되어 있는지에 따라 판가름 난다. 그래서 니체도 삶의 목적과 사명은 세상의 어떤 고통과 고난도 이겨 낼 수 있는 힘의 원천이라고 말하지 않았는가!

작금의 시대는 '실증주의 Positivism'에서 '구성주의 Constructivism' 시대로 빠르게 전환되고 있다고 한다. 경험적·과학적 증명을 중요시하는 객관적 실증주의에 비해 구성주의 세계는 인간에 의해 의미가 부여되며 그 구성 방법에 초점을 모은다.

구성주의에 대한 통찰을 다시 한번 더 윤정구 교수의 『진성 리더십』에서 더 들어보자. "실증주의는 과거의 성공에 의해서 미래의 답이 선형적으로 예측 가능한 세상이다. 전통적 「Plan-Do-See」가 그대로 먹혀 들어 가는 상황이다. 구성주의 세상은 과거의 성공에 의해서 미래의 답을 찾을 수 없는 세상이다. 세상은 사람들의 마음속에서 상상으로 먼저 태어나게 되고 이런 스토리로 세상을 볼 수 있게 만들어주는 스토리텔러들이 리더로 등장한다. 스토리는 암흑과 같은 세상을 볼 수 있는 통찰의 눈이다. 논리적으로 예측할 수 없는 암흑과 같은 세상에 자기만의 스토리가 없이 세상을 사는 것은 장님의 삶을 사는 것과 같다."

하인츠 폰 포엘스테의 말도 들어보자. "인간은 자신의 본질보다 자신의 역사를 더 가지고 있다." 이 말은 인간은 자기 역사를 플로팅한 스토리가 오히려 더 자기에 가깝다는 말로 들리는데 여러분 생각은 어떠신가?

이기주는 또 『말의 품격』에서 이렇게 표현했다. "본질적인 것과 비본질적인 것은 잠시 한 데 뒤엉켜 지낼 수는 있으나, 언젠가는 서로 떨어지게 마련이다." 그러면서 시골 들판에 앉은 알곡과 쭉정이는 가을바람이 한바탕 휩쓸고 지나가면 명암이 엇갈린다고 했다. 바람은 속 빈 쭉정이는 날려 버리고 잘 여문 알곡만 남겨두기에 들판의 혼돈은 자연적으로 정리된 느낌을 배달해준다. 이것이 스토리텔링이다.

우리는 가능성 존재로서 자기 삶의 목적으로 나아가는 모습을 상상할 때 이미 그것은 현재로 가져온 미래를 사는 현재인 것이다. 인간은 '이야기를 살아가는 동물'이라고 했다. 비선형적 구성주의는 지금-현재의 삶에 이성과 감성이 조화롭게 직조된 자기만의 스토리를 심고 있다. 우리는 인생이라는 망망대해에서 어디로 가면 섬이 나오고 바람이 불고 새 떼가 날아오르는지를 지시해주는 스토리텔링 지도를 품속에 지녀야 한다. 그래서 자신의 스토리 Story를 텔링 Telling해 가는 삶의 여정은 자신은 물론이거니와 타자에게도 정서적 카타르시스를 분출시키며 몰입을 이끈다는 것이다.

진리는 하나인데 경전이나 위대한 책의 내용이 방대한 이유가 무엇일까? 책이 우리에게 들려주고자 하는 말은 오직 하나 '인간 구원' 밖에 없다고 했는데도 말이다. 한 권 한 권에 배열 Plot된 다양한 이야기 Story와 상황 Case들 때문이지 않을까? 그래서 책은 전부 같다고 할 수 있으면서도 모두가 다르다. 사람들은 세상에서 본질과 비본질이 뒤엉킨 채 살아간다. 책 속의 상황이나 사례들에서 가슴에 지진을 일으키거나 인두같이 굵게 새겨지는 한 문장을 만나듯, 세상 속에서 비본질적인 것들을 털어내고 본질로 가야 한다.

내적 본질과 외적 수단의 톱니바퀴가 겉돌지 않고 단단하게 맞물려 돌아가도록 「M-V-V-S」는 누구나 반드시 중심에 세워야 한다. 결국 삶은 겁쟁이, 위선자, 거짓말쟁이에서 스스로 벗어난 케이스 스터디 Case Study와 스토리텔링 Story-telling 사례를 역사라는 기록에 하나 더 보태는 것이지 않을까….

거울과 유리

「고마워요. 내 말 끝까지 들어줘서! 그리고 웃어줘서!」

비 내리는 금요일 아침, 늘어선 차량 꼬리에 붙어서 스르르 쓸려가던 중 터널 입구 위 글 판에서 우연히 만난 문장이었다. 그 순간 내 안의 미소 천사가 환한 웃음을 내보냈다. 차창을 타고 내리는 빗줄기와 쇼스타코비치의 왈츠 2번 바이올린 선율이 날줄과 씨줄 되어 와이퍼가 닦아준 전방 유리 위에 또 한 문장을 직조했다. 「코치는 말끝까지 들어주고 웃어주는 사람이다.」 즉석 카피 문장이 가슴에 착 달라붙었다.

"이 세상에 자기 말을 끝까지 들어줄 사람이 과연 몇이나 될까? 글쎄…!" 코치의 독백이다. 그래서 그 쉽지 않은 일을 이 지구라는 행성 위에서 코치들이 수행하고 있다. 들어주고 웃고 인정·칭찬해 주는 것이 시대적 소명이라 믿기에…. 코치로서 필자는 만남의 연연을 맺는 모든 사람에게 이 시대적 소명을 실천하는 존재이고자 한다. 공공 글 판이 빗어낸 힘으로 코치적 삶에 레시피 하나 추가한 맛있는 아침이었다.

「여름 밤하늘에 손닿는다면 별 하나 따서 너에게 주고파!」

「아무리 찬 겨울도 봄씨앗 하나 가슴에 품고 있지요.」

계절에 따라 글 판도 옷을 바꿔 입는다. 늘 지나던 출근길 터널 위에 걸렸던 글 판이 벗어 던졌던 여름과 겨울에 입고 있던 옷이다.

"시가 읽히지 않는 시대는 거울을 안 보는 시대 아닐까요?"

어느 시인의 북 콘서트에서 쑥 들어왔던 말이다. 시는 고사하고 책을 읽지 않는 현 시대상을 반영하여 누군가 큰 거울을 거리에 걸었던 것일까….

서울에서 직장생활을 할 때는 퇴근 시 강남대로를 천천히 걷는 것을 좋아했다. 특히 동료들과 소주를 한잔 걸친 날에는 사람들 어깨 사이를 헤치며 걷다 길 건너편 교보강남타워에 걸린 대형 글 판이 보이면 손가락 앵글을 만들어 가슴 주머니에 꼭 담았다. 그때 위로와 위안을 느끼며 글 한 줄의 힘을 알게 됐다. 아마 다른 사람들도 비슷하게 공감하지 않을까 싶다. 광화문을 들를 때도 같은 글 판을 보며 가슴 따뜻함을 느끼곤 했었다.

찾아보니 글 판은 광화문 교보가 원조라고 한다. 처음부터 교보의 글 판이 사람을 보듬은 글귀를 내건 것은 아니었다. 이 길거리 글 판은 교보생명 창업자의 뜻으로 1991년에 광화문에서 시작되었다고…. 처음에 내건 글은 자기 계발이나 기업 홍보성 표어에 가까웠다. 그러다 1997년의 IMF 경제위기로 온 나라가 힘들 때 기업홍보를 중단하고 사람들에게 희망과 위로를 주는 글을 담기 시작했다. 계절적 문구와 감성적 손 글씨를 접목하기 시작한 것은 2005년부터다. 기업에서 일에 빠져 살던 시절, 하루를 마감하고 회사를 나설 때 습관처럼 올려다보았던 교보 글 판은 필자에겐 가슴 울림 판이었다. 당시 스프링노트에 사색 볼펜으로 옮겨 둔 연도별 계절 편을 꺼내 올려본다.

「대추가 저절로 붉어질 리는 없다. 저 안에 태풍 몇 개,
  천둥 몇 개, 벼락 몇 개!」_ 2009년

「사람이 온다는 건 실로 어마어마한 일이다.
  한 사람의 일생이 오기 때문이다.」_ 2011년 여름

「있잖아, 힘들다고 한숨 짓지 마.
  햇살과 바람은 한쪽 편만 들지 않아!」_ 2011년 가을

「자세히 보아야 예쁘다. 오래 보아야 사랑스럽다.
  너도 그렇다.」_ 2012년 봄

「먼 데서 바람 불어와 풍경 소리 들리면
  보고 싶은 내 마음이 찾아간 줄 알아라.」_ 2014년 여름

「꽃 피기 전 봄 산처럼 꽃 핀 봄 산처럼
  누군가의 가슴 울렁여 보았으면.」_ 2015년 봄

「이 우주가 우리에게 준 두 가지 선물은
  사랑하는 힘과 질문하는 능력이다.」_ 2015년 가을

「두 번은 없다. 반복되는 하루는 단 한 번도 없다.
  그러므로 너는 아름답다.」_ 2015년 겨울

2015년 겨울 편 글 판까지만 필자의 노트에 적혀있다. 기업에서 임원이라는 '임시직원'의 신분에서 해제됨과 동시에 그해 겨울 서울을 떠났다. 지금 꺼내 읽고 글로 옮기는 중에도 마음 한켠 무언가가 꿈틀거린다. 글은 읽히는 순간 마음이 되고, 말로 나와 가슴을 울리며 재탄생한 다음, 글로 다시 돌아간다. 교보 글 판은 사람들의 가슴에서 그들만의 글로 다시 태어나도록 비춰준 시대적 거울이 아닐까….

동장군의 매서운 입김에 낙엽은 도로 위를 몇 차례 덤블링한 뒤 차창에 들러붙었다. 플롯과 피아노 협주곡의 흐름에 걸터앉은 채 학교로 운전

해가고 있었다. '훅'하며 큰 숨을 내뱉은 뒤 '쉼의 미학'을 느끼며 호흡도 잠시 정지했다. 제아무리 좋은 악기도 스스로 소리를 낼 수는 없다. 연주자의 호흡 마디에서 플롯이나 피아노 소리도 쉼표를 찍는다.

명상에서 들고나는 호흡에서 생명 에너지를 관 觀하듯, 악기의 숨소리는 연주곡을 재생시키는 악보를 비추는 거울이 아닐까. 정면 유리를 뚫고 들어온 아침햇살이 눈부셔 얼른 이마 위 블라인드를 내렸다. 학교 방향의 우회도로 오른쪽으로는 넓은 김해평야의 황금빛 들녘이 펼쳐졌다. 멀리 피어오르는 연기, 날아오르는 새들, 그리고 더 위에서 대각선을 그으며 하늘로 치솟고 있는 여객기까지 햇빛을 반사시키고 있었다. 한여름을 초록으로 살아냈을 도로 위 뒹구는 낙엽도, 풍성한 수확을 안겨줬을 논밭에 흐트러진 지푸라기도 햇빛에 빛나는 자연의 거울이었다.

저녁이 오기 전, 학교에서 퇴근을 하다 집 가까운 바닷가 카페 앞에 차를 댔다. 책 두 권을 오른쪽 옆구리에 낀 채 거북 다방 거북선 모양의 바닷가 단골 카페 이층 문을 밀고 들어섰다. 얼굴 윤곽과 쌍꺼풀 선이 선명한 바리스타 청년이 미소로 반갑게 맞았다. "오랜만에 오셨으니까 오늘은 아카 아메리카노 한 잔 서비스로 드릴게요." 주문 대에 서자마자 젊은 바리스타가 던진 기분 좋은 말에 마음 단추를 풀었다. 늘 앉는 원목무늬 사각 테이블 위로 바닷물을 튕기고 들어온 햇살이 쏟아졌다. 정면의 넓고 투명한 유리창 너머엔 친근한 바다가 펼쳐져 필자를 기다리고 있었다. 책장을 넘기다 고개만 들면 바다 바라기를 할 수 있는 곳! 섬으로 둘러쳐진 호수 같은 바다를 책갈피로 꽂을 수 있는 이곳 거북 다방은 필자가 스스로에게 여백을 선물하는 휴식처이다.

"뭍으로 건너온 새들이 저무는 섬으로 돌아갈 때, 물 위에 깔린 노을은 수평선 쪽으로 몰려가서 소멸했다. 저녁이면 먼 섬들이

박모 薄暮 속으로 불려가고, 아침에 떠오르는 해가 먼 섬부터 다시 세상에 돌려보내는 것이어서, 바다에서는 늘 먼 섬이 먼저 소멸하고 먼 섬이 먼저 떠올랐다."

△ 김훈, 『칼의 노래』 중에서

김훈이 유려한 문체로 필자의 마음을 사로잡은 그 거울 같은 바다를 떠올렸을 때 바로 여기가 아닐까 싶을 정도로 닮았다. 넓은 투명유리창으로 들어오는 하루의 막바지 햇살은 윤슬을 튕기고, 카페에서 흐르는 재즈 음악은 창틈을 비집고 나가 반짝이는 잔물결 위를 뒹굴었다. 호수 같은 남쪽 바다는 섬과 노을의 시간대별 얼굴을 비춰주는 청옥 거울이다.

△ 거북 다방의 투명 유리창 너머 호수같은 남쪽 바다 풍경

거울은 청동에서 시대를 타고 진화하여 지금 우리 곁에는 유리거울만이 세상을 비추며 곳곳에 서 있다. 유리 한쪽 면에 수은을 칠하면 투명했던 유리는 거울로 재탄생한다. 유리는 빛을 통과시키지만, 거울은 반사시킨다.

더위가 한풀 꺾인 늦은 여름날 어쩌다 아파트 베란다 유리창에 달라붙어 우는 매미를 볼 경우가 있다. 유리는 빛의 통과를 허락하기에 우리는 벌렁거리는 매미의 배를 관찰할 수 있다. 만일 매미가 거울에 앉았다면 매미의 배는 영원히 미스터리로 남을 수 있었을 텐데….

유리는 빛이 지나다니는 길이 되지만 거울은 빛을 되돌려 보낸다. 여기서 김소연이 『마음 사전』에서 한 말을 음미해보자. "반사하고 반영한다는 점 때문에 거울을 오래 들여다보는 이는 거울의 이면까지 들여다보게 된다. 정확한 풍경을 보여주기 때문에 풍경 안으로 걸어 들어갈 수가 있다. 마음을 확산하는 것이 유리라면, 마음을 수렴하는 것은 거울인 셈이다." 불투명한 거울은 오히려 이면을 갖고 있기에 마음 안으로 깊이 걸어 들어갈 수 있다는 것이다. 너무 투명한 창문을 바라만 보면 한계만 보일 뿐이기에! 거울의 말에 귀 기울여 주고 거울을 쳐다보자. 생각지도 못했던 생각이 떠오를 것이니….

우리의 일상에서는 물리적 거울과 함께 눈에 보이지 않는 내면적 거울이 있다. 대부분의 사람들은 밖으로 비춰질 겉모습을 확인하느라 물리적 거울은 붙들고 산다. 워낙 팍팍한 세상이다 보니 막상 거울 앞에 서면 앞모습만 점검하기도 바쁘다. 그런데 사람들은 그닥 다른 사람에겐 별 관심이 없다. 그러다가 관심을 가질 필요가 생기면 앞모습뿐만 아니라 옆모습, 뒷모습까지 통째로 싸잡아 그 사람의 이미지를 스캔한다. 누구에게나 뒷모습은 잘 볼 수 없는 블라인드 영역이다. 걸고넘어질라치면 치명적 약점이 되기 십상이다.

우리의 삶이라는 일상은 전인체로서의 자기를 비추는 거울이다. 따라서 전인적인 존재성을 확인하기 위해서는 두 개의 거울이 필요하다. 첫 번째 거울은 외모뿐만 아니라 스스로 내면을 비추는 '내재적 거울'이다.

셀프코칭이나 명상 등을 통한 거울이라 할 수 있는데, 질문으로 빛을 인도할 수 있다. 질문은 바라는 미래모습을 현재라는 거울에 상을 맺게 하여 성장을 길어 올리는 의식의 거울이다. 이 거울을 이용하여 지금-현재의 진아 眞我를 성찰해내는 과정이 자아 인식이다.

두 번째 거울은 타인이 영사하는 빛을 통해 자신의 안팎을 비추는 '외재적 거울'이다. 상대방의 행동이나 의도 파악을 통해 피드백으로 길을 조명해주는 거울이다. 사실 타인의 피드백은 자신의 문제를 파악할 수 있는 가장 필요한 객관적인 미러링이다. 그런데 문제는 이 거울이 깨끗이 닦여져 있을 수도 있고, 얼룩져 있을 수도 있다는 것이다. 거울 면의 청정도는 상대의 진솔한 피드백이 들어오도록 피드백 받는 사람이 상대에게 어떻게 동기부여 해줄 것인가에 달려있다.

거울 세포라고 알려진 이심전심의 비밀을 간직한 뉴런 세포가 있다. 타인의 행동을 따라 하고, 감정까지 이해하는 세포로서 타자를 통해 욕망을 구조화시킨다는 것이다. 이탈리아의 신경심리학자인 리촐라티 교수진이 원숭이 실험에서 발견했다고 한다. 한 원숭이가 다른 원숭이나 주위에 있는 사람의 행동을 보기만 하고 있는데도 자신이 움직일 때와 마찬가지로 반응하는 뉴런 신경세포들이 있다는 것이다. 이 말은 내가 그것을 직접 할 때와 내가 그것을 직접 경험하지 않고 보거나 듣고만 있을 때 동일한 반응을 하는 뉴런이 있다는 것인데, 관찰 혹은 다른 간접경험만으로도 마치 내가 그 일을 직접 하고 있는 것처럼 반응한다는 것이다.

거울 뉴런 Mirror Neuron이라는 말은 '눈에 보이는 행동이 머릿속에 들어있는 거울에 비친 듯하다.'는 뜻에서 붙여진 이름이다. 이에 대해 조 허시가 『피드 포워드』에서 소개한 말을 좀 더 들어보자. "거울 뉴런 현상은 자신이 과거에 했던 행동을 다른 사람이 하고 있다고 생각할 때 작동한다. 그리고 놀랍게도 다른 사람의 행동을 볼 때에도 내가 행동할 때와 똑같은 인지 효과가 나타난다. 손가락 하나를 까딱하는 단순한 행동만 봐도 거울 뉴런이 작동한다." 이러한 거울 뉴런에 의해 우리는 관찰하는 것만으로도 타인과 교감하고 똑같이 행동한다는 것이다. 그렇다면 우리는 더욱더 타인을 비추고, 타인이 비춰주는 사회적 거울로 이해와 공감을 높여가야 하지 않을까….

검붉은 저녁노을이 퇴근길 차 안으로 달려 들어왔다. 세상 모든 게 유리와 거울로만 보였다. 우리는 내·외면적으로 착시현상에 붙들려 산다. 전방 유리 너머 산과 하늘을 물들인 노을이 황홀하게 보이는 것은 눈의 착시효과로 비춰진 외면적 거울인 것이다. 착시 된 아름다움이 안쪽으로 방향을 바꾸면 마음 거울 면에 상을 맺는다.

말콤 머거리지가 한 말이다. "허영의 도시가 주는 달콤함을 느끼고 만끽하는 것과 같은 표피적인 즐거움과 같은 모든 자기만족 행위는 완전한 환상인 것 같다. 파스칼이 말한 '세상 핥기'라고나 할까." 안락함을 느끼는 도시적 삶의 달콤함은 외면적 거울에 비친 환상에 불과한데도, 우리는 거울 표면만을 핥고 있지는 않은지? 또한 아이는 부모의 자아개념을 비춰주는 거울이다. 자신 안에 있는 대로 밖으로 표현하는 아이는 부모의 거울이기 때문이다. 그래서 어른은 어른이어야 한다.

생명은 혼돈의 가장자리에서 태어난다고 했다. 작금은 현실 세계의 가상과 가상 세계의 현실 사이에서 충돌의 갈등이 일 수밖에 없는 시대다. "카풀 운행을 통해 버는 '담뱃값'이 누군가에겐 '밥줄'일 수 있다는 생각에 머리가 아팠다." 한 택시 기사의 자살 이후 어느 카카오 카풀 기사가 한 말이다. 세상은 새 생명이 끊임없이 태동하고 그렇게 돌아갈 수밖에 없다. 그럼에도, 이러한 세상에 빛을 발하는 방식에는 두 가지가 있다 했다. 하나는 촛불이 되는 것이고, 다른 하나는 초를 비출 수 있는 거울이 되는 것이다. 새 생명의 탄생과 기성 생명 사이의 갈등과 조화를 비춰줄 수 있는 사회적 거울이 많아지기를 소망해 본다.

고객 Client은 코치 Coach라는 거울을 통해 자기를 비춘 뒤 원하는 목적지로 한 발짝 내디딜 힘을 얻는다. 전환된 생각은 자기 안을 되비추며 어떤 어려움이라도 이겨낼 수 있는 에너지의 원천이 된다. 누구에게나 삶이 눈가리개를 쓴 블라인드 테스트장일 때가 있다. 그럴 때 스스로 보지 못하는 강점을 끄집어 올려 확인시켜주고 발휘할 수 있도록 용기 주는 사람이 코치다. 진심 어린 인정과 지지 응원을 보내는 사람이 코치다.

코칭에서 고객과 깊이 호흡하며 경청한 후 던지는 질문은 생각의 문을 열고 가능성을 확장시키는 의식의 거울이다. 코칭 피드백은 잘한 행동은 더 잘하게 하고 부족한 행동은 보완·촉진시키는 양면 거울과도 같다. 그리고 중립적 언어 Clean Language는 코치의 에고가 들어있지 않은 깨끗한 유리와 같다. 거울은 유리로 인해 빛을 비출 수 있고, 유리는 거울로 인해 투명함이 더 빛날 수 있다. 삶 속 유리와 거울은 서로 어깨를 걸머쥔 든든한 죽마고우를 닮았다.

존경과 존중

"교수님 말 하나도 안 들려요. 그래서 모바일로 원서를 같이 보고 있어요."

수업 시간 옆자리에 앉은 까만 피부의 청년에게서 돌아온 대답이었다. 몇 년 전, 기업 졸업 후 늦깎이 원생으로 입학하여 저녁 수업을 들을 때였다. 학과목마다 교수님 턱 밑 맨 앞자리는 필자의 지정석이었다. 교수이면서 학생인 시절이었다. 개강 2주 차인 그날도 강의실 맨 뒤쪽 구석 자리에 혼자 앉은 새까만 청년이 눈에 밟혀 옆으로 데려와 제일 앞줄에 나란히 앉았다.

고수머리에 까만 피부, 쌍꺼풀 짙은 검은 눈동자의 외국인을 보면 왠지 말을 걸고 싶어진다. 기업 시절, 함께 일했던 인디언, 파키스타니, 방글라데쉬, 필리피노, 이집션, 나이지리언 등의 다국적 사람들에 대한 향수일까…. 코를 자극하는 특유의 풀바디 Full Body한 냄새가 여전히 쉽진 않지만, 몸은 마음을 앞선다.

영어로 통성명을 하고 호감 어린 눈빛을 주었다. 그 순간 이방인 청년 학우의 가둬뒀던 말이 논두렁을 타고 넘어왔다. 방글라데시에서 학부 졸업 후 몇 년간 일을 해서 돈을 모은 뒤, 아버지로부터 부족분을 지원받아 한국 유학을 왔다고 했다.

한국어로 진행되는 수업을 알아듣지도 못하는데 왜 들어왔냐고 물었더니 무조건 수업일수를 채워야 하기 때문이라고…! 대학의 입장은 모르긴 하나 로마에 왔으니 로마법에 따르라는 거고, 수업을 제대로 듣고 싶으면 빨리 한국어 수준을 높이라는 뜻이리라. 까만 청년은 나름 원서 e-book을 폰에 띄워서 대조하며 듣고는 있지만 힘듦을 토로했다. 그는 수업 진행을 영어와 병행해 주기를 원했다. 조금이라도 돕고 싶은 마음에 수업이 끝나고 조교에게 물어봤더니, 유학생들은 교수님과 개별학습이 따로 있다고 하기는 했다. 이후로 필자가 해줄 수 있는 것은 수업시간에 옆에 앉아 이해한 부분을 중간중간 귓속말로 전달해 주는 것밖에 없었다.

지금 우리나라는 학령인구 감소 여파 때문인지 어느 대학 할 것 없이 '유학생 총력 유치'라는 캐치프레이즈는 직선제 총장 후보자들의 단골 메뉴가 되었다. 주로 대상은 중국이나 동남아 등, 우리보다 못 사는 나라들의 유학생들이 많은 듯하다.

우리의 대학 강의실은 당연히 컴퓨터 교탁이 있고 빔프로젝트 화면은 기본이다. 강의 중 교수는 수업 관련 웹사이트나 동영상을 실검 실시간 검색으로 틀어준다. 계산이 필요할 때는 MS오피스 엑셀 시트를 띄워 결과값을 빠르고 간단하게 구한다. 우리는 당연시 여기는 강의실 환경에 대해 이 방글라데시 청년은 당연하지 않았다. 자기 나라에서는 컴퓨터가 귀해 아직도 모든 계산식을 수기로 풀다 보니 어렵고 시간이 오래 걸리는데, 한국은 대단하다고 말했다. 후진국과 선진국의 차이를 실감케 하는 말이다.

말인즉슨, 후진국은 아직도 산수나 고전 수학 공식을 푸는 데 힘을 빼고 있는 반면, 선진국에서는 공식을 이해만 하고 단순 풀기는 기계에게

맡긴지 오래다. 사람은 이해의 바탕 위에서 선택하는 통합적 판단역량을 발휘하는 데 집중해야 하는 시대이기 때문이다. 「종이와 연필->주판->쌀집 계산기->공학 계산기->컴퓨터->스마트폰」으로의 과학적 진화와 「다방->커피숍->커피 전문점->카페->스타벅스」의 문화적 공진화는 동일 과목의 다른 문제일 뿐이지 싶다. 이제 우리나라도 유학을 보내는 나라에서 유학을 오는 나라로 바뀌었다. 그렇다면 좀 더 배려와 존중 바탕에서 유학생들을 흡인할 수 있는 동인을 진지하게 고민해야 할 때가 아닐런지….

"어이쿠 아가야, 내가 늦었지? 미안하다!"

몇 달 만에 차담을 나눈 젊은 여성 코치로부터 전해 들은 그녀의 시아버지 말씀이다. 월례 코칭 세미나를 마친 뒤 전통찻집에서 대추차 두 잔과 모과차 한 잔을 마주하고 세 명이 앉았다. 그간 다들 어떻게 지냈는지 생존 확인 인사를 끝내고 나니 한 분이 며느리로서 시아버지 자랑이라며 이야기를 꺼냈다. 다 듣고 나니 자랑이라고 말했지만, 충분히 자랑할 만하고도 남았다. 설렁탕 같은 어른의 지혜가 담긴 뚝배기에서 잔잔한 여운이 번져 나왔다. 전체적인 이야기는 이랬다.

"아가야, 내가 뭘 좀 갖다줄 테니 10분 뒤에 아파트 일 층으로 내려오너라."

"예, 아버님. 알겠습니다."

시골 시아버지로부터 온 전화였다. 며느리는 일단 '알겠습니다.' 해 놓고는 하던 집안일에서 손을 떼지 못하고 꾸물거린 뒤 현관문을 나섰다. 그때 복도유리창 밖으로 이미 현관 앞에 대져 있는 시아버지의 트럭이

내려놓을 줄 아는 용기

눈에 들어왔다. 엘리베이터 버튼을 누르고 마음만 동동거리며 또 한참을 기다린 후에야 일 층으로 내려갔다. 그런데 좀 전에 분명히 위에서 보였던 시아버지 차가 온데간데없었다. 잠시 후 낡은 하늘색 트럭 한 대가 그제서야 일 층 현관 앞으로 주르르 밀고 들어오는 것이 아닌가? 운전석에서 내려서신 시아버지는 시종 미소 띤 얼굴로 늦었다며 미안한 표정까지 지으셨다. 곧바로 시골서 직접 기르신 먹거리를 한 보따리 내려주시고는 선 채로 인사만 나누고는 '부르릉' 그렇게 또 가셨다. 며느리는 알았다. 시아버지는 며느리가 무안해할까 봐 일부러 아파트를 몇 바퀴 더 도신 다음 당신이 늦게 온 것처럼 꾸미신 것을….

며느리는 세심한 시아버지 사랑에 더 큰 사랑으로 보답하겠노라고 말을 맺으며 또 한 번 눈가에 이슬을 훔쳤다. 자식의 입장을 배려하고 존중해 준 존경받을 만한 어른의 이야기에 덩달아 가슴이 촉촉해졌다. 그러면서도, '더 큰 사랑'이라는 말에 대해서는 안으로 의문을 달았다. 자식이 제아무리 보답한다 한들 부모 사랑을 능가할 수 있을까? 더 큰사랑으로 보답하겠다는 마음은 가상하나, 부모 사랑보다 자식 사랑이 더 클 수는 없지 않겠나! 어쩌면 부모는 자식을 처음부터 모시고 사는 존재가 아닌가 싶다. 자식에 대한 부모의 사랑이 무한대라면 그 사랑을 죽을 때까지 다 갚지 못하는 것이 자식이다. 따라서 '더 큰 사랑'이란 단어는 부모님께 하는 말로는 사전에 등재되어 있지 않다. 존경과 존중의 간극에서 문득 올라오는 생각에 물음표를 붙여본 순간이었다.

존경 尊敬은 말 그대로 '다른 사람의 인격이나 사상, 행동 등을 높이 사는 것'이다. 사람에게만 쓸 수 있되, 다른 사람이 대상이다. 김소연은 『마음 사전』에서 이렇게 표현했다. "존경은 표현하지 않아도 된다. 취하고 있는 자세만으로 충분히 표출되기 때문이다. 감히 엄두조차 나지 않는 선망. 그래서 감정 바깥에 다소곳이 앉아 있다. 그만큼 깨끗하고 단정하다." 그래서 존경하는 인물을 쓰라는 칸에는 쉽게 답이 잘 써지지 않는다. 존경의 대상은 부모, 스승, 역사적 위인 등 주로 나보다 위에 있는 인격체일 경우가 많다. 존중 尊重의 뜻은 '높이어 귀중하게 대하는 것'이다. 사람이 아닌 사물에도 쓸 수 있다.

그렇다면 존중의 대상은 누구일까? 소수의 의견이나 친구를 존중하듯 다른 사람일 수도 있고 나 자신일 수도 있다. 그럼에도 나 자신이 가장 먼저여야 한다. 그래서 존경은 안 해도 존중은 할 수 있다. 누군가 존중은 상대방을 향해 귀를 열어놓는 것이라고 말했듯이, 존중한다는 것은 상대방을 있는 그대로를 보는 것이다.

그렇지 않다면 새로운 사람을 만날 때는 능력이나 역할 등 일과 관련된 것을 먼저 보게 된다. 더 오랜 관계를 위해서 사람들이 눈여겨보는 부분은 상대방이 나를 존중할 것인가에 관한 것이라고 한다. 존중받고자 하는 욕구를 읽고 상대의 한계를 존중해 주는 것이 존중하기의 본질이기 때문이다. 그 말은 상대방을 귀한 존재로 여기고 대우하고 있음을 행동으로 보이고, 상대방으로 하여금 자신이 존중받고 있음을 인식하게 하는 것이다.

토마스 쿤이 1962년, 『과학혁명의 구조』에서 '패러다임 Paradigm'이란 용어를 최초로 사용했다. 패러다임은 세상을 보는 프레임으로써 '정신적 지도'라 할 수 있다. 이 세상에는 똑같은 패러다임을 가진 사람은 아무도 없다. 나-중심적 패러다임은 일종의 에고 Ego 패러다임으로 나를 기점으로 생각하고 판단한다. 그런 다음, 그것이 마치 자신인 것처럼 인식하는 것이다.

토마스 쿤은 과학사에서 거의 대부분 획기적인 발견은 낡은 패러다임

파괴에서 시작되었다고 말했다. 그에 따라, 진정 중요한 변화를 원한다면 '패러다임 시프트 Paradigm Shift' 즉, 패러다임을 바꾸어야 한다는 말은 이미 오래전부터 조직에서는 흔히 쓰는 말이다.

그럼에도 당신은 나-중심의 익숙한 것들과 결별을 선언했는가? 대답이 쉽지만은 않을 듯싶다. 코칭에서 코치 에고 Ego를 내려놓는 방법은 '나-중심 Me-centered'에서 '상대방-중심 You-centered'으로 패러다임을 전환하는 것이다. 고객이 존중받고 중심이 될 때 흐름이 형성되며 코칭의 본래 목적에 이르게 된다.

"남에게 대접받고 싶은 대로 너희도 남을 대접하라."는 성경 구절을 들어본 적이 있는가? 3세기 로마 황제 세베루스 알렉산데르가 거실 벽에 써 붙여 놓은 데서 「황금률 黃金律; Golden Rule」이란 말로 유래되었다. 쉽게 풀어보면, '대접받고 싶은 만큼 대접한다.'는 것은 '받고 싶은 만큼 준다.'는 뜻이다. 좋은 의도이긴 한데 '자기-중심'적인 주관적 위험 인자가 내포되어 있다. 그럼 어쩌란 말인가?

"상대방이 원하는 대로 대접하라." 1979년, 밀턴 베넷이 "황금률을 넘어서"라는 논문에서 제안한 「백금률 白金律; Platinum Rule」이다. 비교해 보면 황금률이 '나-중심'이라면 백금률은 '상대방-중심'의 생각 틀이다. 다양한 사람들의 마음을 얻기란 참으로 어렵다. 그러나 아인슈타인이 "어려움 속에 기회가 있다."고 했듯이 무엇보다도 상대방-중심의 존중하고 배려하는 태도가 필수적이다.

상대방-중심이 되기 위해서는 먼저 '자기 인식력'을 높이고 '타인 이해력'을 확장시켜야 한다. 먼저 자기 인식력에 대해 살펴보자. 자기를 인식한다는 것은 자신이 경험해 가는 순간순간을 안다는 것인데, 한마디로 '자각 능력'이라 할 수 있다. 자각 능력을 높인다는 것은 '아이 I'와 '미 Me'사이의 갭 Gap을 줄이는 것이다. 여기서, '아이 I'는 '내가 보는 나'이고, '미 Me'는 '타인이 보는 나'이다. 우리의 자각 수준은 대체로 낮다. 지속적 자기 계발과 자기 발견을 위한 시도가 필요한 이유이다.

"안코라 임파로 Ancora Imparo" 미켈란젤로가 시스티나 성당의 천장 그림을 완성하고 나서 스케치북 한쪽에 적은 이탈리아어다. "나는 아직도 배우고 있다."라는 뜻이라고 한다. 그의 나이 87세 때 적은 글이라니 놀랍지 않은가?

19세기 영국 왕정에 '셰익스피어 휴가'가 있었다. 빅토리아 여왕이 신하들에게 셰익스피어 책을 읽으라고 그의 이름까지 붙여 유급휴가를 주었다고 한다. 그만큼 책 읽기를 중시한 것인데, 책을 읽는다는 것은 글 밭에서 「작가·글·독자(나)」라는 삼위일체를 발견하는 숭엄한 과정이라는 것을 아는 나라다.

그렇다면 우리나라는 어떠한가? 멀리 갈 것 없이 우리 스스로 답해 볼 일이다. 독서는 과거에도 현재도 미래에도 기본이다. 그 베이스 Base 위에서 셀프코칭이나 명상 등을 통해 필요영역의 자각 수준을 끌어올려야 한다.

다음으로, 타인 이해력이란 상대방에 대한 배려로 입장을 헤아려주는 것이다. 이해 Understand라는 말은 영어 'under + stand'의 합성어로써 위에서 내려 보는 것이 아니라 '아래에 서서 올려다본다.'는 뜻을 담고 있다. 그래서 사람은 누구나 밑 under에 서야 stand 진정으로 그 사람을 이해 understand할 수 있다.

"타인의 마음을 이해하는 일에는 요령이 있다. 누구를 대하든 자신이 아래 사람이 되는 것이다. 그러면 저절로 자세가 겸손해지고 이로써 상대에게 좋은 인상을 안겨준다. 그리고 상대는 마음을 연다." 괴테가 한 말이다. 세계적 대문호 역시 같은 맥락의 명언을 남긴 이유는 분명 있지 않을까….

타인을 이해하기 위한 방법으로 프랭클린 플래너의 주인공인 '벤자민 프랭클린 효과'가 있다. 벤자민 프랭클린 효과 Benjamin Franklin Effect란 사람은 누군가로부터 도움을 받았을 때보다 자신이 도움을 줬을 때 상대방에게 더 큰 호감을 갖는 현상을 말한다.

미국 건국의 아버지로 불리는 벤자민 프랭클린은 소위 '적을 친구로 만드는 기술'의 비밀을 그의 자서전에 이렇게 남겼다. "적이 당신을 한 번 돕게 되면 더욱 당신을 돕고 싶어 하게 된다. Enemies who do you one favor will want to do more." 이 효과를 적용한 질문을 많이 활용하면 좋겠다.

다음은 조직의 리더가 구성원에게 도움을 구하는 프랭클린식 질문의 한 예다. "김 과장, 주말에 가족들이랑 식사를 해야 하는데 어디 추천해 줄 만한 곳 없을까?" 또한 조직에서 구성원들을 이해하고 생각을 끌어내기 위해서는 리더 스스로가 완전치 않다는 것을 인정하고 허점을 오픈 open하는 지혜도 필요하다. 김경일 교수의 매경 "CEO 심리학"에서 힌트를 얻어보자. 예를 들면, CEO가 임원·팀장들을 모아놓고 경영전략을 조단조단 이야기를 차분히 자세하게 하는 모양으로 전남 지방의 방언 설명한 뒤 참석자들에게 의견을 말해 보라고 했다. 어떤 분위기가 예상되는가? 아마 모르긴 해도 잠시 적막이 흐르다 "그럼, 없는 걸로 알고 마치겠습니다."로 끝나는 경우가 대부분일 것이다.

여기서 CEO가 슬기롭게 자신의 부족함을 드러내며 질문을 조금만 달리해보면 어떨까…. "내가 발표한 내용이 아무래도 칠팔십 점밖에 안 되는 것 같은데, 백 점이 되려면 어떻게 하면 좋을까?" 비단 업무 외의 개인적인 대화도 마찬가지다. 스텝이 엉키면 탱고가 된다고 했던가…. 높은 자기 인식하에 상대방-중심적 행동을 옮기다 보면 어느새 탱고를 부드럽고 자연스럽게 추고 있는 스스로를 보게 되지 않을까….

노스캐롤라이나의 한 농촌 상점에는 이런 표지판이 걸려있다고 한다.

> "뇌가 말했다. 나는 신체 기관 가운데 가장 똑똑한 기관이다. 심장이 말했다. 누가 그러던데?"

뇌만으로는 안 된다. 심장은 단순한 펌프가 아니기 때문이다. 세상은 나의 심장과 타인의 심장이 같이 펌프질하는 정수장과도 같다. 존경과 존중의 적절한 간극을 유지하며, 상대방을 이해할 때 깨끗이 정제된 피가 안팎으로 대동맥을 따라 선순환하지 않을까….

내려놓을 줄 아는 용기

남들처럼 살지 않을 용기

5장 남들처럼 살지 않을 용기

우연과 적절

"어? 이거 조야네 빵 냄샌데…."

동네 마트 옥상 주차장에 파킹을 하고 엘리베이터 버튼을 지나 옆 계단을 들어서자마자 입에서 튀어나온 말이다. 마트 1층 빵집에서 올라온 냄새 정보를 맡고 뇌 속 해마가 즉각 기억을 소환했다. 중학교 삼 년 내도록 얻어먹었던 바로 그 기름기 베인 밀가루 포대 냄새였다. 우연히 맡은 추억의 향기가 필자의 옛 친구 둘을 불러냈다.

첫 번째로 이야기할 고추 친구는 조야다. '조야'라는 이름은 집에서 부르던 이름이었는데, 우리도 같이 부르다 보니 지금까지도 입에 붙어있다. '뽀뽀 빵집' 외동아들이었던 친구 조야는 거의 매일 설탕 훌친 찹쌀도넛과 꽈배기를 누런 밀가루 포대에 싸서 학교에 갖고 왔다. 수업 시간, 수학 선생님 몰래 얼른 한입 삼키려다 걸려 호된 매 선물도 받게 했던 조야네 빵 냄새는 풋풋한 날의 초상이다. 딱딱한 후크 달린 교복을 입었던 우리가 중3을 끝으로 막을 내린 검정 교복 마지막 세대다. 까까머리 친구 조야는 모를 수 있겠지만 그의 교복과 교모에서는 늘 도넛 냄새가 났다. 지금도 나는 꽈배기를 보면 사족을 못 쓴다.

마트 빵집 앞에 내놓은 꽈배기와 조우하게 되면 자동적으로 일단 멈춤

이 된다. 아내가 카트에 담으라는 신호를 내리기를 기다리는 그 순간은 까까머리 중학생이 된다. 몇십 년이 흘러 소환된 조야네 빵 냄새는 레몬그라스 허브 향이 베트남 다낭에 있는 스파로 데려가듯 콧구멍 평수를 넓게 만드는 오랜 추억의 사람 냄새다.

김난도 교수가 『트렌드 코리아 2020』에서 소개한 것처럼, 우리는 새로운 복고 '뉴트로 New-tro'에 들뜨고 돌아온 복고 '레트로 Retro'에 흥건히 젖어 드는 세대다. 우리 세대 남자들에게 고추 친구는 헐렁한 바지 저고리이자 가마솥 아궁이에서 익어가는 고구마와 감자다. '툭탁툭탁' '토닥토닥' 어깨 걸머쥐고 나란히 걸어가는 기찻길처럼 말이다. 코 문은 손수건을 왼쪽 가슴에 달았던 동지인 고추 친구들은 달고나 같은 맛으로 변함없이 익어가고 있다.

'조야'는 착하고 모 하나 없는 성격 좋은 친구다. 코로나가 급습한 봄날 토요일 저녁을 스탠드 불빛 아래 노트북과 씨름하고 있었다. 마트 장을 보고 온 아내가 서재에 들어와 책상 위에 설탕 흩친 꽈배기 한 접시 올려주고는 문을 닫아 주었다. "고마워" 말하고는 손가락에 설탕을 묻혀 가며 게 눈 감추듯 꽈배기 세 개를 처치했다. 다시 책을 들고 고랑을 팠다가 키보드를 두드리며 돋운 이랑에 파종하기를 계속했다.

그때 무선 충전패드 위에 올려둔 스마트폰이 부르르 떨며 화면에 '조야' 이름이 떴다. "어이, 친구!" 하며 전화를 받았다. "내 지금 제주도에서 쐬주 한잔 묵다가 니 생각나서 전화했다 아이가."라며 얼큰해진 조야 목소리가 들려왔다. '아니 이 넘이 어떻게?' 살짝 놀라던 찰나에 제주도에 가 있는 친구를 바꿨다. 덕분에 반 술 오른 친구 '팽이'의 반가운 목소리도 들을 수 있었다. 기분이 붕 뜨는 바람에 거실로 폰을 들고 나가 아내를 바꿔 주었다. 그렇게 기분 마사지를 더해 주었다. 다시 아내에게서 폰을 넘겨받아 서재로 들어와 타박을 놓으며 주고받은 대화다.

"아니, 가기 전에 왜 말을 안 했어?"

"니는 제일 바쁜 친구잖아…. 그라고, 니가 지르라고 했잖아. 코로나 때문에 장사도 안되고 해서, 니 시키는 대로 질렀다. 누구한테 물으니 앱 깔고 하면 된다고 해서 시키는 대로 앱 깔고 비행기 표도 끊고 혼자 해보니 되더라! 친구야!"

"야, 당연히 되지! 훌륭하다 친구야!"

"근데, 결국엔 비행기 탈 때 아가씨한테 물어봤다 아이가… 쪽팔리게."

"뭐가 팔리긴 팔려! 원래 물어보라고 있는 사람들이야. 잘했어. 울 조야!"

생각 같아서는 일이고 뭐고 딱 접고 제주도로 날아가고 싶은 마음 굴뚝같은 밤이었다. 제주에 있는 고교 친구 팽이는 제주도로 발령받아 월말 부부의 삶을 살고 있다. 방 키·차 키 다 줄 테니 마누라와 같이 날아오라고 노래를 불렀는데도 차일피일 핑곗거리만 쌓고 있던 차에 "세상에!" 조야가 혼행을 감행했던 것이다.

친구 조야는 현재는 전국 낚시점에 낚시용품을 공급하는 사업자다. 학교 졸업 후 제빵 제과 기술을 익혀 부친 밑에서 일을 배우며 거들기도 했지만, 다른 길을 갔다. 예전부터 소원이 비행기를 타보는 것이었다. 어릴 적부터 살던 동네를 떠나본 적이 없고, 아직 싱글이다 보니 신혼여행 갈 기회도 물론 없었다.

"친구 소원이라는데…." 현역 시절 어느 날, 필자는 여러 해를 벼르다 항공 티켓을 끊고 연차를 냈다. 조야에게 서울 있는 친구 집에 같이 놀러 갔다 오자며 「부산-서울」 왕복 비행기 티켓을 끊었다. 조야는 사십여 년 만에 처음으로 비행기를 탔고, 둘은 기내에 나란히 앉아 하늘 데이트를 첫 경험 했다. 갔다 와서 조야는 친구가 비행기 머리 올려줬다며 다른 친구들에게 자랑했지만, 사실 미안했음을 고백한다. 더 빨리 실행에 옮길 수도 있었는데…, "친구 미한허이!"

암튼, 그랬던 친구가 혼자 일을 낸 것이다. 나름 얼마나 용기를 냈을 것이며, 혼행을 감행하여 목적지에 무사히 당도하여 친구 만나 제주산 횟감 안주에 소주 몇 잔 들어갔으니 얼마나 기분이 좋았을꼬! 필자에게 신고 겸 자랑도 하고 싶었을 테고…! 그런 순수한 친구가 있어 참 기분 좋은 밤이었다.

코로나가 친구 조야에게 적절함을 선물한 것이기도 하다. "조야는 아버지 빵집을 물려받았어야 했는데…." 이 말은 지금도 친구들끼리 건네는 단골 멘트다. 친구가 가진 달란트에 대한 아쉬움도 있지만, 못 잊을 향수에 대한 그리움을 토로하는 것이기에 웃고 넘어간다.

"철아! 나는 더 이상 넘어질 곳이 없다…."

두 번째로 이야기할 고추 친구 '호야'가 소주 몇 잔 걸치고 내뱉은 말이다. 비 오는 퇴근길, 문득 친구 안부가 궁금해 폰번을 눌렀다. "안 그래도 전화하고 싶었는데, 역시 철이 니가 전화를 주네." 친구 호야의 반가워하는 말속에 풀어 헤치고 싶은 말 보자기가 쌓여있었다. "그럼, 친구야! 우리 집으로 와라…." 전화는 끊었지만, 차창을 타고 흐르는 빗물이 친구의 마음 같았다. 현관문을 닫고 거실을 들어서며 아내에게 말했다.

"호야네가 올 모양인데….."

"알았어. 그럼 당신 가서 술만 몇 병 사와….."

아내의 말에 오케이하며 옷을 갈아입고 아파트 상가 마트에서 소주와 맥주 몇 병 사 들고 다시 올라왔다. 얼마나 급했을까…? 필자가 들어오자마자 거실 인터폰이 울렸다. 친구 부부는 이삿짐센터를 운영한다. 직업 때문이기도 하겠지만, 두 사람은 어딜 가나 세트로 다닌다. 거실을 들어서면서도 두 사람은 가시 발라낸 말로 티격태격이었다.

요번에 대학생이 된 아들이 엄마 아빠를 도와주어 그날은 수월케 마치고 고깃집에서 아들이랑 저녁을 먹다가 달려왔다고 했다. 제수씨가 공개적인 남편 뒷담화로 말문을 열었다. 차를 집에 두고 시내버스를 타고 왔는데, 호야가 빨리 내리라고 재촉하는 통에 우산을 차에 두고 내렸단다. 그것도 내리고 보니 한 정거장 앞이었다는…. 제수씨의 귀여운 타박에 함께 웃었다.

필자의 고추 친구들은 성향이 모두 비슷한데 순수성은 호야가 단연 으뜸이다. 처음 만난 사이라면 약간 다른 차원을 느낄 수도 있을 정도로 맑은 샘 같은 친구다. 너무 맑다 보면 고기가 안 살 수 있으니, 제수씨가 쏘가리·꺽지 정도의 물고기가 살 수 있는 물로 현실을 물타기 해주는 중요한 역할을 한다. 그래서 두 사람은 어딜 가나 껌딱지다. 이삿짐 견적을 보러 갈 때는 기본, 놀러 갈 때는 당연, 그리고 남편 친구 모임에도! 단, 제수씨가 좋아하는 대중목욕탕 갈 때는 빼고…. 그래서 우리 고추 친구 모임에는 둘이 반드시 같이 오라고 필자는 신신당부를 한다. 허허허!

아내가 봄나물로 무친 냉이 해삼무침과 냉이 전을 내왔다. 여기서 하나만 짚고 가자면 필자의 아내 손맛은 백종원 저리 가랄 정도다. 아내 자랑 맞다! 하지만 진짠데 어쩌랴! 전주를 걸친 걸걸한 입에 따라준 소주잔을 털어 넣으며 친구가 이야기보따리를 풀었다.

"업을 접어야 할 것 같다. 철아!" 엊그제 사고가 터졌단다. 그것도 사업 파트너를 바꾼 지 보름 만에 말이다. 친구가 옛날에 '소장님' 하면서 따르던 분과 새롭게 호흡을 맞췄는데 시작하자마자 꼬이고 만 것이다. 하필 그 파트너가 사다리차 위에서 떨어져 다리뼈가 산산조각나 입원 중이라 했다. 친구가 사업주다 보니 책임에서 자유로울 수 없었다. 벌써 대형 사고가 두 번째라며 더 이상 일에 자신 없어 했다. 보상 문제를 진행하며 이미 마음도 상했고, 제수씨는 억울한 심경이 북받쳐 올라 눈물을 펑펑 쏟아냈다. 분출구가 필요한 찰나에 필자가 전화를 한 거였다. "친구야, 힘내라. 넌 절대 안 넘어진다. 이미 바닥을 쳐 봤잖아!" 호야가 살아낸 삶의 궤적을 알기에 이 한마디나마 보탤 수 있었다.

친구 호야의 삶은…, 뭐랄까? 보통의 친구들과는 역방향이었다. 어린 시절, 호야네는 시내에서 사진관을 했고, 부모님은 가장 세련되고 멋쟁이셨다. 그런데도 호야는 소 키우는 게 꿈이었다. 대학도 역방향으로 육지에서 바다 건너 축산과를 들어갔다. 졸업 후 친구들은 당연히 한라산 목장으로 들어갈 줄 알았는데 육지로 돌아왔다. 물론, 아는 이유는 있었지만…. 때가 되어 결혼을 했고, 고정적인 일은 없었다. 어쨌거나 먹고 살아야 했기에, 내가 아는 이야기만 해도 책 한 권은 나올법하다.

결혼 초, 분유값이 없어 부부가 아이를 안고 저수지에서 하염없이 낚싯대만 드리웠던 적도 있었다. 타일 일을 배우러 갔다가 며칠 만에 쫓겨났고, 도배 일을 나갔는데 일 못 한다고 핀잔만 듣고 튕겨 나왔다. 그러다 문방구가 눈에 들어오더란다. 이거다 싶어 발품 끝에 선금을 걸었다가 돈만 떼인 적도 있었다. 할 수 있는 게 없어 결국 친구는 산으로 출근을 했다. 젊디젊은 사람이 산 중턱 초소에서 빨간 모자에 빨간 옷을 걸친 산불 조심 할아버지가 되었다. 그 일도 3개월로 끝이나 방바닥을 친구삼아 뒹굴며 세월만 보내고 있었다 했다.

그러던 어느 날, 제수씨의 옛 직장 친구가 놀러 와 집안 사정을 살펴보고는 이삿짐 일이 괜찮다며 소개를 해주어 같이 찾아갔단다. 아니나 다를까 거기서도 일을 시켜보고는 가는 곳마다 퇴짜를 맞았다. 그런데 딱 한 사람만이 "너는 착해서 받아준다."며 문을 열어주었다. 친구는 그분 덕에 20년을 잘 벌어먹고 살아왔다고 했다. 뼈가 부서져라 일한 덕에 딸·아들 대학 보내고, 집도 땅도 장만했으니 잘 살아온 것이 맞지 않는가···.

천성이 착하다 보니 친구는 마음 빚을 갚고 싶었다. 이제는 '소장님'이 된 친구가 위치가 역전되어 옛 소장님을 거둬주었다. 자기 밑에서 일하는 사람을 "소장님!"으로 꼬박꼬박 존대하며 새 출발을 했는데 이런 일이 터지고 말았으니···. 몸으로 번 돈은 몸이 감내한 희생의 대가라 했다. 몸을 혹사시켜 왔으니 호야 부부의 관절은 성한 데가 있을 리 만무하다. '이젠 그만둘 때가 됐는데···.' 항상 고심했다며 출구전략을 고민 중이었다.

그러면서도 20년을 열심히 닦아놓은 덕에 입소문을 타고 들어오는 주문을 뿌리치기란 쉽지 않다. 몸만 움직이면 돈이 되기에 이해가 되고도 남는다. 제수씨는 처음부터 그 소장님이라는 사람에 대한 소문이 좋지 않아 말렸다고 했다. 그럼에도 "그런 말 하지 마라! 나한테 소신을 심어준 사람이다!"라며 친구는 그분과의 첫 마음을 버리지 않았다.

이젠 진짜 결정을 해야 할 때인 것 같다며 "제수씨, 이제 내 인생 이차 전입니다. 끝이 아닙니다."라며 호야는 아내에게도 힘주어 말했다. "두 분이 오실 줄 알고 낮에 장을 봐 놨나 봐요."라며 아내는 한술 더 뜨며 계속 안줏거리를 내왔다. 들어주고 맞춰줄 줄 아는 아내는 큰 조직 생활을 해본 만큼 늘 지혜롭다. 마무리 단계에서 "그래, 이제 선택하도록 적절함이 일어났네."라며 필자가 친구에게 용기를 보태 주었다.

빼꼼히 조금 열어놓은 베란다 창문 사이로 들어오는 봄비 소리와 함께 밤은 깊어 갔다. 자정을 훨씬 넘겨 조금이나마 분출하고 정리한 마음을 챙겨 호야 부부는 택시를 불러 돌아갔다. "호야는 그때 목장으로 직행했어야 했는데…!"라는 말도 친구들이 가끔 던지는 레시피 중 하나다. 이 또한 젖소 눈망울 같은 순수한 마음에 대한 응원이란 걸 알기에 겸연쩍게 웃고 만다.

'세렌디피티 Serendipity'라는 말이 있다. 호레이스 월폴의 동화 『세렌딥의 세 왕자』에서 실론 스리랑카 왕자들이 우연한 사건 속에서 새로운 발견과 지혜를 통해 성공한 이야기에서 유래되었다. '세렌디피티'는 '불행을 행운으로 바꾸는 힘'이라는 뜻이 담겨 있다고 한다.

완전한 우연으로부터 중대한 발견을 이루는 것으로서 '뜻밖의 발견'을 뜻한다. 대표적 사례가 플레밍의 페니실린 발견이다. 플레밍이 배양실험을 하는 도중에 실수로 잡균인 푸른곰팡이를 혼입한 것이, 후에 감염증으로부터 수많은 사람들을 구해낸 항생물질 '페니실린'을 탄생시켰다.

아마존의 창업자 제프 베조스도 재미 삼아 차고에서 중고 책 몇 권을 판 경험이 자신의 세렌디피티였다고 했고, 페이스북을 만든 마크 저커버그도 자신의 성공을 세렌디피티로 설명했다. 4명의 대학생이 구멍가

게처럼 시작한 일이 8년 만에 1,000억 달러 가치, 연 매출 40억 달러의 기업이 되어버렸으니 이 어찌 놀라운 일이 아니랴.

세렌디피티는 "Serendipity is not an accident."라고 할 만큼 우연치고는 너무나 필연적인 것을 말한다. 삶에서 마법처럼 보이는 뜻밖의 행운을 얻기 위해서는 우직하게 길을 가며 많은 상황들을 경험해야 한다. 맞닥뜨린 상황 중 놓치고 있는 99퍼센트 안에서 세렌디피티는 발견을 허용하기 위해 기다리고 있기 때문이다.

그러한 세렌디피티를 만나기 위해서는 '발견 질문'을 던져야 한다. 그래서 코칭에서의 강력한 질문 Powerful Question은 발견을 위한 마중물이라 할 수 있다. 삶이란 매 순간 던져진 '세렌디피티 퀘스천 Serendipitous question'에 답해야 하는 것이기에….

한밤중에 길거리를 나서 본 경험이 있는가? 첫 비행기나 기차를 타기 위해 차를 몰고 나와 대로에서 우회전하려 하거나, 건널목을 건널 때면 꼭 안 보이던 차가 어디선가 '툭' 튀어나오는 것을 숱하게 경험한다. 강의 일정 중복이 발생된 경우, 서둘지 않고 계속 고민하다 보면 신기하게도 대부분의 일정이 저절로 조율되기도 한다. 우연은 없다. 모든 것은 연결된 우주의 흐름임을 강하게 인정하는 대목이다. 나를 중심으로 적절함이 일어남을 체험하며 나아간다. 하나의 존재는 정신적·물질적 힘이나 에너지의 조합임을 믿는다.

영적 구루 디펙 초프라는 『우주 리듬을 타라』에서 말했다. "힘 Power은 당신이 경험하고 싶은 현실을 포함해, 당신이 원하는 것들을 표출시키는 능력이다. 진정한 힘은 당신 존재의 근원이자 모든 힘의 근원인 '존재 The one being'에서 나온다."

인생은 계획되고 포장된 아스팔트 길이 아니다. 메인 도로를 벗어난 샛길에서 우연적 필연을 체험하며 익혀간다. 안마 시술소에서 맹인과 윤락녀에게 시를 읽어주던 청년에서 시인이 된 사람을 만난 적이 있다. 공부를 잘해 서울대를 나왔지만, 정신과 약물치료 중인 사람도 만났다. 각 존재는 하나의 빙산 Iceberg이다. 우연한 마주침에서 존재적 빙산의 수면 아래로 깊숙이 들어가 보면 그 사람의 '의미·가치·욕구'가 들어있고, 그 아래 순수의식의 진아 眞我; True-Self 가 있다. 삶은 매 순간 적절함이요, 결국에는 최적절함의 자기 자신과 연결된다는 것을 느낀다. 인생 그리 길지 않다. 언제까지 안전한 상자 안에 들어앉아만 있을 순 없다. 세상에 보탬이 되는 자기의 길로 한 발짝씩 떼 가야 한다.

필자는 코치로서의 인생 샛길을 메인 로드로 닦아가고 있다. 타자와 세상에 기여하는 밑알이고자 한다! 수행 스승께서 하신 말씀이 귓전을 스치운다.

"보시게나! 매 순간 적절함이 일어나고 있지 않은가!"

가속페달과 브레이크

"주 교수님은 기업에 계셨으면 이 세상에 안 계실 겁니다."

몇 년 전, 주말 아침을 스터디 모임에 참석키 위해 카풀로 가던 중 옆자리의 K 목사님이 던진 말씀이다. 핸들 잡은 손의 피부가 오돌토돌 일어났지만 애써 태연자약했다. 똑같은 말을 직접적으로 세 번째로 듣는 순간이었기 때문이다.

제일 처음은 회사에서 방 빼야겠다고 아내에게 신고한 며칠 뒤였다. "당신은 어디 철학관 같은 데 가서 물어보면 죽을 사람이 살았다고 할 거야!" 아내는 위로와 함께 그간 내 생활 패턴의 위태로움을 그제야 말할 수 있었던 것이다.

그다음은 수행 공부를 시작한 뒤 고통체에 빠져 허우적대던 소인배에게 수행 스승께서 비슷한 말씀을 일갈하셨던 게 두 번째였다. 운명처럼 똑같은 '데쓰 Death 가정법'으로 세 번째 시간차 공격을 받으니 몸·마음이 소름 돋으며 살아있음에 에너지가 솟구쳤다. 기업 시절, 달리는 불기관차에서 강제 종료 휘슬에 의해 내리지 않았다면, 그 기관차는 레테의 강으로 놓여진 철로를 질주해 갔을 거란 얘기다. 가정법이니 알 수는 없으나 느끼고 인정한다. 아니, 이제는 이프 If 문을 선물로 받아들인다.

그 전날 밤의 달빛사냥이 떠올랐다. 오비 OB 모임을 파하고 집으로 돌아오는 길에서 만난 달을 향해 마구 화살을 쏘아댔던…. "손님, 일어나세요. 종점입니다." 시내버스 기사님이 텅 빈 칸에서 혼자 앉아 졸고 있던 필자를 향해 룸미러로 소리를 질렀다. "앗, 죄송합니다!" 취기에 얼른 차에서 뛰어내리고 보았다. 집 앞 정류장을 통과해 버스 종점까지 가버린 것이었다. 앞을 떡하니 가로막아선 낯선 아파트 단지와 한참을 마주 선 뒤 방향감각을 회복하고는 집 방향으로 발걸음을 뗐다.

일 년에 한 번꼴로 만나는 정겨운 얼굴들과 횟집 식당에서 나눴던 비디오가 재생되었다. 나를 포함한 오비 OB는 둘, 나머지 열 명 남짓 모두 와이비 YB였다. 오가는 대화 접시에는 시간이 지날수록 현역 와이비 YB들의 일 이야기가 스트레스라는 양념을 핫 소스로 뿌리며 비벼졌다. 월급쟁이의 관성력임을 알기에, 누구 못지않게 필자도 그랬기에…, 기분 좋게 들어준 뒤 자리를 파했다.

집을 향해 걸으며 휘영청 밝게 뜬 너무나 휘황찬란한 달을 올려다보며 대화를 나눴다. 달에 원망의 화살을 쏘아대기도 했지만, 마지막엔 달리던 가속페달에서 발을 떼게 해준 멈춤의 삶에게 감사 모드로 전환하여 나아갈 소명을 되새김했다. "상자 밖 자유인으로서 나의 길을 가자! 상자 안의 와이비 YB들에게 길이 되고, 그들이 상자를 떠나야 할 때 따뜻하게 손잡아 줄 수 있도록!" 달빛과 헤어짐이 한참을 악수 나눈 밤이었다.

K 목사님은 흠모하는 이순신 리더십을 같이 공부하는 도반이시다. K 목사님의 마지막 말과 함께 네비가 목적지에 다 왔음을 알렸다. "죽음에서 벗어나 명한 길로 가고 계시니, 유능한 코치가 되실 겁니다. 또 에너지가 높으시니, 마스터 경지에 도달하실 겁니다."

가느다랗고 휘어진 작대기가 걷고 있는 듯했다. 지리산 국립공원 리조트에서 열리는 1박 2일 워크숍에 함께 갈 분들을 픽업하기로 되어있었다. 아파트 정문을 미끄러져 내려와 우회전을 한 뒤 얼마지 않아 횡단보도 신호에 걸렸다. 습관적으로 차창 밖으로 시선을 던졌다.

반대쪽 차선 너머 보도블록 위를 천천히 걷고 있는 나이 들어 보이는 행인 한 사람에게 시선이 머물렀다. 캡을 푹 눌러 쓴 채 한발 떼고 멈추고 호흡하고 또 한발 떼고를 반복하고 있었다. 늘어진 돛을 걸친 가느다란 수평 막대 같은 야윈 어깨, 전방 15도로 기운 얇은 목, 활처럼 휜 굽은 등!

잠깐 사이 10시에서 11시 방향까지 전진한 노인의 뒷모습은 살대 휘어진 방패연 뒷면 같은 상으로 망막에 맺혀 시신경을 통과해 뇌로 전달되었다. 그 짧은 시간, 눈으로 셔터를 '찰칵찰칵' 찍게 한 노인의 등은 마음속 암실에서 현상되었다.

한 사람의 등은 그 사람의 일기장이다. 또한 삶의 회한과 그려온 궤적이 저장된 하드 메모리이기도 하다. 등은 삶이요, 그 사람 자체다!

잠시 후 약속된 픽업 장소에서 사람들을 태워 고속도로를 올렸다. 한참을 달린 뒤 국도로 내려섰다. 시골 읍내를 통과하여 이차선 국도를 급할 것 없이 여유롭게 달리고 있었다. 그때 오른쪽 1시 방향에 유모차 한 대가 천천히 가까워졌다. 머리에 수건을 두른 할머니 한 분이 갓길 위 하얀 실선을 타고 유모차를 밀고 가고 있었다. 뭉친 나뭇가지 한 꾸러미를 유모차 위에 얹고 휘어진 상체를 두 팔로 유모차 손잡이에 지탱한 채 밀고 가는 모습을 눈에 담으며 스쳐 지나갔다. 가는 곳마다 문득 묻게 하는 삶의 물음표가 인생 표지판처럼 서 있던 하루였다.

남들처럼 살지 않을 용기

워크숍을 끝내고 돌아오는 날, 자동차의 브레이크가 이상했다. 그다음 날 일요일 오후, 자주 가는 카센터에 갔더니 두어 시간 걸리겠다고 해서 차를 맡겨놓고 근처 카페를 찾았다. 늘 마시는 커피 대신 대추차 한 잔을 스스로에게 주는 휴일 선물로 주문하여 2시간 동안 책 맛을 즐겼다. 시간 맞춰 차를 찾으러 카페를 나왔다. 거리를 살짝 감싼 어둠이 걸음걸이를 헐겁게 해주었다. 횡단보도를 건너 아파트 단지 옆으로 빠져나와 작은 다리가 놓인 하천 앞까지 오니 제법 어둑어둑해졌다.

그때 또 다리 위 갓길로 밀고 오고 있는 유모차 한 대와 정면으로 마주쳤다. 그런데 이번에는 운전수가 안보였다. 왜 안 보이는가 했더니만 글쎄, 허리가 완전히 직각으로 꺾여버린 할머니 운전사의 머리가 유모차 손잡이 밑으로 들어가 있었다. 수건을 둘러쓴 머리가 땅과 평행한 상태라 얼굴이 보일 수가 없었다. 많지도 않은 종이 박스를 얹은 유모차 핸들을 두 팔로 끄잡고 땅을 보면서도 차들을 피하며 앞으로 전진했다. 다리를 건너오자 필자와 몇 걸음 앞에서 오른쪽 샛길로 돌아 하천을 따라 올라갔다.

필자는 반대 방향으로 다리를 걸어서 건너왔지만 계속 사그라지지 않는 잔상에 결국 뒤돌아보았다. 건너편 도랑가 좁은 길을 시커멓고 작은 유모차 존재가 저 앞쪽 가로등 불빛을 쫓아 천천히 움직이고 있었다. 사람이라기보다는 시커먼 돌무덤처럼 보였다. 순간 먹먹함에 그 자리에서 굳어버렸다.

밤이 되면 불나방이 불빛을 향해 몰려들 듯 '유모차 사피엔스'는 그렇게 호롱불 켜진 집으로 돌아가나 보다⋯. 100세 시대다 보니 현대의 도시나 시골에는 유모차를 끄는 노인들이 갈수록 늘고 있다. 생활권역에 따라 유모차의 적재 품만 다를 뿐이다. 도시에서는 폐품 박스를, 시골서는 군불용 땔감이 주로 올려진다. 이렇게 진화된 종을 필자는 '유모차 사피엔스'라 명명해본다.

유모차라는 세기적 발명품을 만든 사람은 누군지 모르지만 대단한 업적을 남겼다고 인정해주고 싶다. 현생 인류가 전 생애 주기 동안 호모 사피엔스로서 직립보행을 할 수 있게 했으니 말이다. 현대 인간은 유아기와 노년기에 '유모차 사피엔스'로서의 과정을 피하기 힘들다. 물론 인생 곡선에서 개인적·직업적 삶을 어떻게 경영했는가에 따라 또 다른 과정으로 마무리할 수 있음도 인정한다. 그럼에도 불구하고 인간은 누구나 죽음이라는 종착지에 이른다.

사람의 일생은 태어나서 네발로 보호받고, 두 발로 살다가, 세 발로 버티다 돌아가는 사이클이다. 그중 노년기 과정이 세 발에서 여섯 발의 '유모차 사피엔스'로 진화했다. 그날 저녁은 삶 위에 물음표를 던져 놓고 어찌할 바를 몰라 감정의 닻을 거둬들이지 못했다. 삶은 사람인 바, 녹녹지 않다. 아무리 그렇다 하더라도 마지막 여섯 바퀴가 멈추는 순간까지는 굴러가야 하니까….

며칠 뒤, 투명한 큰 창문 밖으로 바다가 한눈에 들어오는 거북 다방 거북선 모양의 바닷가 단골 카페을 또 찾았다. 눈의 수정체를 줌인-아웃 하며 물결과 닻 내린 배, 섬과 하늘 구름, 그리고 나는 갈매기들을 멍하니 응시했다.

주문한 따뜻한 아메리카노 한 잔을 타와서 테이블 위에 놓았다. 얼마 전 누군가 SNS로 보내온 '마음 울리는 엄마의 일생'이라는 제목의 그림을 다시 찾아 열었다. 평생 자녀를 품고 키우며 살다가 태어난 원천으로 돌아가는 엄마의 일생을 그린 그림이었다. 뱃속에 생명을 잉태한 엄마는 아기가 태어난 이후 줄곧 안아 키운다. 딸아이가 자라는 동안은 삶의 버팀목이자 지지자로서의 역할에 충실 한다. 어느덧 세월은 흘러 늙어버린 엄마는 다 자란 딸의 어깨에 몸을 기댄다. 딸아이는 그런 엄마를 부축하고 부양한다. 하지만 그 시간도 잠시, 엄마는 딸의 손에 옷가지와 기억만 남긴 채 딸아이의 품을 떠나고 만다.

불과 얼마 전, 똑같은 단계를 밟으시고 소천하신 필자의 어머니가 떠올랐다. 글을 쓰고 있는 이 순간에도 안으로 떨어지는 뜨거운 폭포수를 감당하며 호흡을 가다듬는다. 삶은 '훅훅' 일어나는 좋고 안 좋은 일이라 했다. 실로 인생이라는 옷감을 바느질하는 것은 종착지가 아니라 여정으로서, 우리 어머니 재봉틀질이리라….

내가 이 세상에 부름을 받고 태어난 목적이 무엇일까? 이 세상에 내 인생의 퍼즐을 끼워 맞출 수 있는 차별적 유산은 무엇이 있을까? 내가 가진 연장으로 어떤 라이프 빌딩 Life-building을 건축할 수 있을까? 영원히 살 것처럼 착각하거나, 죽는 순간만을 스탠바이 Stand-by하거나, 또는 죽음에 대해 생각해 보지 않는 삶은 미루기만 하는 삶이다.

"네가 내일 또는 늦어도 모레에는 분명히 죽을 것이라고 어떤 신이 네게 말한다면, 극도로 저능한 인간이 아닌 한, 너는 죽음이 내일이 아니라 모레 닥친다는 사실을 더 중요시하지는 않을 것이다. 그러므로 헤아릴 수 없이 많은 해를 산 뒤에 죽는 것이 내일 죽는 것에 비해 엄청나게 좋은 일이라고는 생각하지 마라." 로마가 가장 번성했던 5현제 五賢帝 시대의 마지막 황제이자 스토아 철학자였던 마르쿠스 아우렐리우스가 『명상록』에서 한 말이다. 약 200년간 계속된 로마의 평화라고 일컫는 '팍스 로마나 Pax Romana' 시대를 구가했던 황제의 자기성찰에서 통찰을 얻는 대목이다. 인간은 우주적 자연의 일부이며 삶의 목적은 결국 자연의 신성한 목적을 이해하고 따르는 것임을 내 안으로 침잠시켜 본다.

수십억 년을 사는 해와 달, 산 같은 억겁의 관점에서 보면, 우리의 인생은 찰나에 불과하다. 칼 세이건은 『에덴의 용』에서 150억 년을 우주 시간 1년으로 본 '우주력'으로 환산했다. 태양계는 9월 9일, 지구는 9월 14일, 인류는 12월 31일 밤 10시 30분에 등장해서 11시 59분에 동굴 벽화 그림을 그렸다고 했다. 고대문명에서 현대까지 걸린 시간은 불과 10초 미만으로써 이 세계는 엄청나게 늙었고 인류는 너무나도 어린 것이다.

그렇다면 여기서 질문을 과감히 던져보자! 사는 것과 죽는 것이 다른가? 사는 것은 좋고, 죽는 것은 나쁜 것인가? 사람들은 왜 죽음을 두려워하고 슬퍼하는가? 태어나고 싶다고 해서 태어나고, 죽기 싫다고 안 죽는 사람이 있는가? 모두가 어디서 왔다가 어디로 가는지도 모른 채 왔다 가지 않는가? 사는 것도 죽지 않으니까 사는 것이고, 죽음도 멀리 있는 게 아니라 가까이에서 매 순간 혀를 날름거리고 있지 않은가? 사는 것이 기적이라면 죽는 것도 기적이고, 사는 것이 감사라면 죽는 것도 감사가 아닌가?

그래서 죽음 없는 삶이란 용을 그린 뒤에 눈동자에 점을 찍는 '화룡점정'을 거행하지 않은 것이나 다를 바 없다고 하지 않았을까? 죽음은 여전히 비밀스러운 것이지만, 모르는 부분은 놔두고 정리해 보자. 죽음이 사는 것만큼이나 자명한 것은 사는 것과 뗄 수 없는 하나이고, 삶을 비추는 거울이기 때문이다. 또한 삶을 삶 되게 하는 또 다른 동력이기도 하다. 죽음에 초연할 수는 없으나, 우주의 계획대로 집행된다는 것만이라도 수용하자!

"베토벤 교향곡 9번의 마지막 부분이 좋을 것 같다."

"난 죽음이 두렵지 않다. 다가오는 그 순간이 무척 반갑다."

3년 전, 당시 104세였던 호주 최고령 과학자 데이비드 구달 박사가 한 말이다. 한 언론매체에서 소개된 스스로 죽음까지도 경영하고자 했던 그의 이야기가 필자의 관심을 쏙 빼갔다. 그는 불치병에 걸리지 않았지만, 능력이 급격히 쇠퇴해가고 있는 생을 스스로 마감하기 위해 스위스를 찾았다.

ABC 방송과의 인터뷰에서는 "질병은 없지만, 건강이 나빠지면 불행해질 것 같다. 104세라는 나이에 이르게 된 것을 매우 후회하고 있다. 더는 삶을 지속하고 싶지 않다."고 했다. 그리고 마지막으로 "노인이 삶을 지속해야 하는 것으로부터 자유로워질 수 있는 도구로 내가 기억되기를 바란다."는 말로 기자회견을 마쳤다.

인간으로서는 매우 어려운 본보기를 세상에 선사한 후 구달 박사는 돌아갔다. 인간의 삶이란 무엇인가? 도대체 어떻게 멈추어야 온 곳으로 잘 돌아가는 것일까? 우리 주위에는 일반적이지는 않지만, 극과 극의 사례도 있다. 생각하는 뇌는 죽었지만, 몸은 살아서 죽지도 살지도 않은 채 몇 년을 누워있던 유명한 사람도 있었다. 또한 구달 박사 이전에도 딱 100살까지만 살고 스스로 곡기를 끊고 아내 헬렌이 지켜보는 가운데 생을 마감한 스콧 니어링의 삶도 있었다. 히이데기는 「존재와 시간」에서 "우리는 언제라도 죽기에 충분히 늙어있다."고 했다. 달라이 라마는 왜 사느냐는 질문에 "잘 죽기위해 산다."고 했다.

바닷속 먹이사슬 최상위 포식자 상어에게 멈춤은 곧 죽음이다. 상어는 부레가 없기에 부단한 움직임 그 자체가 삶이다. 바닷속 해녀들은 숨을 남겨놓지 않으면 죽음이다. 지금도 TV 뉴스에 간간히 뜨는 연간 해녀 익사 사고율이 교통사고율보다 몇 배가 높다니 놀랍다. 해산물을 더 따려고 조금만 조금만 하다 제때 올라오지 못하고 나중에 떠오르게 된다니….

삶과 죽음 모두 기적일진대 어떻게 살고 어떻게 죽을 것인가? 여전히 잘 모르겠다. 그렇지만, 삶의 여정에서 어찌할 수 있을 때는 가속페달을 밟고, 어찌할 수 없을 때는 브레이크를 밟는 수밖에는…. 우리에게 죽음을 선택할 수 있는 행운이 주어지기를 소망하면서, 불꽃 같은 생을 살다 간 제임스 딘이 남긴 말을 끄집어내 허공으로 '후' 불어본다.

"영원히 살 것처럼 꿈꾸고 내일 죽을 것처럼 살아라."

자극과 반응

"보험회사죠? 레커차 좀 빨리 불러주세요!"

하얀 입김이 호호 날리던 추운 아침, 보험회사 긴급출동 번호를 눌렀다. 그날따라 장갑을 벗지 않고 검지로 주유 화면을 빠르게 '다다다' 터치했다. 자주 가는 셀프주유소 주유 건을 차 연료통에 꽂고 레버를 당겼다. 기름이 들어가는 소리에 뭔가 찜찜해 돌아본 순간 "앗 이런!" 노란 휘발유 건이 꽂혀있는 게 아닌가? 깜짝 놀라 주유건 레버의 걸쇠를 해제하고 건을 빼냈다. SUV 경유 차에 휘발유가 들어간 것이다. 뒤에는 다른 차들이 줄지어 서 있는 데다 정신이 쏙 빠져 달아날 지경이었다.

이런 경우는 처음인지라, 스스로 만든 강한 자극에 정신이 달아나지 못하게 붙들고는 잠깐 동안 마음속에 공간을 두었다. 일단 뒤차 운전자들에게 다가가 일일이 미안하다고 말을 하고, 주유소 직원을 불러 사정을 이야기한 뒤, 보험회사 전번을 찾아 눌렀다. 약 15분 뒤에 레커차가 와서 필자의 차를 매달고는 필자는 레커차 운전석 옆자리에 실려 정비공장으로 두둥실 떠내려간 어이없는 경험이다.

또 한 번은, 비탈진 학교 정문을 미끄러져 내려와 비가 억수같이 쏟아지는 퇴근길 도로를 평상시와 다름없이 달리고 있었다. 갑자기 앞차 브레이크 등이 빨개지는 걸 보고 급브레이크를 밟았다. 그러나 빗길에 제동 선이 길어 '쿵' 들이받고 말았다. "으앗" 다음 순간 1초 정도 망설였을까? 비상 깜빡이를 켠 후 우산을 쓰고 차 밖으로 나갔다.

상대방 운전자는 젊은 여성에 초보운전자 딱지가 뒷유리에 붙어있었다. 앞 승용차의 범퍼는 산산조각이 났고 다행히 사람은 둘 다 멀쩡해 보였다. 먼저 "미안합니다."라고 말한 다음, 이것저것 따질 것 없이 각자 보험회사를 부르기로 하고 비를 피해 차 안으로 들어왔다. 보험회사 전화번호를 뒤지는 동안 감정이 목까지 차올랐지만, 차간거리를 확보하지 않은 것은 필자 잘못이었다. 잠시 후 상대편 보험회사는 빨리 왔는데, 필자의 보험사는 한 참 뒤에야 도착한 것도 또 짜증을 유발시켰다. 보험회사 직원에게 말을 아끼며 반응을 조용히 밀어 넣은 비 오는 날의 슬픈 초상이었다.

동해 북단에 위치한 교육연수원에서 진행된 군 軍 간부 대상 코칭 리더십 특강을 다녀왔다. 경주 양동마을을 지나 포항 시내를 관통하니 영덕 강구마을에 내걸린 간판 위를 올라타 점령한 대게들이 반겨주었다. 해안도로를 거슬러 올라가노라니 초록 물빛 바다 쪽으로 툭 튀어나온 망양휴게소가 "어서 오게!" 손짓하여 차를 댔다.

일이 층을 한 바퀴 휘둘러보고는 바다를 품은 채 내려다보고 있는 카페 문을 열었다. 따뜻한 아메리카노 한 잔 주문해놓고 창가 테이블을 찾아 앉았다. 옥빛 바다와 반짝이는 은색 물비늘에 혼이 나간 채 간만에 보는 수평선을 응시했다. 커피가 나오자 옆구리에 찌르고 온 책을 펼쳤다. 읽다가 문득 고개 들었다. 2시 방향을 응시하며 맑은 기운을 글 고랑에 파묻기도 하고, 올라오는 착상을 여백에 긁적이기도 하며 1시간여를 보냈다.

'망양!' 얼마나 많은 사람들이 이곳에서 끝없이 넓은 바다를 바라보았을까…. 지나가는 나그네는 그저 아무런 자극 없이, 반응도 고민할 필요 없이 오롯이 마음만 풀었다가 주워 담고 다시 떠날 뿐이다. 차에 올라 시동을 걸었다. 살다가 여백이 필요할 때면 아마도 이곳 망양으로 발길이 작동할 듯싶었다.

△ 망양 휴게소에서 바라본 수평선

강의를 마친 후 제공된 숙소에서 하룻밤을 묵고 다음 날 아침 다시 동해안을 거슬러 내려왔다. 집에 도착하니 늦은 오후였지만, 등산복으로 갈아입고 선글라스와 캡을 쓰고 뒷산을 올랐다. 해가 뉘엿뉘엿 바다 건너 섬을 넘어가는 시각, 침엽수림의 키다리 수목들 때문에 산속은 더 빨리 어두워졌다. 어둑한 산길을 걷노라면 몸이 예민해지며 허락도 없이 살과 털이 쭈뼛쭈뼛 반응할 때가 있다.

공기도 공 ^{쏟}이요, 나무도 공 ^{쏟}이요, 걷고 있는 나도 공 ^{쏟}일진 데, 몸·마음 센스는 무엇 때문에 반응하는 것인지…. 복식호흡으로 들숨과 날

숨을 안으로 바라보며 천천히 숲을 거닐었다. 밤의 전령사들은 자연의 스케줄에 따라 어둠을 소환해 들이고 있었다.

내 안의 그 무엇의 장치들은 반응에 맞춰 이전의 유사 기억들을 바지런히 시공간 현장에 대령시켰다. 회사를 그만둔 직후, 홀로 심야 산상을 올라 타오르던 불길을 태우며 포효하던 모습! 군 시절 야간 훈련…! 스무 살 시절, 친구와 심야버스로 공원묘지를 찾아 할머니 산소에 소주잔 치며 느꼈던 영의 온기! 아주 오랜 옛날, 달빛 아래 물동이 져 나르고, 공동묘지에서 소 꼴 베고, 논에 물 대시던 부모님 이야기…. 길이 보일락 말락 까만 시간에 하산을 시작했다. 하늘로 뻗쳐오른 측백나무들 사이로 들려오는 온갖 생명체들이 내는 소리에 귀 쫑긋 선체 내려왔다. 숲을 빠져나왔을 때 눈 앞에 펼쳐질 검붉은 밤바다와의 해후를 기대하며….

흔히 사람들은 자연의 변화에 대해 "좋다! 나쁘다!" 두 가지로 반응한다. 그런데, 우리가 살아가면서 만나는 모든 자연과 사람, 사건과 사물들은 그 자체만으로는 의미를 갖고 있지 않을 수 있다. 그 말은 받아들이고 느끼는 우리의 반응에 따라 가치와 의미를 부여하고 해석한다는 것이다. 그 부분을 인정하고 받아들일 수 있다면, 이제 우리는 자극과 반응 사이에서 선택할 힘을 길어낼 수 있다.

똑같은 하늘, 숲과 나무, 그리고 바다를 보면서 어떻게 느낄 것인지에 대해 선택지를 갖는 주인으로 등극하는 것이다. 삶은 자극과 반응의 연속극이다. 드라마 출연 배우처럼 자극을 줘야 할 때는 유쾌하게 자극했으면 좋겠다. 또한 드라마 대사처럼 일어날 수밖에 없는 자극에 대해서는 흐르는 강물처럼 반응했으면 좋겠다.

"인생은 내게 일어나는 일 10%와 이에 대한 나의 반응이 90%이다." 챨리 스윈돌의 말이다. 자극보다 훨씬 더 큰 비중을 차지하는 반응을 잘 다스려야 한다는 것임을 알 수 있다. 자극과 반응 사이 공간이 확장되면 될수록 최적절한 반응이 창조될 것이다. 만약 실수로 잘못 반응했어도 그냥 툭툭 털고 일어나 앞으로 걸어 나가면 된다.

'갭이어 Gap Year'라는 말이 있다. 학업을 잠시 중단하고 자신이 하고 싶은 일을 하며 흥미와 적성을 찾는 기간을 말한다. 미국 대학들이 학생들에게 권장하고 있는 제도다. 그 이유는 바로 진학하거나 학년을 곧바로 올라가지 말고 갭 Gap을 가지면 학업성취도나 전공 만족도가 더욱 올라가기 때문이라 한다.

직접 누려보진 못했으나 공감되는 말이다. 우리나라는 학교 재정이 학생들의 등록금에 달려있다 보니 학령인구감소 등의 이유로 학교에서 이를 권장하지 않는 것 같다. 오히려 학생들로부터 바람이 불기 시작했다. 휴학을 통해 자기 삶의 시공간적 틈새를 확보하고자 하는 것이 통과의례처럼 되고 있다. 고교 졸업 이후 대학 입학과 동시에 취업 준비를 위해 쉼 없이 달려온 이도, 아니면 늦게라도 스펙을 쌓기 위한 시간이 필요한 이들이 많기에 개인적으로 권장하고 싶다.

우리나라에는 교수나 교사들에게만 안식년제도라는 것이 있다. 기업도 이러한 제도의 도입이 필요하다고 필자는 강력히 주장한다. 사람은 한 곳만 바라보고 머리를 처박은 채 질주하다 보면 언젠가는 에너지 고갈 상태를 맞이한다. 주기적으로 고개를 들어 하늘도 보고 주위도 '휘휘' 둘러볼 수 있는 심리적·물리적 스페이스 Space가 반드시 필요하다.

여기서 심리적 스페이스에 대해 좀 더 들어가 보자. 그렇다면 우리가 타자와의 마주침에서 안에서 밖으로 반응하는 실체는 무엇일까?

세계 3대 영적 지도자 중 한 사람 에크하르트 톨레가 『지금 이 순간을 살아라 The Power of Now』에서 정의 내린 내용이다. "마음이란 단지 생각만을 일컫는 것이 아닙니다. 마음은 생각뿐 아니라 우리가 느끼는 감정과 무의식적인 반응까지 포함합니다. 감정은 마음과 몸이 만나는 곳에서 일어납니다. 감정이란 생각에 대한 몸의 반응입니다. 몸속에서 일어나는 마음의 반영이라고 말할 수도 있을 겁니다."

마음은 생각·감정·반응의 삼위일체라는 말이다. 그래서 이러한 마음의 가역 작용은 불완전하기에 언제나 흔적이 남는다고 하지 않았던가.

> 자극과 반응 사이에 공간이 존재한다.
> 그 공간에서 반응을 선택할 힘과 자유가 나온다.
> 그 선택 속에 우리의 성장과 행복이 들어있다.
> △ 빅터 프랭클 Viktor E. Frankl

「자극과 반응 사이에 공간이 있다.」라는 한마디는 전문 코치로서 상대방에게 영감을 불어넣을 수 있는 최고의 프레임 중 하나라 생각한다. 스티븐 코비는 우연히 빼 들었던 책에서 위 세 개의 문장을 발견하고 깜짝 놀랐으며, 그 개념은 충격 그 자체였다고 말하고도 남을 만큼 충분하다고 했다. 이 말이 품고 있는 핵심은, 중요한 것은 공간이 존재한다는 사실이고 그 공간을 확장할 수 있다는 것이다. 결국 그 공간에서의 선택이 우리 삶의 질을 결정짓는다는 것이다.

그래서 코비는 위 세 문장을 구체적으로 다음과 같이 일곱 개로 풀었다.

"첫 번째, 내가 자극을 받아서 반응하고 있다는 것을 알아야 한다."
"두 번째, 자극을 받아서 반응하기 전에 멈출 수 있어야 한다."
"세 번째, 멈춰서 무엇을 해야 하는지 알아야 한다."
"네 번째, 어떤 관점에서 선택을 해야 하는지 알아야 한다."
"다섯 번째, 선택한 것을 반응으로 행동한다."
"여섯 번째, 그렇다면 자극과 반응 사이에 있는 공간과 성장·행복과는 어떻게 관계 지을 수 있을까?"
"일곱 번째, 어떻게 자극을 받은 상황에서 공간을 만들어갈까?"

자극과 반응 사이의 공간을 좀 더 쉽게 확장하기 위해 코비가 제시한 7가지를 필자는 실제 코칭에서는 심플하게 축약된 'STOP' 개념을 주로 사용한다. 이것은 티모시 골웨이가 『이너게임』에서 제시한 '도구 중의 도구'이다. 그가 자신의 창고에 보관하고 있는 여러 가지 도구들을 사용할 수 있도록 만들어주는 도구라고까지 극찬한 'STOP'에 대해 간단히 살펴보자.

    Step back 물러선다
    Think 생각한다
    Organize your thoughts 생각을 정리한다
    Proceed 전진한다

'물러선다.'는 것은 행동, 감정, 사고라는 모멘텀을 일단 한 발짝 뒤로 물리는 것이다. 생각하기 위해서는 생각의 모멘텀을 멈추어야 한다는 것은 패러독스 Paradox처럼 들릴 수 있다. 그러나 그것은 실제 겪거나

실례를 들면 사실임을 바로 알 수 있다. 그런 다음, 이제 앞으로 돌진하기 전에 생각을 재구성하고 정리하는 작업은 반드시 필요하다. 마지막으로 정돈된 생각으로 행동을 전개하려면 이제 정상에서 내려와야 한다. 그리고 전진하면 된다.

한편으로는, 자극을 받았을 때 최소 공간으로 즉 반응해야 할 때도 있다. 맞다! 그럴 때는 직관적으로 반응하는 것이다. 코칭에서는 '직관 Intuition'이란 '추론 없이 섬광처럼 지나가는 것'이라 정의한다. 그래서 코칭에서 직관은 언제나 귀를 기울일 가치가 있다고 말한다. 직관은 정답에 관한 것이 아니기에, 코치의 예감이 꼭 옳을 필요는 없다. 솔직하고 대담하게 즉시 던지는 것이 중요하다.

박창규 코치 MCC외 4명의 전문 코치가 쓴 『코칭 핵심 역량』에서 보다 명확하게 설명해준 내용을 정리해 보면 다음과 같다.

일반적으로 '직관 Intuition'이란 판단·추리 등의 간접 수단에 따르지 않고 사물의 본질이나 대상을 직접 파악하는 일 또는 그 작용으로 정의된다. 직관에 따른다는 것은 바로 지금 발생하고 있는 것에 반응하기 위해서 자신의 본능에 따라 행동하는 것이다. 인간의 두뇌는 어떤 종류의 결정을 내릴 때 논리와 감정의 조합을 사용한다. 하지만 감각이나 경험, 연상이나 추리 등의 사유 작용을 거치지 않고 대상을 직접적으로 파악하는 능력, 즉 직관적 지능도 소유하고 있다. 그렇다면 직관과 직감과는 어떤 차이가 있을까? 직감 Gut feeling은 설명이나 증명을 거치지 않고 사물을 접촉할 때 즉각적으로 느껴지는 감각이라 할 수 있다. 따라서 직관과 직감이 특별히 구별된 의미를 가지고 있는 것은 아니며, 실제적으로도 두 단어 모두 본능에 따른다는 점에서 같은 의미로 사용되고 있다.

자극 속에서 자기조절은 진정한 감정을 부정하거나 억누르는 것이 아니다. 감정은 귀중한 정보를 담고 있는데 만약 그것들을 부정하거나 억누르면 그 정보를 놓치게 된다. 1차원적으로 단순 반응하면 안 된다는 말이다. 많은 경우 생각과 느낌을 분리해야 한다. 그래서 내가 생각하고 느끼고 있다는 실제를 자각해야 한다. 생각과 느낌의 틈새, 생각과 감정을 보는 연습을 통해 그 반응을 내가 선택할 수 있어야 한다. 결국 자극과 반응 사이 공간을 충분히 확장시키지 못하면 욕망의 지배를 당하기 십상이다.

성난 파도나 끓는 용암 같은 감정을 체험해보지 않고서는 절대 어느 것 하나 안다고 할 수 없다. 그렇기에 삶의 무대 위 주연배우로서 우리는 어쨌거나 행동으로 실천하고 나아가야 한다. 그 속에서 오는 수많은 자극에 대해 공간 확장성으로 반응하며 배움을 길어 올리며 성장·성숙해 갈 수밖에 없지 않을까….

두려움과 용기

"건물 안에서 일하는 사람만 잘 먹고 잘사는 게 순리가 아니잖습니까?"

기업 코칭에서 만났던 K 전무께서 코치의 마음 안으로 가교를 놓았던 말이다. 주말 새벽, 스마트폰 알람에 30분 간격으로 설정해 둔 모닝콜을 두 개째 밀어내고서야 LED 스탠드를 켜고 책상에 앉았다. 새로 주문한 책들이 더 쌓이기 전에 한 권이라도 더 처치해야 했고, 사실 그보다 새 책이 보고 싶었다. 마음은 눈을 뜨자마자 벌떡 일어나라고 아침 선제공격을 명했지만, 몸은 주말이라는 걸 안다. 책 한 권을 빼 들고 연필로 새까맣게 쟁기질하다 도끼 같은 한 문장을 만나는 바람에 공진주파수에 걸렸다.

"우리 모두가 지금 누리고 있는 비교적 고상한 생활은 실로 땅속에서 미천한 고역에 시달리는 사람들에게 빚지고 얻은 것이다. 눈까지 시커메지고 목구멍에 석탄 가루가 꽉 찬 상태에서 강철 같은 팔과 복근으로 삽질을 해대는 그들 말이다." 조지오웰의 『위건 부두로 가는 길』에서 발견한 문장이다. 지난주 코칭에서 만난 K 전무 말의 데자뷰를 만났듯했다.

동시에 이런 사실에 주목했던 아마존과 야후에서 사용자 인터페이스 최고 책임자로 일했던 래리 테슬러가 주장한 '복잡성 보존의 법칙'이 투영되었다. "우리가 경험하는 많은 편리함은 누군가의 힘든 노동 덕분이다." 즉, 누군가 편의를 본다면, 또 누군가는 그만큼의 불편을 짊어진다는 것이다.

길거리에 쓰레기가 없다고 해서 아무도 쓰레기를 버리지 않는 게 아니라, 누군가 그 쓰레기를 청소하기 때문에 보이지 않을 뿐이다. 코로나 시대 '로켓배송' 서비스 이면에는 자신의 몸을 로켓 속도로 발사하며 뛰어야 하는 택배기사가 반드시 있기 마련이다. 즉 누군가의 불편함이나 복잡성을 다른 누군가가 대신 해결했을 뿐, 그 불편함이나 복잡성은 결코 사라지지 않는다.

잠시 후, 자동적으로 검지가 스마트폰에서 전번을 찾더니 K 전무께 SNS 문자를 넣었다. "전무님, 지난 코칭 세션에서 말씀하셨죠? 회사건물 내에서 일하는 사람만 잘 먹고 잘사는 게 순리가 아니라, 누군가 음의 역할이 있기에 가능한 것이라고! 그리고 사회적 약자들의 불평등을 해소하는 역할을 하고 싶다고 말이죠. 아침 글 밭에서 우연히 만난 조지오웰의 글 한 줄 나눠봅니다. 전무님의 가치와 용기 응원합니다!" 이어서 『위건 부두로 가는 길』에서 발견한 위 문장을 엄지가 열심히 액정 위에 타이핑하여 보내 드렸다.

우리는 세상-속-존재로서 모두가 같은 공기를 마시며 살 수밖에 없으며, 하나의 끈에 이어져 줄을 당기는 사람들과 같다. 두 막대기가 서로 버티고 서있는 존재가 사람이다. 우리는 모두 같은 선에 있기 때문이다. 복잡함을 함께 나눠 짊어지려는 용기를 내는 사람이 많아졌으면 좋겠다.

사회적·경제적 약자를 대하는 시민의식이 그 사회의 수준이라는 말은
그래서 그냥 나온 말이 아니다.

> "그동안 보일러가 꺼진 삶을 사셨네요. 얼마나 몸도 마음도 춥고
> 힘들었습니까?"

코로나를 모르던 시절, 연구실을 찾아왔던 여학생이 쏟아낸 어머니 이야기 속에 등장한 의사 선생님의 말이다.

칼바람이 매섭던 12월의 어느 날, 방문 약속이 잡혀있던 여학생이 점심시간이 지나 문을 노크했다. 추운데 어서 들어오라며 뜨거운 메밀차 한 잔씩을 타서 마주 앉았다. 다음 봄 학기가 오면 4학년 졸업반이 되니 진로에 대한 걱정거리를 한 보따리 싸 들고 왔던 차분하고 맑은 친구로 기억에 남아 있다.

면담을 들어가며 가족 상황을 물었다. 학생은 자신의 홀어머니 이야기로 말을 잇다가 결국 봇물이 터지고 말았다. 갑 티슈에서 화장지를 뽑아 건네주며 "괜찮아! 마음껏 울어도 돼!"라고 말해주었다. 어릴 적부터 본인과 남동생 뒷바라지로 고생하신 어머니를 생각하니 북받쳐 오르는 건 자식이니 어쩌겠는가? 감정을 추스르고는 이야기를 이어갔다.

학생의 어머니는 안 좋은 몸을 계속 버티며 일을 하다, 어느 날 몸에 기운이 하나도 없어 '왜 이러지?' 하며 두려운 마음에 병원엘 갔단다. 아니나 다를까 갑상샘 이상 진단을 받게 되었는데, 의사 선생님의 따뜻한 위로의 말 한마디에서 치유와 용기를 얻었다 했다. 그 이후, 학생의 어머니는 자신의 보일러를 꺼트리지 않도록 밥도, 약도 잘 챙겨 먹은 덕

에 무척 좋아졌다고…. 속으로 '그 의사 선생님은 코치 신가?'란 생각을 했다. 그렇게 시작된 면담은 1시간을 넘겨 끝이 났다. "교수님도 제 말 잘 들어주시고, 용기 주셔서 감사합니다." 여학생은 깍듯한 인사말과 함께 고개를 숙이고는 환해진 얼굴로 연구실 문을 밀고 나갔다.

한 젊은 영혼이 훈훈하게 데워 놓은 방안을 서서 잠시 서성였다. 진정으로 용기 한 줌 손에 쥐고 돌아갔기를 바라며 팔짱을 낀 채 창밖을 응시했다. 갑자기 하늘 분위기가 시꺼메지더니 이내 겨울비가 투명유리 창을 때렸다. 캠퍼스를 오가던 학생들이 하나둘씩 우산을 펼치는 모습을 초점 없이 바라보았다. 잠시 뒤 고개를 거둬 컴퓨터 앞에 앉아 밀린 업무를 챙겼다.

얼마나 시간이 지났을까 오후 햇살이 또다시 창을 뚫고 들어왔는데, 비는 계속 창을 두드리고 있었다. 이런 걸 보면 구름은 참 울 일도 많겠다 싶다. 간만에 조우한 여우비 Sun shower였다. 여우비는 맑은 날에 잠깐 내리는 비를 말한다. 하늘을 보니 산 위로 해가 쨍쨍했다. 해는 시집간 여우가 못내 그리웠나 보다! 구름이 마지막 눈물을 훔치니 밝은 미소 비춰주고자 서산을 넘지 않고 기다렸을까….

퇴근길, 차창에 살포시 내려앉는 가랑비에도 와이퍼를 안 틀었더니 물방울 엠보싱이 눈 앞을 가렸다. 중세 신비주의 시인 루미가 노래했던 시 한 소절이 전방 유리 엠보싱 위로 투영되었다. "만일 먹구름과 번개가 인상을 찌푸리지 않는다면 포도 덩굴은 태양의 미소에 타 버리고 말 것이다." 옆 유리와 백미러도 물방울 엠보싱을 점점 더 머금어 갔다.

그때 만일 먹구름과 번개가 인상을 찌푸려버리면 유리에 맺힌 물방울 엠보싱은 금방 눈물 되어 대지로 흘러버리겠지…. 비는 구름의 눈물이다. 구름의 울음은 대기와 대지에는 은혜이자 축복이다. 희뿌연 하늘을 깨끗하게 씻겨주고, 봄기운 뻗치려는 땅의 기대에도 부응해준다. 재즈나 클래식 음악에서의 분위기 메이커 역할은 또 어떻고…. 자연법칙에 따라 눈물은 생명의 수레바퀴를 돌려 각각의 피조물에 가치를 부여하고 용기를 북돋운다. 인간관계에서도 누군가에게 용기 한 움큼 쥐어 주는 데는 많은 말이 필요치 않다. 굳이 눈물을 보이지 않더라도 있는 그대로 받아주고 공감해 줄 수 있다면 그게 다다.

말이라는 것은 말하지 않고 가슴에 품고 있을 때 진정한 소망이 된다. 그럼에도 말을 가슴에 품는 것이 우리는 늘 서툴다. 많은 말들을 내뱉는 것에는 익숙하다. 누군가 필요로 할 때 용기 낼 수 있게 눈물 품고 말을 품어줄 수 있었으면 좋겠다.

'원칙과 가치'는 시공간적으로 선순환 관계에 있다. 인생은 성공과 실패의 연속이다. 삶의 99%는 '과정의 실패'로써 굳은살이 되고 단단한 디딤판이 된다. 하지만 1%밖에 안 되는 '가치의 실패'는 단 한 번으로 모든 것을 무너뜨릴 수 있다. 가치는 자신을 표현하고 강화시키는 것이고, 가치관은 개인적으로 중요하고 의미 있는 행동 방향을 정하는 규범이기 때문이다.

스티븐 코비의 『성공하는 사람들의 8번째 습관』에서 가치와 원칙에 대한 개념을 좀 더 명확히 해보자. "가치는 사회적 규범이다. 가치는 개인적이고, 감정적이며, 주관적이고, 논쟁이 가능하다. 우리는 모두 소중하게 생각하는 가치를 가졌다. 우리는 자신에게 '나는 원칙에 기초한 가치를 갖고 있는가?'라고 물어야 한다. 원칙은 자연법칙이다. 원칙은 비개인적이고, 사실에 기초하며, 객관적이고, 자명하다. '행동의 결과는 원칙의 지배를 받고, 행동은 가치의 지배를 받는다.' 그러므로 원칙을 소중하게 생각해야 한다."

결국, 원칙과 가치는 행동과 연결되어있고 행동을 통해 발현될 수 있음을 알 수 있다. 행동은 결코 주변 환경에 핑계를 대는 것이 아니라, 자기 자신의 의사결정에 의한 것이다. 즉, 우리는 '가치 행동의 준거 틀'에 따라 주도적인 행동을 하고, 그 행동의 결과는 '원칙'에 의거 책임을 지는 것이다.

여기서 주도적 Pro-active이란 성격 진단에서의 '주도형'을 말하는 것이 아니라, 자기가 주인인 삶으로 용기 내는 것이다. 그러한 행동의 결과가 원칙에 부합되는지에 따른 책임성에 대해서도 코비는 명쾌하게 정의했다. 즉, 책임 Responsibility이란 '어떻게 반응할지를 선택할 수 있는 능력 Response-ability'이라고 했다.

정리하면, 우리의 행동은 가치에 기초를 둔 의식적 선택의 결과이지, 기분이나 분위기에 주도권을 내주는 것이 아니다. 그 결과, 가치 기반으로 선택된 행동은 두려움이 있어도 용기 있게 나아가도록 이끌어 준다.

여기에 '책무'라는 단어도 대입해보자. 흔히 우리는 '책임'과 '책무'라는 말을 같은 의미로 쓰고 있는데, 코칭에서는 구분을 짓는다. 중요한 이 두 단어에 대해 박창규 코 MCC외 4명의 코치가 쓴 책 『코칭 핵심 역량』에서 잘 설명하고 있다. 같이 살펴보자. "우리는 평소 책무 Accountability와 책임 Responsibility이라는 표현을 자주 사용한다. 이 두 용어 모두 '책임'의 뜻을 가지고 있다. 스티브 코비는 '책무는 책임을 낳는다 Accountability breeds responsibility.'라고 말했다. 책무는 책임을 포함하는 말이다. 일반적으로 책임이 사장, 조직 또는 직책에 의해 위임된다면 책무는 업무에 대해 본질적인 주인의식 Ownership을 가지고 직면함으로써 스스로에게 부과된다. 이런 의미에서 책무는 책임에 대한 주인의식을 가지게 하는 Taking ownership of responsibility 것이라고 말할 수 있다 (Browning, 2012)."

'두려움과 용기'는 한 우물 속에 빠져있는 다른 도끼다. 우리는 누구나 두려움과 용기라는 양극단에서 허우적대고 있는 존재다. 오죽하면 두려움과 용기는 숙명 같은 친구라고 했을까.

동네 배꼽마당에서 남사당패 우두머리 꼭두쇠가 한 손에 부채를 들고 외줄 타는 모습을 상상해 보라? 이 마을 저 마을을 돌며 숙식과 노잣돈을 얻기 위해 얼마나 많이 공중에서 용기를 내야만 했을까!

닐 도날드 월쉬가 『신과 나눈 이야기』에서 말한 신과의 소통내용이다. "인간의 모든 생각과 행동은 사랑이나 두려움, 어느 한쪽에 뿌리를 두고 있다. 그 밖에는 다른 어떤 행동 동기도 존재하지 않는다. 그 밖의 모든 개념은 이 둘의 파생물에 지나지 않는다. 이것이 바로 내가 '받침 생각'이라 부른 것이다. 받침 생각은 사랑이나 두려움에서 비롯된 생각이다. 이것은 생각 뒤의 생각이다. 이것은 최초의 생각이며, 원초의 힘이고, 인간 체험의 엔진을 움직이는 생짜 에너지다. 자신이 누군지 Who You Are 안다면, 자신이 신이 창조한 가장 장대하고 가장 비범하고 가장 멋진 존재임을 안다면, 너희는 결코 두려워하지 않으리라."

사랑과 두려움이라는 양쪽 폴 대 사이 외줄 위에서 공중제비를 넘는 꼭두쇠의 모습이 자꾸만 투영됨은 왜일까….

먼저 '두려움'에 대해 살펴보자. 닐 도날드 월쉬가 말한 '받침 생각' 중

하나인 '두려움'은 또 '공포'와 '불안'으로 구분할 수 있다. 공포와 불안은 '무서워! 두려워!'라는 똑같은 감정을 수반하지만 분명한 차이가 있기 때문이다. 공포는 두려움의 대상이 있는데, 반해 불안은 대상이 없다. 달빛 하나 없는 산속을 걸어간다고 상상해 보자. 아무것도 눈에 보이지 않는데도 우리는 갖가지 상상에 내몰리게 된다. 바람이 나뭇잎을 스치는 소리만 들려도 산짐승들이 나를 노리고 있다가 덮치지 않을까 하는 상상을 하게 된다. 정상적인 사람이라면 그럴 수밖에 없다. 실체도 없고 대상도 모르는 불확실성의 상황에서 불안이라는 감정이 생기기 때문이다.

니체가 "신은 죽었다."라고 선언한 이래 인간은 아무것도 정해진 바 없이 세상에 '퉁' 내던져진 존재가 되었다고 했다. 원래 우리는 아무것도 정해진 바가 없고, 원래 불안한 존재라는 것이다. 이제 물음표의 방향을 내 안으로 돌려 물어보자. "왜 나는 오지도 않은 미래를 불안해하는 것일까?" 답은 간단하다. 미래는 미스터리이기 때문이다. 즉 무슨 일이 일어날지 모르는 오지 않은 시간이기 때문인 것이다. 실존주의 철학자 하이데거가 인간의 근본 감정이 '불안'이라고 한 데에는 이유가 있는 것이다.

다음으로 '용기'란 무엇인가? 브루스 윌킨슨이 말했다. "용기는 두려움이 없는 상태가 아니라 두려움에도 불구하고 행동하기로 선택하는 결정이다." 그렇다면 삶이란 소명의 횃불을 밝히기 위해 용기 내어 보는 것이다. 잃는 게 아니라 잃을 게 없는 게 삶이라 했다. 아끼던 무언가를 잃어버렸을 때 '잃어버렸다' 보다는 '원래 자리로 돌아갔다'는 사실로 받아들일 때 비로소 용기 낼 수 있다. 또한 죽음을 생각한다는 것은 무엇을 잃을지 모른다는 두려움에서 벗어나는 최고의 길이라 했다.

'메멘토 모리 Memento Mori'라는 말이 있다. 라틴어로 '죽음을 기억하라!'는 뜻이다. 옛날 로마의 개선장군이 시가행진을 할 때 노예를 시켜

행렬 뒤에서 큰소리로 "메멘토 모리!"를 외치게 했다고 한다. '전쟁에서 승리했다고 너무 우쭐대지 말라. 오늘은 개선장군이지만 너도 언젠가는 죽는다. 그러니 겸손하라.'는 의미다. 죽음을 배수진으로 선택하면 의사결정의 무게는 줄어든다. 보리가 싹 트기 위해서는 씨앗이 죽지 않으면 안 된다. 결국 삶은 죽음의 배수진에서 길어 올린 용기인 것이다.

이 시대는 '하마터면 열심히 살 뻔했다.'라는 말에 웃을 수 없는 강퍅한 세상이다. '다람쥐나 토끼는 그냥 뛰어다니지 열심히 뛰어다니지 않는다.'는 뜻을 알면서도 쉽지 않다. 비겁하지만, 비겁하다는 것을 아는 것도 용기라고 할 정도니 말이다. 이제는 삶에게 보편적 '열심히'를 선물하지 말자.

우연히 가구디자이너 문승지의 글을 읽고 '남들처럼 살지 않을 용기'를 새로운 하나의 가치로 그 즉시 장착했다. "당신은 무슨 스펙이 있죠? 면접에서 많은 이들이 물었다. 아무것도 없어요. 그러나 내가 만든 가구는 괜찮아요. 지금 우리에게 필요한 건 열심히 살려는 노력이 아니라 남들처럼 살지 않을 용기 아닐까요?"

속성과 실존

"살아 있다는 것은 3페이지요, 죽음은 4페이지다."

"신은 삶과 죽음 외에 수많은 것을 가지고 있는데, 사람들이 그걸 모를 뿐이다."

오피스텔로 돌아오는 신분당선 안에서 루키님이 나눠주신 말을 되뇌고 있었다. 기업 시절, 루키님은 직장 상사이기 이전에 필자의 성장판을 건드려 주신 분이시다. 참 오랜만에 역전의 용사 세 사람이 의기투합한 자리였다. 루키님과 현역 후배 L 부장과 셋이서 강남에서 만나 저녁 식사 후 카페로 자리를 옮겼다. 대화 중 루키님의 인도 법인장 시절, 현지 직원이면서 영적 수행자였던 비서와 나눈 영성에 관한 대화는 매우 흥미로웠다. "과거·현재·미래는 연결되어있지 않다. 오직 현재뿐이다."라는 말을 끝으로 전해 들으며 아쉽지만 정겨운 얼굴들을 뒤로했다.

다음날 새벽, 분당 오피스텔을 나서 헐렁한 지하철 첫차를 탔다. 강의가 있는 천안 아산으로 이동하기 위해 새벽을 살라 서울역에 도착했다. KTX를 타기 위해 1번 출구 표지판을 따라 걸어 나오는데, 두 다리를 하늘로 치켜올려 자고 있는 남자가 첫눈에 밟혔다. 좀 더 지나오니 이번에는 눈앞에 배낭을 깔고 앉아 얼굴을 양 무릎 사이에 묻고 긴 머리칼을 덮고 자는 젊은 여성을 스쳐 지났다. 에스컬레이터를 타고 지상으로 스르르 올라갔다. 제일 먼저 눈에 들어온 모습은 계단 입구를 빙 둘러 노숙 중인 십여 명의 군상들이었다.

기차 시간이 조금 여유가 있기도 했고, 왠지 모를 이끌림에 그들 주위를 한 바퀴 둘러보았다. 짠 내가 코를 찔렀다. 그러던 중 눈에 띄는 한 장면이 포착됐다. 분명 제일 어려 보이는 남자 한 사람이 깡 소주병을 앞에 놓고 훨씬 나이 들어 보이는 사람들을 빙 둘러앉힌 채 분위기를 휘어잡고 있었다. 슬쩍 다가가 보니 수염을 깎지도, 씻지도 않은 꾀죄죄한 형님들에게 젊은이는 막말을 해댔다. "야 임마, 니들이 무슨 죄가 있어…."라는 한마디가 쟁쟁하게 들려왔다. '어떤 상황이지?' 이해 안 될 수밖에 없는 상황이었지만, 이해 안 되는 묘한 기분이었다.

눈길을 거둬 천천히 역 입구를 향해 계단을 올라갔다. 이번에는 보안요원 두 사람이 출입구를 틀어막은 채 소주병을 쥐고 욕설을 퍼붓고 있는 백발의 노숙자 한 명과 씨름을 벌이고 있었다. "이제 날 밝았으니 아래로 내려가셔야지…."하면서 끌어내는 데도 요지부동이었다.

역사를 들어서니 열차 출발시간이 아직 여유가 있어 타는 곳 8번으로 내려가지 않고 에스컬레이터에 발을 올렸다. 2층 식당가 창가 테이블에 백 팩을 내리고 앉았다. 곡면유리창 너머 보이는 아날로그 사이니지에 있는 남녀 탤런트 두 사람은 연신 미소를 짓고 있었다. "웃고 있는 저들은 뭐 얼마나 잘났길래…? 노천바닥에 소주병 베고 자는 저들은 또 뭘 얼마나 잘 못 했길래…? 그러는 나는…?" 독백이 파문을 일으켰다.

사람 삶의 차이가 도대체 무엇일까? 답 없고 실없는 질문인가…. 그럼에도 자문자답은 '왜 살아야 하는지를 알고 모르고의 차이 아닐까?' 하는 것이었다. 안다면 저리 살진 않을 터…! 안다면 아무리 힘들어도 지금-현재를 살고자 힘낼 수 있을 터인데….

"저는 내일은 없습니다."

"오토바이를 타면 안 되는 이유가 백만 가지쯤 되는데요, 다 따지면 할 수 있는 게 아무것도 없습니다."

대학원 MBA 과정 저녁 수업에서 현역 장교이자 조직행동학 교수님께서 던진 말이다. 수업 내 짬짬이 "지금 하고 싶은 일을 하십시오!"라는 말을 내비쳤다. 대학 강단에 서서 지금-여기를 사는 젊은 존재적 삶의 거울 앞에서 현존치 못하고 허우적대며 앉아 있는 중년들의 모습을 미러링하고 있는 듯했다.

젊은 교수님께서는 심장을 펌프질하는 할리데이비슨의 소리와 진동을 느끼고자 과감히 떠났다고 했다. 브라질 리우데자이네루 해변과 콜롬비아 등지의 남미 일주와 유라시아 횡단을 하며 할리 위에서 바라본 눈으로 땅의 가치를 느꼈다고 했다.

그날 수업 중 삶의 가치에 대해 자유토론이 있었다. "저의 가치는 '한결같음 Integrity'으로써 소명과 행동을 일치시키며 사는 것입니다." 원우들과 나눈 필자의 가치다. 내일은 '알 수 없음'임을 너무 잘 안다. 그럼에도 "지금-현재를 살고 있습니까?"라고 질문을 받았다면 부끄럽지 않게 대답할 수 있었을까?

네온사인이 붉게 타오르는 도시의 밤을 스치우며 집으로 돌아와 손에 잡히는 시집을 꺼내 들었다. 중세 페르시아 시인 잘랄루딘 루미의 시집에 나오는 『여인숙』이란 시다.

> 인간이란 존재는 여인숙과 같다.
> 매일 아침 새로운 손님이 도착한다.
> 기쁨, 절망, 슬픔 그리고 약간의 순간적인 깨달음 등이
> 예기치 않은 방문객처럼 찾아온다.
> 그 모두를 환영하고 맞아들이라.
> 설령 그들이 슬픔의 군중이거나 그대의 집을
> 난폭하게 쓸어가 버리고 가구들을 몽땅 내가더라도.
> 그렇다 해도 각각의 손님들을 존중하라.
> 그들은 어떤 새로운 기쁨을 주기 위해
> 그대를 청소하는 것인지도 모르니까.
> 어두운 생각 부끄러움 후회 그들을 문에서 웃으며 맞으라.
> 그리고 그들을 집안으로 초대하라.
> 누가 들어오든 감사하게 여기라.
> 모든 손님은 저 멀리에서 보낸 안내자들이니까.

루미의 시는 수업 시간 젊은 영혼으로부터 강렬히 느낀 진동 또한 내 여인숙의 투숙객으로 받아들일 힘을 보태 주었다. 우리나라 중년남성들은 '여인숙' 하면 대부분 옛날 기억을 소환해낸다. 집밖에서 돈 내고 자는 집에 대한 하이어라키를 「응답하라 1988」 버전으로 세운다면 '호텔-모텔-여관-여인숙' 쯤 되지 않을까? 지금은 당연히 게스트하우스나 공유 하우스뿐만 아니라 사우나·찜질방까지 다양하다. 그땐 여인숙 하면 하룻밤을 유할 수 있는 가장 싸고 허름한 시끄러운 방이었다. 여인숙은 아마도 예나 지금이나 낯선 도시를 방문한 예기치 못한 투숙객들

이 묶어갈 수 있도록 맞아주는 존재의 집이지 않을까? 우리는 그러한 실존의 집으로 살고 있는가….

"주 코치님, 흙탕물이 가라앉은 그 맑은 물을 다른 사람에게 퍼주세요!"

"허허허, 퍼줄 물이 있어야 말이죠. 가라앉았다가 이내 흙탕물이기를 반복하는 걸요…."

코칭 도반 기린 코치와 전화로 진행한 피어 코칭 Peer Coaching에서 주고받은 대화다. 텔레 코칭을 끝내고 나니 오히려 그제야 흙탕물이 좀 가라앉은 상태가 되었다.

삶은 '맑았다! 흐렸다!'를 사이클링 하는 파장이다. 파장에서 '보이는 나 Me'와 '보는 나 I'의 주파수를 일치시켜나가는 과정이다. 본래 타고난 고유주파수에 표피적인 말과 행동의 파장을 조율해 가야 하는 것이다. 흙탕물이 얼마나 가라앉았는가 하는 것은 외면적 행동 주파수와 내면적 가치 주파수를 얼마나 일치시켰느냐에 달려있다. 사회적 아이덴티티 Identity가 강해야만 살아남을 수 있는 현실에서 속성을 물리치고 지금-여기를 살기란 매우 어렵다는 말이다.

그렇다면 세상-속-존재로서 과연 어떻게 사는 것이 최적절한 것인가? 이 화두를 던진 채 적절함을 묻고 물으며 고민의 나날들을 보냈다. 우연히 책장에 꽂혀있던 아주 오래전에 읽었던 책들 속에서 '속성과 실존의 병렬처리'라는 가장 중용적인 해법을 들춰냈다.

한때 시골 의사로 유명했던 박경철이 『자기 혁명』에서 던져 놓은 통찰을 그물로 걷어 올려보자. "우리가 현실에서 '존재'나 '실존' 따위를 의식하기는 어렵다. 우리는 명예건, 권력이건, 돈이건 혹은 지식이건 간에 우리는 '사회적 인간'이라고 규정된 '속성'에 충실하게 살아가기 위해 무던히도 애를 쓴다. 하지만 속성에 몰입하면 할수록 나의 근본적 존재와 거리가 멀어질 뿐이고, 점점 소외되어 고독한 존재가 되고 만다. 인간은 관계에 사로잡혀 질주하며 그 관계 속에서 서열을 규정하면서 스스로 자위한다. 내 서열이 높아질수록 나를 규정하는 관계어는 점점 늘어난다.

그리고 그 복잡한 층위의 관계 속에서 점점 나를 잃어가는 것이다. 여기서 나를 잃어간다는 것은 실존적이지 않다는 뜻인데, 원래 실존은 속성에 우선하는 것이다. 진짜 나는 내가 간절히 원하는 것, 나를 정확하게 인식하는 것, 나 자신을 지각하는 것에 숨어 있을 뿐이다. 나를 찾아가는 작업은 속성으로부터 나를 자발적으로 소외시키는 것, 즉 사회적 관계가 요구하는 삶만이 아닌 나 자신의 요청과의 균형을 맞추며 살아가는 것이 실존인 셈이다. 관계 속에서 우리를 규정하는 속성은 거부하면 할수록 강하게 우리를 압박한다. 결국 해법은 '속성과 실존적인 고민을 함께 병렬로 처리'하는 것이다."

그렇다면 '나'는 누구란 말인가? 인간의 속성차원에서는 생각은 에너지며 생각이 곧 나이다. 실존 차원에서 보면 생각은 하는 것이 아니라 일어나는 것이다. 즉 생각은 멈출 수 없는 고통이다. 그 생각의 행렬은 그칠 줄 모르는 소음이 되어 고요한 내면세계로 들어가는 것을 가로막는 장애물이라는 것이다.

영적 지도자 에크하르트 톨레의 『지금 이 순간을 살아라 The Power of Now』에서 그의 가르침을 들어보자. "데카르트는 '나는 생각한다. 그러므로 존재한다.'라는 명제를 만들어 놓고 스스로 가장 근본적인 진리를 발견했다고 믿었습니다. 하지만 그는 사실 가장 기본적인 오류를 범한 셈입니다. 생각을 자기 존재라고 착각한 것이지요. 눈에 보이는 물리적인 모습들과 형상들의 차원 밑바닥에서 당신은 진실로 만물과 하나입니다. 생각이라는 장막에 가려 그 본질을 잊고 있을 뿐입니다."

그는 실존적 관점에서 '삶의 상황'에서 벗어나와 '삶' 그 자체에 집중할 것을 주문한다. 좀 더 들어가 보자. "현존은 '하나의 상태'입니다. 당신이 '삶'이라고 말하는 것은, 좀 더 정확하게 말하자면 '삶의 상황'입니다. 삶의 상황이란 과거와 미래라는 심리적인 시간입니다. 잠시 동안 삶의 상황에 대해서는 잊어버리고, 삶 자체에 주목해 보십시오. 당신 삶의 상황은 시간 속에 존재합니다. 하지만 당신의 삶은 '지금'입니다. 당신 삶의 상황은 마음이 만든 것입니다. 하지만 당신의 삶은 실재입니다. '삶으로 들어가는 좁은 문'을 찾아야 합니다. 그것은 '지금'입니다." 말인즉 상황 논리에 휩싸이지 말고 '마음에서 존재'로, '시간에서 현재'로 의식의 무게중심을 옮기라는 뜻인 듯하다.

'실존'이라는 말은 쉽게 정의하기도 어렵지만, 속성보다 존재의 우선권을 주장하기에 실존하기가 매우 어렵다. 위에서처럼 우리의 삶을 '삶'과 '삶의 상황'으로 분리하는 것 또한 통찰을 얻었지만, 쉽지 않다. '삶의 상황'에서 걸어 나와 '삶'이라는 좁은 문을 찾아 나서거나, '지금'에 온전히 거하기에는 역부족을 느낀다.

여기서, 비지시적 '사람-중심 접근법'으로 유명한 칼 로저스가 쓴 『사람-중심 접근법 A Way of Being』에서 혜안을 얻어보자.

"나에게는 현실을 직접적으로 체험하는 것이 필요합니다. 추상적인 세계에서 살 수는 없는 일입니다. 사람들과 직접 만나서 관계를 맺고 손에 흙을 묻히며, 꽃이 피어나는 것을 관찰하고 석양을 바라보는 것이 나의 삶에 필요합니다. 적어도 한발은 현실 세상에 딛고 있어야 합니다. 내 삶의 대부분의 시간이 밖을 향하고 있을 때 나는 가장 만족스럽습니다. 자신의 내면을 들여다보고 자신을 알기 위해 탐색하며 묵상하고 생각하는 시간도 소중합니다. 그러나 균형을 맞추는 것이 필요합니다. 사람들과 교제하고, 꽃을 기르거나 책을 쓰거나 목공 일을 하는 등의 생산적인 일도 해야만 합니다."

빅터 프랭클은 『의미를 추구하는 삶』에서 말했다. "삶의 의미를 추구하는 것은 원초적 동기이지, 본능적 욕구를 합리화시키는 과정이 아니다." 코칭계의 구루, 존 휘트모어가 『코칭 리더십 Coaching for Performance』에서 통찰한 '영적 여행'이라는 내용도 같이 살펴보자. "우리는 자신이나 다른 사람의 삶의 궤적을 이차원적 그래픽 모델로 표시할 수 있다. '수평축'은 '물질적 성공과 심리적 수준'을 나타내며, '수직축'은 '영적 기준, 가치 혹은 염원'을 의미한다. 수직축이나 수평축의 한쪽에 치우친 삶을 살면 이상적 혹은 균형적 삶으로부터 멀어지고 긴장이 증가된다. 수평축은 지식의 축적과 맞물려 있다. 사람들은 지식이 가치관의 영향권을 벗어날 정도로 축적되면 '의미의 위기'가 찾아온다. 지식의 뒤에는 지혜가 있다. 지혜는 예지력을 제공한다. 그것은 위기에서 벗어난 사람에게 또 다른 종류의 안정감을 제공한다. 무차별적 지식의 사용과 근거 없는 영적 심취의 양극단 사이에 있는 '45도 선'은 지혜를 나타낸다. 사람들은 위기의 벽에 부딪히면 충격을 받고 본래 위치로 되돌아가려는 경향이 있다. 이때는 일시적 혼란과 성과의 후퇴를 맞게 된다. 하지만 궁극적으로는 더욱 균형적인 삶을 찾아 나아가게 된다."

겨울 아침, 거실 복판에 눈을 감고 앉으면 집의 생명력을 느낀다. '휘이잉' 문틈을 비집고 들어오는 바람 소리, '덜그럭'거리는 창문 소리, 그리고 거실 바닥의 미세한 흔들림까지…. 집은 살아 숨 쉰다. 내 옆을 지키고 앉은 전기히터도 열이 오르면 뜨겁다고 '딱딱' 소리 내며 제 살아있음을 알린다.

삶은 재미가 아니라 내가 태양의 세계에서 왔다는 것을 기억하면서 자기 삶의 대지를 걸어가는 것이라 했다. 봄날 꽃샘추위가 찾아오는 이유는 미세먼지를 없애주려는 자정작용이자, 인간이 적응할 수 있게 배려하는 자연 시스템이다. 풍화작용을 받는 건축물처럼 우리는 고정된 상태로 서 있는 조각품이 아니라 끊임없이 움직이는 강과 같다. 미래 어딘가에 함몰되지 않으려 속도를 조절하며 호흡하는 우리는 지금-현재의 평정이자 고요이자 숙고이고자 한다.

그럼에도 현실을 살아가는 우리에게 실존은 어려운 명제다. 그렇다면 어떻게 살아야 할 것인가? 이중적 삶을 살지 않기 위해서는 '속성'과 '실존' 사이에 다리를 놓는 수밖에 없지 않을까? 즉, 위에서 말한 대로 '무차별적 지식의 사용'과 '영적 심취'의 양극단에서 중용을 취하는 방법 말이다!

수행 스승께서 찻잔에 따라 주신 금과옥조를 꺼내 본다. "코칭은 스킬이 아니라 존재 방식으로서, 바퀴가 커지면 중심이 더 견고해야 한다." 코칭은 개인의 독자성 개발과 동시에 공통기반을 강화하는 측면에서 역설적이듯, 코칭이 삶의 방식으로써 속성과 실존 사이 균형추 Balance Weight 역할을 감당할 시대적 소명임을 믿는다. 삶에 정답은 없다. 다만 존재와 관계적 삶의 한 방향 정렬을 통해 '속성과 실존의 병렬적 삶'으로 매 순간 나아갈 뿐…!

마치는 글

"용기란 두려움을 이겨내는 것이 아니라 어떤 것이 그보다 우선하는지를 아는 것이다."

영화 「매트릭스」에서 모피어스가 한 말이다. 고객 기업에서 코칭 프로젝트 킥옵 Kick-off을 끝내고 돌아오는 길에 만났던 문장이다. 가슴골을 시원하게 타고 내렸던 기억이 생생하다.

사람의 역량을 평가하는 데는 KSA 3요소가 있다. 그것은 '지식 Knowledge, 기술 Skill, 태도 Attitude'이다. 강의할 때 필자는 이를 심플하게 다음과 정의한다. 지식은 '아는 것', 기술은 '할 줄 아는 것', 그리고 태도는 '겉과 속 자세'로 말이다.

회사원, 공무원, 군인, 경찰 등 조직에서 직원을 채용할 때는 어떤 사람을 원하겠는가? 태도는 기본이고 아는 사람보다 당연히 할 줄 아는 사람이다. 삶에서도 매한가지가 아닐까…. 길을 아는 것과 그 길을 가는 것은 완전히 다르다. 지식을 쌓으면 길을 알 수는 있다. 그러나 갈 길로 직접 발걸음을 내디뎠을 때 지식은 지혜로 발효된다. 그러한 지혜로움으로 자기만의 길로 들어서는 것이 곧 '남들처럼 살지 않을 용기' 내는 것이 아닐까?

"어떻게 중국집 매출이 3배로 뛰었나요?"

"글쎄요…. 비결은 없고 그냥 배달 가는 집마다 10초씩 투자해서 신발 정리를 해주었는데요."

어느 중국집 사장님과의 일문일답을 전해 들은 말이다. 미래는 겉보기에 전혀 어울리지도 않고 아무 관계도 없어 보이며 상식적이지 않은 것들 속에도 들어있음을 깨닫게 해준다. 우리는 각자 삶의 목적을 위한 기투 企投 속에서 자기만의 연결점을 찾는 것이 중요하다.

"행복했더라면 문학을 하지 않았을 것이다." 소설 『토지』의 저자 박경리 추모제에서 이사장이 회고한 선생의 한마디다. 그녀 역시 삶의 엄혹한 고난을 묵묵히 견디며 생계를 꾸려온 한 어머니였다. 결국 어디서나 삶이다. '4차산업혁명'의 시대와 더불어 코로나 COVID-19까지 덮친 지금은 새롭게 전개될 뉴노멀 New Normal을 피할 수 없다.

그래서 늘 자기 안의 혁명가로 살아야 한다. 삶의 목적은 종착지가 아니라 여정이기에 매 순간 자기와의 연결을 시도해야 한다. 그것은 '보는 나 I'와 '보이는 나 Me'의 갭을 줄이고 일치시켜나가는 것일 게다. 현재의 복잡성 시대적 상황에서는 코칭 Coaching이 시대적 소명임을 믿는다. 변혁적 선택지로써 '코치적 삶'을 존재 방식으로 센터링하며 나아가는 목적이자 의미인 이유다.

우리는 현실이라는 무게로부터 '실존'을 의식하기는 어렵다. 그래서 사회적 관계가 요구하는 삶과 나 자신의 안으로부터의 요청과 균형을 맞추며 살아가는 것을 실존으로 차용했다. 관계 속에서 존재로서만 버티기에는 너무 외롭고 현실의 힘이 세기에…. 해법으로 '속성과 실존의 병렬처리'라는 중용을 테이블 위에 올려본다. 코칭이 바로 이 중용을 위한 균형추 역할을 지속해 갈 것이다. "사람은 누구나 자기 삶에서 완성해야 할 신화가 있다." 파울로 코엘료의 말도 나란히 무게를 더해 준다.

우리는 누구나 자신의 진북 True North을 찾고 삶의 궤적을 한 방향으로 정렬시켜 나가야 한다. 그렇지 않으면 남의 삶을 사느라 아까운 시간을 허비하거나 지쳐 나가떨어질 수 있다.

다른 이의 삶을 살기를 원하는 사람이 있을까? 그럼에도 어쨌거나 핑곗거리는 차고 넘친다. 삶의 경기장에서 전반전의 상자에 갇혀있거나, 상자 가장자리로 밀리며 불안해하고 있거나, 아니면 후반전 삶을 목적과 의미 없이 걷고 있는 독자들에게 진심으로 일독을 권한다.

남들처럼 살지 않을,
　　용기 한 줌 길어 올리기를…!
삶의 목적대로 나아가기를…!